# 生活中的心理学

## 阅生活 悦自我

戴吉 编著

中南大学出版社
www.csupress.com.cn
·长沙·

# 序

那是一个暖暖的冬日，我与年轻老师们一起学习全国高校思想政治工作会议的精神。休息中途，戴吉博士捧着这本书走过来，笑脸盈盈地请我作序。早已得知这是她带领团队编写的一本心血之作，正契合了习总书记提出的"培育理性平和的健康心态，加强人文关怀和心理疏导"要求。我欣然接过，马上被封面上那盏温暖的灯所吸引，翻开内页觉得章节标题颇为"接地气"，于是回到办公室慢慢阅读。

戴吉博士在湖南省高校心理健康教育界小有名气。学生说，她是最"接地气"的老师，上课时妙语连珠，深入浅出；咨询时循循善诱，春风化雨。同行说，她是仗剑江湖的女侠，左手端的是雷厉风行，右手使的是细致入微。在我眼中，她是一个专业扎实、思维活跃、执行力强的新秀。阅读之后，感觉本书理论部分比较严谨，案例部分生动有趣，既引入了心理学的前沿理论与研究成果，又与实际生活紧密联系。这是一本"接地气"的心理学科普读物，适合于广大学生和普通大众轻松阅读，也适合心理学爱好者仔细研读。

希望戴吉博士不忘初心，砥砺前行，带领团队继续取得更多更好的成果。

唐亚阳

2017 年 1 月

# 目录
CONTENTS

扫一扫，免费听全书！

# 第一章
# 我是如何成长的

　　从呱呱坠地到蹒跚学步，从意气风发到风华正茂，从成熟稳重到最美夕阳，人生是一段充满故事的旅程。童年很大程度上奠定了一生的基调，青春时解决了"我是谁"的问题，青年是作为独立个体奋斗无悔的岁月，中年则在沉淀和积累，老年坦然面对最后的岁月。每个阶段都有不同的风景，也有不同的滋味。

# 第一节　穿越童年之门

从脱离母体那刻开始，一个独立的生命开始存在于世间。在整个童年期，依偎在母亲怀中的婴儿，学会坐、立、爬直至独立迈步，进入幼儿园后完成初步分离，再进入小学接受正规学校教育，围绕安全感、自主、勤奋等主题不断发展。

## 生命的起始

婴儿期是一生中生理发展最快的阶段，也是心理发生巨变的阶段，可以说完成了脱胎换骨的大飞跃。

### 婴儿的身心特点

#### 动作发展

婴儿的躯干动作先于四肢动作，3 个月时头先竖起来，扩大了视野，为探索周围的世界打下基础。然后翻身、坐起、爬行、走路，其中具有里程碑意义的动作是独立行走。我们可以想象，当孩子第一次晃晃悠悠用自己的双脚丈量世界时，内心是多么愉悦。独立行走让小宝宝摆脱了大人的束缚，可以自由探索世界，也完成了分离和独立的重要一步。我们可以看到，一开始婴儿的整个身体呈弥散性舞动，似乎用尽全身力气才可以做好一个动作。慢慢地，可以用整个手掌抓东西，最后才会发展到用大拇指和食指配合捻起小东西。这就是婴儿期动作从大动作到精细动作的规律。这个时期，串珠子游戏可以用来训练婴儿对小肌肉的控制，只是要注意珠子不要被孩子吃掉。

#### 语言发展

孩子一出生，哭就成为了主要沟通方式。他们咕咕发声、牙牙学语，从无意模仿发展到了有意模仿，加上身体语言的配合，婴儿和大人们能够展开一定的沟通，此时最懂他们的自然是父母。1 岁左右，婴儿说出的第一个真正意义上的词语，通常是"妈妈"或"爸爸"。然后迅速学会大量新词，进而句子，按照单词句、电报句、简单句、复合句的顺序，终于掌握了母语。这个过程中经常上演的童言无忌、笑料百出的故事，成为父母津津乐道的童年趣事。

### 情绪发展

婴儿最常见的是哭和笑。哭是他们最强有力的工具，在最初时甚至是唯一的工具，母亲会根据孩子不同的哭声判断他们是饿了、尿了、生气了、痛了还是受挫了，哭声将母婴紧密联系起来。随着孩子长大，聪明的母亲不会在其第一声啼哭时就去迅速抱起，而是稍微延迟一点，让宝贝学会容忍自己的小情绪，处理自己的小烦恼。当然，在痛苦的哭变成愤怒尖叫之前应该抱起孩子，及时给予安慰。婴儿的笑在所有妈妈眼中都是最美的。首先出现的是"自发微笑"，在婴儿的睡眠中经常能看到，其实是神经系统活动的结果，也称为内源性微笑。然后出现的是"无选择的社会性微笑"，也就是婴儿冲着谁都笑的阶段，此时人的声音和脸特别容易引起婴儿发笑。最后出现的是"有选择的社会性微笑"，大概在 6 个月，此时让婴儿无拘无束笑起来的只有熟悉的亲人，尤其是母亲。因为认生，外人想逗乐孩子时往往引发躲闪，甚至变成了逗哭，甚是尴尬。

## 信任感与自主感

精神分析理论认为，婴儿脱离母体的一刹那就是一种创伤体验，从被温暖的羊水包裹着到必须自己去完成许多生命机能，我们可以想象到婴儿无助的感受。因此，此时最需要建立基本信任感。美国精神病医师埃里克森（Erikson）提出"心理社会发展理论"，认为人生分为八大阶段，顺序虽然由遗传决定，但是每阶段能否顺利度过却由环境决定。每个阶段都有危机，解决了危机就能形成积极的品质，解决不了就会形成消极的品质。每个阶段都有发展任务，前两个阶段（0～2 岁和 2～4 岁）分别是建立基本信任感和基本自主感。

### 建立基本信任感

0～2 岁的婴儿期对应埃里克森理论的第一阶段，发展任务是满足生理需要，获得信任感和克服不信任感，体验着希望的实现。当婴儿受到比较好的照顾，各种生理需求基本得到满足时，就能体验到身体的康宁，产生安全的感觉，对周围的环境也持有基本的信任感。反之，便会产生不信任感，即怀疑感。

如果这个阶段经常更换照料者，或者照料者不能敏锐察觉和及时满足婴儿的需求，婴儿就容易产生不信任感。一些家庭中，父母不能带孩子时，往往托付给祖父母或外祖父母。如果一直由固定的祖辈养育，一般不会影响信任感的建立。但是，如果他们轮换接班或频繁更换保姆，那么稳定的依恋关系就比较难以建立。这种体验会带到成人阶段，造成各种麻烦。

埃里克森认为，要形成基本信任感，父母不但要重视育儿技术，更要重视亲子关系的质量。儿童依恋的应该是一个成熟、稳定和自信的人。母亲是婴儿的首要依恋对象，她的情绪反应、气质类型会反映在亲子关系中。如果孩子从母亲充满爱意的表情和温言细语中感受到发自内心的爱与关怀，就容易建立信任感。如果经常被忽视或者被矛盾地对待，就难以建立信任感。当然，建立信任感并不代表没有不信任感，而是信任感要超过不信任感。

### 建立基本自主感

幼儿期也叫做童年早期，一般指 2～4 岁，对应埃里克森理论的第二阶段，发展任务是获得自主感，克服羞怯感和疑惑感，体验着意志的实现。这个阶段的孩子已经奔走自如，不满足于停留在家庭这个小空间中，渴望探索新的世界。我们经常可以看到，孩子们一到户外就撒开脚丫子投入玩沙、玩水、玩泥巴的游戏中，其实只要没有危险，成人最好不去阻止儿童的活动，即使脏一点也没关系。保持了清洁却可能丧失了培养自主性的绝佳机会。这个阶段的幼儿有点小小地蔑视外部世界的控制，处处彰显自己的力量。他们努力地自己穿鞋，即使是穿反了，成人也不可以嘲笑，否则可能哭声震天。他们努力地自己吃饭，即使是吃得很慢或撒得满桌子都是，成人也不要替代。他们想自己控制大小便，即使没有控制好，成人也不要斥责，不要让其平添羞耻感。父母应该允许孩子们去做力所能及的事情，在一定范围内给予自由。过多的批评和管束会让他们产生羞耻感，感到自己无能。当然，在鼓励同时也要有一定限制，让孩子既能够独立，又能够遵守社会规则。这个阶段对于社会组织和社会理想的态度，也在为未来的秩序和法治生活做准备。

## 分离个体化

婴儿从出生脱离母体的那一刻开始，就迈上了分离个体化的漫漫长路。甚至可以说，我们从出生开始所做的一切准备都是为了与家庭分离，成为一个独立的人。通过对婴儿以及母亲的观察，奥地利精神分析师马勒(Mahler)提出"分离个体化理论"。

"分离"是指婴儿与母亲从心理上分开和脱离，"个体化"是指发展内心的自主性。马勒认为一个人只有经历了自闭、共生、分离个体化三个阶段，才算是"心理上的诞生"。

### 自闭期

自闭期是从出生到 2 个月。这个阶段的婴儿除了吃和偶尔醒来，基本处于睡眠状态，时间可以达到 18 ~ 20 小时。他们太幼小，只能把所有能量集中于自身，与外界的交流不多，有点"躲进小楼成一统，管他冬夏与春秋"的意味。马勒用"鸟蛋"来形容这个阶段，认为婴儿处于一种"原始的、幻觉性定向感不清"的状态，无法分辨自己和他人。直到后来，宝宝才模糊地觉察到，自己的需求没法自己来满足，必须依靠妈妈或者其他照料者才可以实现。

### 共生期

大约在生命的第二个月开始，自闭的蛋壳开始破裂。婴儿的睡眠时间开始减少，他们好奇地打量周围的世界。婴儿能够意识到刺激来自外界，但是又不清楚到底源于何处。他们接受着母亲无微不至的照顾，体会到了"无所不能之感"。和母亲在一起的"正常共生期"一般从 2 个月延续到 6 个月左右。"共生"意味着与母亲的融合，因为太过于接近，婴儿的自我界限比较模糊，以为母亲就是自己，自己就是母亲，因此称之为"共生"。这个阶段如果婴儿与母亲建立了理想的共生性融合，将有助于婴儿平稳顺利进行心理分化。

### 分离个体化期

分离个体化期在 6 ~ 24 个月。婴儿在与母亲的情感互动中完成分离，并在分离过程中获得快乐。分离个体化期又分为几个亚阶段。

**孵化期(6 ~ 10 个月)**。这个阶段的婴儿开始拼命地挣脱妈妈的怀抱，要去观察周围的世界。例如：他们会特意离妈妈远一点，以便更好地观察妈妈的脸，他们抓妈妈的鼻子、眼睛、耳朵，拽下眼镜，甚至把妈妈的头发放到嘴里尝一尝。通过不断探索妈妈和自己的差异，他们逐步得出结论——她是她，我是我。这是个体化的开始，也是逐渐产生独立和分化的过程。这个期间，在陌生人接近或者抱起婴儿时，他们会表现出害怕，甚至会躲避或者哭泣，也就是我们通常说的"怕生"，说明他们已经能够区分妈妈和其他人，这是发展的标志。

母亲不可能时时刻刻陪伴孩子，因此大部分孩子会选择一个毛绒玩具、毛毯、枕巾、纸张等类似的物品陪伴自己，这些被称为"过渡性客体"。我们经常看到，有的小孩每天睡觉时必定抱着一个特定玩具，即使旧了、脏了也不愿意放手，因为这个物品替代了母亲的部分功能，能给予他们安慰。因此大人不要随意处理这些物品，更不能丢掉孩子的心头宝贝。

**实践期（10～16 个月）**。这个期间，婴儿把大部分精力都投注到发展自主性功能和探索世界中，通过反复实践，他们的自我独立能力得到提高，与母亲分离的能力也有所提升。独立行走改观了曾经有限的视野，活动范围成倍扩大，他们经常兴高采烈地投入探索世界的伟大事业中，有时甚至因为太投入而忘记了母亲的存在。但是，这个阶段的婴儿还不能承受太久的分离，否则会感到焦虑。因此，他们会像定时充电一样，不时跑回妈妈面前弄一弄、拍一拍，甚至只是看一眼。"情感充电"完毕，他们又跑开，继续冒险之旅。母亲就像一个安全的小岛，随时迎接着孩子的归来。这时候，父母既要鼓励孩子去探索，也要在他们回来充电时给予安抚，笑一笑、摸一摸，让他们重复地获得安全感，知道无论跑多远，父母都在这里。母亲本人也要有能力承受与孩子分离带来的焦虑，允许孩子进行探索，不要感到恐惧和害怕。一旦探索行为被阻止，婴儿很容易失去控制感和自尊感，不利于今后的心理发展。

**和解期（16～24 个月）**。这个阶段，婴儿体会到和母亲是可以分离的，但自己并没有能力单独存活，分离时也会觉得比较孤独，因此，他们会回头转向母亲。此时大人会有点纳闷，看到孩子本来好好的，怎么现在比原来还黏人些了？因为不理解孩子与父母重新紧密接触的需求，有的父母可能会推开孩子，鼓励他们进一步独立。其实，此时此刻，大人们应该接纳孩子重新回归。在他们回来时抱一抱、拍一拍、逗一逗，而不去责备他们。分离过程需要承受分离带来的焦虑，自主过程也会伴随孤独、脆弱和依赖。成人如此，婴儿亦然。这个阶段的婴儿比较别扭，既需要和母亲保持亲密，又想逃离被亲密控制的感觉；既想自己独立完成任务，又经常因完成不好而受挫；既需要帮助，又拒绝帮助。总之，处于一种矛盾的整合状态。这对母亲提出了更高要求，她要在情绪上接纳孩子、鼓励孩子，还要承受孩子受挫后的愤怒和时常的无理取闹。

### 恒定客体期

恒定客体期（24～36 个月）。这个阶段主要是在生命的第三年，且没有清晰的终结点，可以说发展到终生。孩子逐步明确自己是谁，也知道母亲是稳定存在的，走了还会回来，他们可以比较顺利地与母亲分离。大人出去上班、买菜或者做其他事情，孩子不再哭闹拉扯，会愉快挥手说句"拜拜"。因为不需要担心母亲凭空消失，他们开始把更多精力投入探索活动中。此时的孩子已经能够进行语言表达喜欢游戏，探索世界的兴趣开始超过对母亲的兴趣。孩子在分离个体化的道路上越走越远，逐渐成为一个真正的、独立的个体。

马勒特别强调生命头三年所发生的内在心理事件，认为这将影响人际关系的建立和心理的发展。近年来，分离个体化理论受到广泛重视，也对成人的教育方式提出了指导性意见。

# 迈出家门的幼儿

3~6岁的儿童开始进入幼儿园学习，这个阶段被称为幼儿期。小朋友进步很大，认知能力快速发展，语言能力大幅提升，完成了性别认同和性别角色认同。游戏是小朋友最喜欢的活动，他们在游戏中获得生存和交往的技能，并继续走出家门，走向社会。

## 幼儿的发展

### 认知发展

幼儿期属于皮亚杰（Piaget）认知发展理论中的前运算期。在这一阶段，孩子们能用树叶当饭菜，用小棍当手枪，已经可以摆脱实物，用表象在头脑中进行模拟思考，这可是非常大的进步。但是他们还不能理解守恒的含义，看到一块圆球状的橡皮泥被拍扁，会认为拍成一个饼后的体积比之前更大。这个时期的儿童有个明显的特点——"自我中心"。皮亚杰设计了一个模型，上面有三座涂上了不同颜色的山，从四个方向看这个模型，所看到的景象都是不同的。实验时，桌子上放着三座山的模型，皮亚杰让儿童坐在桌子的一边，把一个娃娃放在桌子上的不同位置，然后向儿童出示从不同角度拍摄的三座山照片，让儿童挑出娃娃所看到的那张照片。结果发现，大部分的小孩子挑出的是自己看到的景象，而不是娃娃看到的。这说明，幼儿在对事物进行判断时是自我中心的，只注意到自己的观点，难以从他人的角度进行理解。

### 游戏发展

幼儿期又称为游戏期，因为这个阶段的孩子好玩、会玩，心心念念都是玩，基本活动就是游戏。一开始是无所用心地玩，可能是在椅子上爬上爬下，或者这里摸摸那里碰碰。后来他们成为旁观者，看其他孩子玩游戏，有时候也会一个人玩而不会注意别人在玩什么。我们经常看到一群孩子在玩沙子，如果他们是各玩各的，这叫做平行游戏。如果几个孩子一起合作，有的负责运输，有的负责堆砌，这属于游戏的高级阶段——合作游戏。游戏是孩子快乐成长的动力。所以，成人看到孩子玩游戏时，千万不要觉得他们不务正业，硬拖过去练字或听英语。对于幼儿来说，没有游戏就没有发展。

## 我是男孩还是女孩？

幼儿期最大的突破之一，是儿童终于知道自己是男孩还是女孩了。性别认同是这个阶段最重要的任务之一，并将直接影响今后的生活。性别认同是指认识并接受自己生理上的性别，也能理解性别的稳定性。在早期，女孩可能会因为站着尿尿而觉得自己是个男孩，男孩也可能因为穿上一条裙子而觉得自己变成了女孩。建立性别认同后，他们明白一个人不会因为发型、服装或者所玩的玩具而改变性别。男孩子留一个小辫子还是男孩，女孩子玩手枪、玩汽车也还是女孩。

每个社会对男性和女性都有一定预期，比如期望男性勇敢、坚强、有担当、果断、自信，期望女性温柔、体贴、友好、谦和。儿童如果能对一个人具有男子气或女子气进行知觉和认同，那么也就完成了性别角色认同。例如，一个小男孩和一个小女孩面临险境时，虽然小男孩内心非常害怕，却主动站出来，勇敢地保护身后的小女孩，那么他就已经认同了男性的性别角色。

父母双方在孩子3~6岁期间均参与教育，将有利于幼儿的性别角色认同。

## 第一独立期

进入幼儿期的儿童越发自主，希望按照自己的想法行动，在幼儿园中学到的一些道理也能随口说出。这个阶段对应埃里克森理论的第三阶段，主要发展任务是获取主动感、克服罪疚感，体验着目的的实现。本阶段的冲突来源于日益增长的主动感和意识到的内疚。儿童已经在言语和行动上探索和扩展着自己的环境，并且感到向外扩展并不难，因此主动性大增。但同时又感到闯入了别人的领地，因此产生了一种良心谴责，即罪疚感。如果幼儿的主动探究行为受到鼓励，就会形成主动性，为将来成为一个有责任感和创造力的人奠定基础。如果成人嘲笑幼儿的探究行为和想象力，那么他们就有可能失去自信心，产生退缩行为，难以主动开创未来。

从幼儿期到童年中期还有一个特殊阶段，被称为"5~7岁的转变期"，这个期间儿童的自我概念又一次飞跃。他们更多地使用自我描述性语言，即包含着"我""我的"以及自己名字的语言。他们谈论的大多是具体的行为和一些外显特征，比如家里的房子、爸爸的工作、拥有的物品。因为这个时期的儿童还分不清真实自我和理想自我，因此常常言过其实，有炫耀和夸大之嫌。类似"我的爸爸是警察，可以把你抓起来"，"我的妈妈去过世界上所有的国家"的话语经常出现。直到 7~8 岁的时候，他们才会用比较客观和概括性的语言来描述自己。

# 勤奋的小学生

6~12 岁被称为学龄期，这个阶段的儿童开始接受正规的学校教育，认知能力继续发展，学习活动成为主导活动，与家庭进一步分离，与同伴相处的时间越来越多。

## 小学时期儿童的发展

### 认知发展

6~12 岁属于皮亚杰认知理论中的具体运算阶段。处于这个阶段的儿童能够通过心理操作来解决具体问题，也获得了守恒的概念。他们明白，当水从一个又高又细的容器中倒入又矮又胖的容器时并不会减少，因为再倒回去时还是一样高。他们形成了群集结构，知道牛属于家畜、家畜属于动物、动物属于生物，再也不会将苹果和水果认为是同类。思维从具体形象思维向抽象逻辑思维过渡。例如，一年级还需要通过"三只鸭子游走一只，还剩几只"的方式来学习减法，高年级则可以直接运用符号进行运算。他们能理解空间关系和因果推断，概括能力、比较能力、分类能力和解决问题能力都得到进一步发展。

### 道德发展

小学阶段儿童开始接受正规的义务教育，逐步形成了系统的道德认识和相应的行为规范。皮亚杰认为，道德发展分为四个阶段。2~5 岁的儿童处于自我中心的阶段，这个时期规则对儿童的约束力还不够强。6~8 岁处于权威阶段，他们绝对尊敬和顺从权威，认为服从权威是好的，不服从是坏的，而且认为权威制定的准则固定不可改变。在日常生活中我们也可以看到，对于低年级小学生来说，老师说的就是"圣旨"，不听老师的话不是好孩子，老师具有绝对的权威性。柯尔伯格（Kohlberg）同样认为，低年级的儿童处于道德的"前习俗水平"。他们为了避免受到惩罚、获得奖励，才遵守某些原则。例如，孩子们都知道上课要认真听讲，但是如果问其原因，他们可能回答，因为上课不认真会被老师批评，而不会觉得听课是为了自己。这种以直接后果为主导的道德行为，正是这个阶段的特点。8～10岁属于可逆阶段，儿童已经不将准则看作一成不变的，而是同伴们共同约定的。11～12岁属于公正阶段，儿童开始强调公正和平等，具有高度的爱国主义情感、集体荣誉感，也做出很多亲社会行为，比如参加公益活动、当小志愿者等。

## 学业面面观

6～12岁对应埃里克森理论的第四阶段，主要发展任务是获取勤奋感、克服自卑感，体验着能力的实现。接受学校教育是儿童主要的成长经历，儿童进入学校后：一方面，要努力学习，力求学业成绩优秀，在同伴中占有一席之地；另一方面，努力的过程也掺杂着害怕失败和怀疑自己的情绪，因此勤奋感和自卑感便成为这个阶段的主要冲突。儿童的学业成绩受到各方面的综合影响，具体包括以下内容。

### 自我效能感

自我效能是指"人们对自己是否有能力去完成某一行为的感受、判断和信念"。班图拉(Bandura)认为，与不自信的儿童相比较，具有高自我效能感的儿童相信自己能掌握所学知识，能够安排自己的学习，更有可能努力学习并获得成功。在日常生活中，父母对孩子多多给予情感上的支持与理解，不要过多干涉、持有适度合理的期望，将有助于提高孩子的自我效能感，进而提高学业成绩。

### 内在动机

学习的内在动机与生俱来，人人都具有强烈的求知欲、学习兴趣，也愿意改善和提高自己的能力。勤学、好学、乐学，就是在内在动机驱动下主动学习的行为。这样的孩子，遇到学习难题时不太容易放弃，而是有一股子韧劲儿，一定要弄懂为止。现实生活中，有些大人喜欢用吃的、玩的、金钱、旅游等外在事物来激励孩子读书，殊不知，这样会使得孩子放弃内在十足的学习动力，变成为追求外在物质而读书。有的父母喜欢陪读，对孩子进行全方面监控，其实是使得自己安心，却导致孩子越发依赖大人。帮助孩子维持内在学习动机，适当辅以外在动机，对家庭教育和学校教育都很重要。

## 小学生的社会交往

### 亲子关系

进入小学后，父母和孩子相处的时间明显减少，家长的关注点从孩子的身体健康、吃喝拉撒等生活小事，转移到在校表现、学业成绩和与小伙伴交往等方面。这个阶段，"学着放手"对培养孩子的勤奋感和自主性很有帮助。一方面，父母要立点规矩，如规范孩子的在校行为、要求他们承担一定的家务、自己的事情自己完成等。另一方面，父母要放手放心，对于孩子力所能及或者通过努力能解决的问题不再插手，给予他们足够的空间来发展自我，并在他们需要帮助时助一臂之力。

### 同伴交往

随着儿童进入小学，在丰富多彩的班级活动中，他们与同龄小伙伴的交往机会越来越多。一般来说，儿童喜欢找同龄、同性别又有共同兴趣爱好的小伙伴做朋友，在一起交流情感、表达思想、分享秘密、分工合作，而矛盾冲突和相互竞争的现象也时有发生。这个阶段，社会行为、学习成绩、老师喜欢程度都影响孩子被同伴接纳的程度。那些随和、友好、学习好、表现好的孩子比较受欢迎，喜欢调皮捣蛋、武力挑衅和人身攻击的孩子容易被拒绝，害羞、被动和不善言谈的孩子容易被忽略。

### 师生交往

刚入小学的儿童处于权威服从阶段，老师是绝对权威，是崇拜和敬畏的偶像。老师说话往往比父母更有效，被老师批评了会伤心难过，过后又暗下决心一定要让老师满意。高年级儿童的道德判断进入可逆期，他们不再绝对服从老师，开始有自己客观的评价。小学生一般喜欢讲课有趣、擅长体育运动、公平公正的老师，对老师的喜欢会直接影响对这门课程的喜欢。美国心理学家罗森塔尔（Rosenthal）做过一个著名的教育实验。他们到一所小学，在1至6年级中各选3个班的儿童，煞有介事地进行"预测未来发展的测验"，然后给任课老师一个名单，告诉他们，通过智力测验发现，名单上的孩子非常有发展潜力。8个月后再次进行智力测验，这些学生都有出乎意料的进步。此时，谜底揭晓——这些学生竟然是随机抽取的！后来，人们把这种教师对学生心理潜移默化的影响，导致学生取得教师所期望的进步的现象，称为"罗森塔尔效应"或"皮格马利翁效应"。我们回想一下自己的童年，有时候，确实因老师一个鼓励的眼神、一句表扬的话而爱上一门课、立下一个理想，或从调皮捣蛋鬼变成了品学兼优的学生。

# 第二节　迈向独立之路

青春是人生中最美好的时光，如同沐浴在朝阳中，充满蓬勃生机。但是，成长也意味着改变，心理与生理的影响、独立与依赖的冲突、自卑与自信的交织，使得青春期精彩纷呈，甚至是波澜壮阔。进入青年期后，一个人真正开始面对社会。建立亲密关系的需要，获得社会认可的要求，注定让青年期遍布奋斗的足迹。

迈向独立之路

## 青春从荷尔蒙开始

"青春期"一词来自拉丁语"成熟年龄"或"具有生殖能力"之意，一般指 12～18 岁阶段，基本对应埃里克森理论的第五阶段。荷尔蒙的改变开启了青春的大幕，身体的变化引发心理的诸多变化，独立成为第一需求，关于"我是谁"的命题作文让他们苦苦思索。

### 身体里的小秘密

#### 日趋成熟的身体

大人们对他们的印象似乎还停留在细胳膊小脚时，突然间青少年就开始猛长，一年可以长高 6～8 厘米，甚至 7～10 厘米。随着骨骼增长变粗、肌肉含量增加和内脏增大，体重也开始逐渐增加。儿童时期大脑袋小身体的比例发生改变，头身比逐步协调美观，让人不得不感慨"吾家有女（儿）初长成"。

#### 第二性征的出现

第二性征和荷尔蒙突增有关。一开始是肾上腺的成熟，导致身体快速发育以及皮肤油脂分泌，之后性腺发育，促使第二性征出现。卵巢比睾丸发育早，因此女生身体发育比男生早1～2年。女生从 9～10 岁开始乳房发育，之后出现月经初潮。伴随皮下脂肪增厚，骨盆变宽、嗓音细高，呈现出明显的女性特征。男生首先是睾丸和阴囊变大，随后阴茎变长，前列腺开始活动，出现遗精。外形上长出喉结、声音低沉、体格变大、长胡子长体毛，呈现出明显的男性特征。因为女生比男生发育得早，可以看到，在某个年龄阶段女生普遍显得更为成熟。

### 大脑的发育

青少年的大脑继续发育。灰质在青春期前会有一个生长突进期，细胞触突非常多。进入青春期后，灰质会被"修剪"。修剪被认为是神经的达尔文主义，也就是不用的联结被修剪掉，有用的联结被强化，慢慢留下我们大脑最好的部分，使得大脑更为有效。

青少年对情绪信息的加工与成人有所不同。11～13岁的青少年倾向于使用杏仁核。杏仁核是边缘系统的一部分，属于大脑中较为原始的部分。它是人体产生情绪、识别和调节情绪，控制学习和记忆的脑部组织。年龄更大点的青少年倾向于使用额叶。额叶是大脑发育中最高级的部分，与个体的需求和情感相关。杏仁核在情绪反应和本能反应中参与较多，而额叶则可以进行更为准确和理智的反应。这可以解释为什么青少年性情冲动、缺乏决策能力，容易做出不明智的行为，出现打架、酗酒、抽烟等情况。

## 生理变化对心理的影响

身体发生巨大变化，性能量喷薄而出，对青春期的孩子造成了极大的心理冲击。

### 身形变化的冲击

青少年会在短短两三年内外形发生极大的变化，但其心理发展的速度却往往跟不上。前两年还是依偎着父母的乖乖仔或乖乖女，尚未回过神就已经与父母比肩。虽然外形有成人感，但其内心还是"小正太"或"小萝莉"一枚。一方面，青少年为了摆脱"小孩子"的身份，努力使自己的言行举止配得上成人的形象，获得成人世界的认同。另一方面，心智尚未成熟的他们还是会犯小孩子才犯的错，自我控制能力不强，内心依然渴望父母的关爱。这种错位形成的内心冲突，在不稳定的荷尔蒙配合下，造成他们心理状况的不稳定。

### 性成熟的困惑

性的成熟导致外部形象的明显改变，对于不同的青少年有着不同的意义。如果没有很好地理解，一些女生会对乳房快速发育、月经初潮和性冲动感到惶恐、兴奋、迷茫，有的甚至出现羞耻感。男生同样会对遗精、性冲动的处理有所困惑。做好青春期性教育，有助于减少无知带来的不适应感，也有助于更好地接纳外部性特征，认同自己的性别角色。

**身体意象的困扰**

走在路上经常可以看到女孩们携伴同行，满脸的胶原蛋白，可爱的婴儿肥，无不透露着青春的气息。调查发现，相对于男生对自己肌肉发达的外形满意度增加，由于青春期体内正常脂肪增加，加之媒体"理想瘦"模特的引导，很多女生不能接纳自己的身体意象，尤其是发育较早和较丰满的女生。她们往往穿着宽大的衣服遮挡身体，或者通过节食追求骨感，严重时会出现饮食障碍，导致患上神经性厌食症或神经性贪食症。从心理动力学角度来理解，这种对保持瘦小体形的追求，传递着她们拒绝长大的潜意识信息。

# 独立是成长的基石

青春期的男生和女生，情绪、行为以及与人的相处模式都显得奇奇怪怪。在青少年诸多诉求中，独立成为第一需求，关于"我是谁"的命题作文让他们苦苦思索。

## 奇奇怪怪的青少年

你眼中的青少年是怎样的呢？戴着耳机轻声哼唱，把世界抛在脑外？与同伴相处的时候欢声笑语，一到家里就横鼻子竖眼睛的？喜欢独处也喜欢热闹，感时花溅泪、恨别鸟惊心？十几岁经常被称为"叛逆期"，各类电影电视都浓墨重彩地描述了这样一幅景象：情绪焦躁不安、行为放荡不羁、与家人冲突不断、内心痛苦挣扎。但是全世界的统计发现，只有1/5的青少年到达这种程度，而平稳度过青春期的也不在少数。但相对于较为平稳的童年期，青少年的情绪和行为还是或多或少发生着变化。

**波动的情绪**

孩子进入青春期后情绪变化较大，这个现象首先建立在神经生理基础上。正如前文所介绍的，青少年初期倾向于使用杏仁核，表现为对压力比较敏感，情绪容易波动，呈现出两极化。前一刻可能还开开心心，下一刻可能就因小事陷入烦躁。有时候表现得温和、敏感和善解人意，有时候又表现得焦躁、暴怒和蛮不讲理。青少年的情绪表达不如童年时那么直白，渐渐地不再毫无掩饰地表达自己的情绪。当然，他们有时候也很难控制自己的表达方式。

**纠结的沟通**

进入青春期，父母们会觉得孩子变得奇奇怪怪。他们在沟通时显得特别纠结，或者根本不愿意说话，或者即使说话也表达不清楚。青少年的口头禅就是"随便"，但如果父母真的随便安排而没有顾及他们的意愿，他们又会表现出不高兴，觉得没被理解，得不到足够的尊重，大人感到很难了解他们真实的想法，无所适从。与青少年沟通确实是门技术活儿，如果得不到他们的认可，很难走进他们内心。得到认可后，也需要适应他们特有的沟通模式。对青少年而言，"丰富而矛盾"是最真实的写照。

### "爆棚"的自恋

青少年期处于第二个自我中心阶段，是一个自恋爆棚期。美国儿童心理学家艾尔金德（Elkind）用"个人神话"和"假想观众"来描述青少年的这种状况。他们认为自己是独特的，无论是个性、想法、经历、感受都与旁人不同，别人无法理解自己。如同身处镁光灯下的舞台中央，他们感觉所有人都看着自己，周围充满假想观众。日常生活中，别人无心的话语和无意的眼神，都会让他们感到是在针对自己。可惜的是，这个阶段，人人都在舞台中央关注着自己，而无暇关注他人。

## 分离的能力

我国台湾地区著名作家龙应台在《目送》一书中写道："所谓父母子女一场，只不过意味着，你和他的缘分就是今生今世不断地在目送他的背影渐行渐远。"确实，独立是个体终其一生完成的任务，只有与父母分离、与家庭分离，才能真正书写一个大写的"人"字。布洛斯（Blos）发展了马勒的观点，将青少年时期确定为第二个分离个体化阶段。他认为，这个阶段的分离更为彻底，不但要与内化的父母形象分离，而且要脱离对父母的情感依赖。在此过程中，青少年能够获得自主感，在人际关系中具备自我调节的能力。第二次分离个体化期间，青少年在与父母分离的过程中，需要寻找让他感觉安全的对象，这个对象就是同伴。

## 关系的改变

### 与家人的疏离

青少年与家人相处时间普遍下降，但这并不意味着排斥家庭，而是发展过程中正常的状况。生活中我们可以观察到，一些中学生，一回家就钻到自己的房间里，吃饭时也是匆匆扒几口，然后又回到房间。这时父母会感到有些担心，不知道他们在做些什么，觉得他们似乎在排斥父母。其实这些时间里，他们有可能在做自己喜欢的事情不想让大人打扰，也有可能从外部社会关系中走出来，只是发一会儿呆，恢复一下情绪。

青少年并不只有离开家庭的愿望，他们对父母有诸多依赖，在遇到重大问题时希望向父母倾诉，获得他们的支持。但这些都取决于父母对待他们的态度。父母也应该明白，有时候不是孩子离不开自己，而是自己离不开孩子。如果家长拼命地想重新把控孩子，可能会适得其反。他们不但不敞开心扉，反而会更加封闭自己。

### 与同伴的亲密

与同伴相处是青少年的渴望。课间课后，他们尽量与自己兴趣相投的同学在一起，畅谈人生或者拉拉家常。经历过青春期的我们都知道，这个阶段我们与父母可能没有什么话说，甚至他们多说一句话我们都觉得啰里啰唆。但与朋友在一起时，有开不完的玩笑、讨论不完的话题。同伴就像心灵的慰藉，在与父母渐行渐远的时候，充当了我们依恋的对象。这个时期，两个同性朋友之间的爱恨情仇很类似于恋爱中的情侣，会生气、会和好、会写信给彼此诉说衷肠、会为这段友谊流泪伤心，这多少让父母有些担心。从依恋理论的角度来看，这样的爱恨情仇其实更像是早年与父母的关系，只不过此时的对象换成了同伴。这也可以解释，有的青少年为什么宁愿进入不良少年团体，也不愿意孤独一个人。同伴的影响在 12～13 岁达到顶峰，随着青少年逐渐成熟，他们与父母的关系重新和谐，同伴的影响也逐渐降低。这时就进入了另一个时期——青年期。

## 关于"我是谁"的命题作文

在青少年所有思考的问题中，最重要的就是"我是谁"。

### 何谓自我同一性？

埃里克森在《同一性：青少年与危机》一书中详细讲述了自我同一性理论。他认为，虽然自我同一性发展贯穿八个阶段，是一个终生的过程，但在第四阶段青春期，同一性的建立尤为重要。这一阶段的发展任务就是建立同一性和防止同一性混乱，体验着忠实的实现。

自我同一性被定义为"个体在特定环境中的自我整合与适应之感，是个体寻求内在一致性和连续性的能力"。通俗来说，就是先要解决"我是谁""我将往何处发展""我如何变成自己希望的样子""我如何适应社会"等问题。建立自我同一性，首先要感受到自己是一个独立和独特的人，是区别于其他人而存在于世间的。其次，要感到自身是和谐统一的,在过去、现在和未来之间有一种连续。再次,理想的我、现实的我和别人眼中的我应该基本一致,自己努力追求的也是被社会所认可的。

埃里克森的自我同一性概念源于自己的亲身经历和临床经验。当他发现自己是继子,姓氏不是继父的姓氏时,产生了姓氏危机。他原以为自己是德国人,后来作为犹太人受到歧视时,产生了种族危机。中学毕业后辍学无业,在自我追寻过程中产生了迷失危机。在临床实践上,二战时期他曾服务于齐昂山退伍军人健康诊所,他发现一些退伍军人"既不曾患弹震症,也不是装病",但在战争紧急状态中失去了个人同一性和历史连续感,不能把自己的生活前后连接起来。于是埃里克森提出"自我同一性"这个概念。

### 同一性危机的解决之道

建立同一性是贯穿终生的任务,但为什么在青春期被如此强调呢?这是因为,随着身体的发育、责任的增加、关系的变化以及今后将要面临的学业选择和职业抉择,青少年逐步对原来已经建立的自我产生怀疑,出现所谓的"同一性危机"。埃里克森认为,青春期是一种常态的危机。这里的"危机"不是灾祸临头之意,而是指必要的转折点,是决定发展方向、进一步分化各种资源的关键时刻。

青少年对未来的成人角色并没有确定,于是,他们特别热衷于追求时尚,追寻可以信仰的人和观念,想建立一个区别于成人的亚团体,希望可以自由做出决定。通过这样的方式,试图书写"我是谁"的答案。埃里克森认为,成功解决自我同一性危机的关键在于"尝试"。年轻人应该不断去尝试各种生活形态、承担各种角色、自由做出决定、体验并承担这些决定的结果。

生活中经常会看到,青少年听着大人们听不懂的歌曲,说着大人们不了解的话题,崇拜和追寻着某位明星,尝试着各种活动与冒险……这些是在追寻"我是谁"过程中的正常现象。当然,这些尝试都是在父母的庇佑下完成的。作为父母,给青少年宽松些的环境,鼓励他们尝试自己想做的事,不禁锢他们的思想,包容他们的奇奇怪怪的做法,能够促进孩子们的自立,有利于建立自我同一性。太严格的管束将导致尝试不足,反而影响同一性建立。

### 同一性的类型

美国心理学家马西亚(Marica)划分出四种同一性状态。

**第一类**:同一性完成,又称定向型统合。这类青少年在经历同一性危机时,能自主、自愿、全心全力为自己的选择付出努力,对未来的规划比较切实,能够接纳自身的不足。他们学习目标明确,学习动力强,兴趣广泛,爱好颇多,勇于尝试各种活动。

第二类:同一性早期封闭,又称早闭型统合。这类青少年没有经历过同一性危机,因而对未来缺乏思考。有可能是因为父母替他们早早确定了未来道路,不需要特别探索和投入,只需要按照父母所规划的道路往前走。在生活没有重大危机发生时,这样平稳地走着倒也快乐满足。但是,一旦外界压力增大或者环境变迁较大,他们适应能力较差的弱点就会暴露。因此,为了安稳、安全、安心而放弃亲身尝试、探索和投入时,意味着放弃了自主能力的培养,也放弃了选择自己人生道路的权利。

第三类:同一性延缓,又称未定型统合。这类青少年在自我追寻中可能主动寻求过各种可能,但方向始终不明确。我们生活中经常也会看到这类青少年,他们东搞搞、西弄弄,什么都有兴趣,什么都去尝试,但学业、职业、爱情都处于没有定向的状态中,给别人的感觉是漫无目的、漂浮不定。

第四类:同一性扩散,又称迷失型统合。这类青少年缺乏危机感,对人生缺乏思考,也不关心未来,不愿去体验和尝试。同时,表现为社会性退缩,不愿意与人交往,社会关系比较单一,与人的亲密度比较低。生活中也有这样的青少年,他们可能宁愿沉溺网络游戏,也不愿意思考未来,更加不想承担责任。

同一性危机解决的普遍年龄是 18 ~ 22 岁之间,20 岁左右是建立同一性的关键时期。同一性的建立标志着青少年期的结束和成年期的开始,也意味着实现了人格独立。

# 成为一个社会人

青年期意味着真正进入社会,此时,关于"我是谁"的答案又将有所不同。

## 青年期的特点

青年期或成年早期一般是指 18 ~ 35 岁,处在孔子说的"志于学"到"三十而立"的阶段,人生观、价值观基本稳定,开始追求和建立稳定的亲密关系,也逐步完成了事业的定向和推进。

青年人的身体状况处于人生顶峰,很少受到病痛的影响,为打拼事业提供了基础。智力水平进入全盛时期,因为具备一定的社会经验,思维更具有变通性和灵活性,尤其是创造性思维发展达到高峰,在各个领域中呈现出不同的创造力。青年人看待事物的角度更为多元化，似乎已经脱离了年少轻狂的偏执，能够冷静、客观和辩证地看待周围的人与事。由于情绪控制主要依靠额叶，情绪较青少年时期稳定，表达情绪的方式较为适宜，心理状态更为成熟。在经过社会实践活动的历练后，他们在家庭、事业等各个方面应对自如，达到了社会性的成熟。

## 合法延缓期

在很多国家，大学教育已经成为大众教育，大学阶段成为一个特殊的过渡时期，也就是埃里克森所说的"合法延缓期"。

大学阶段，中国的家庭一般会给予大学生经济方面的支持，负担学费和生活费，使得他们能够充分探索自己的人生道路。虽然他们已具备能力承担社会责任和家庭责任，但是，也可以在做出某种决定前进入一种"暂停"状况，尽量避免同一性提前完成。进入大学后，大学生可以尽情进行各种尝试，除了学校规定的学习任务外，还可以接触各种外语、挑战各种技能、考取各种职业资格证；可以结交不同的人、融入不同的圈子、选择不同的朋友；可以谈一场校园恋爱，以青春为名又不需担负更多的责任。他们在不同领域进行实践，在尝试中选择自己感兴趣的职业方向。正是这种合法延缓期，使得大学生成为最活跃、最有创造力和最具有朝气的一类人。

## 职场菜鸟到精英的修炼

大学毕业后，大多数年轻人顺利进入职场，结束了合法延缓期。社会对年轻人的要求是能够独立履行社会义务和承担社会责任。家庭对年轻人的要求是有独立的经济收入，能够养活自己，能为未来打算。可以说，青年人获得诸多成人的权力，具备能力进入社会，完成了从学生到职场人的转变。

大学毕业后的 2～3 年称为职业定向期。初入职场的菜鸟们要学习本行业和本单位的纪律规范，适应并融入所在组织，努力学习职业技术，提高工作能力，适应职场人的社会角色。有些人在毕业几年内会更换几份工作，体验不同职业，从中选择最合适自己的，这是定向期的特点。25 岁左右开始进入职业安置期，需要确定较为坚定的职业目标、明确职业规划并制定提升潜力的计划。进入而立之年，也就是 30 岁左右，大多数青年人的职业发展方向基本确定，他们投身到事业发展中，慢慢成为中坚力量。

当然，也有一部分人不能承担这个阶段应该承担的责任，产生各种不适应行为。我们会看到，大学毕业后不参加工作整天窝在家里打电游的啃老族，或者结婚后仍然依靠父母生活的那些人。他们远未建立自我同一性，或者干脆拒绝建立自我同一性。

## 发展亲密关系

青年期基本对应埃里克森理论的第六阶段，其发展任务是获得亲密感、避免孤独感、体验着爱的实现。因此，建立亲密关系成为这个阶段的重要课题。

### 理智的友情

青年期的友情和青少年期的有所不同，在兴趣相投和精神层面契合的基础上，增加了以工作、恋爱或者养育子女为主题的内容。这个时期的友谊比较理智，有的可能持续终生，也有的可能比较短暂。但是，无论从哪个方面来讲，友谊对于青年人还是非常重要的，是社会支持系统的重要组成部分。

### 潮水般的爱情

恋爱的萌芽早在读书时期已经出现，但那只是青春协奏曲中的一个插曲，而不是主旋律。直到青年期，建立恋爱关系和组成家庭才成为核心发展任务。

青年期的爱情比年少时少了些许浪漫和冲动，但不变的是"强烈的、渴望的和执著的依恋"。埃里克森认为，这个阶段是在稳固的自我同一性基础上获得"共享的同一性"，意味着建立恋爱关系时，要把自己与对方融为一体，就像两个圆，各自砍掉一部分才能融合成一体。因此，虽然亲密关系人人向往，但只有自我同一性稳固的人才敢冒险与他人建立。"共享的同一性"意味着妥协、牺牲或损失，否则，即使有爱人同行，内心也还是感到孤独，这样的人在我们周围不在少数。

### 婚姻大事

进入婚姻就意味着生活在同一屋檐下，组成一个"家"。在日常的柴米油盐中如何维持亲密情感，如何处理"我"和"我们"的关系，平衡"你"与"我"的力量对比，对于每对夫妻都是一个挑战。孩子的出生是大部分夫妻婚后的一件大事，也意味着家庭关系重新适应和调整。为人父母将家庭生命周期推进到一个新的阶段。

在进一步完善自我同一性、建立亲密关系、完成职业定向后，个体就进入了下一个阶段——中年期。

# 第三节　实现毕生发展

很多人认为"发展"一词主要是针对 0～18 岁的孩子和初入社会的年轻人。但随着时代变化和观念更新，毕生发展概念逐步普及，个体心理和行为的发展并不会止步，而是扩展到了整个生命过程。中年和老年同样是富有生命力、充满精彩的人生阶段。

## 毕生发展观

荣格(Jung)最早对成人期心理发展进行研究，提出了著名的"中年危机"。巴尔特斯(Baltes)将毕生发展观念推向全世界。埃里克森的八大阶段发展理论中，如果说前五个阶段与弗洛伊德理论有相互映衬之处，那么后三个阶段就是埃里克森所独创的，其影响也体现在此。

### 巴尔特斯的发展观

巴尔特斯是德国著名的发展心理学家，是毕生发展心理学的倡导者。他的团队提出了毕生发展观的六条关键原则。

#### 发展贯穿一生

个体的发展是一辈子的事，不限于儿童和青少年时期，即使进入暮年，发展仍然在继续。每个发展阶段有其独一无二的特点，也有其独一无二的价值，各个时期同等重要。在我们生活中经常看到，很多老年人退休以后主动去老年大学学习新的技能，参加广场舞结交新的朋友，呼朋唤友参加各种活动，保持新信息不断输入的状态。可见，老年人在他们感兴趣的领域依然继续发展。

#### 发展是获得与丧失的动态平衡

发展的形式多样、过程复杂，呈现出多维度和多方向。获得与丧失往往结伴同行，当我们获得语言的时候，可能丧失了很多感受。人到中老年时身体机能会下降，社会经验却在提升。"失之东隅，收之桑榆"，人就是在一得一失之间获得动态平衡。

### 生物和文化均影响发展

发展受到生物和文化的双重影响，两者的平衡不断被打破又不断重建。年轻人虽然社会经验相对欠缺，但那股冲劲儿和勃勃的生命力是最好的补偿。人到了中老年，也许生理机能减退，但长期积累的社会经验和文化积淀，依然可以获得某一方面的成长，表现为处事更加老道、思考更加周全、判断更加精准。这就是文化的补偿作用。

### 发展涉及个体资源分配的变化

个体资源，如时间、精力、才能、金钱以及社会支持，是通过成长、保持和调整进行平衡的。"成长"是指达到更高的功能水平，获得更好的适应能力。"保持"是指面对新的挑战，能够维持或恢复正常的功能水平。"调整"是指因为丧失导致维持或恢复现有功能已不可能时，降低要求，重新在低水平上组织功能。可以通俗地理解为，在能够成长的时候成长，在不能成长的时候维持，在已经丧失时通过调整重新获得平衡。纵观人的一生，莫不是这三者的交替更迭过程。

### 发展具有可塑性

心理发展具有一定的可塑性。一些普遍的能力，比如记忆能力，可以通过训练来提高。即使是在晚年，流体智力下降的同时，晶体智力在不断的经验累积下依然可以提高。谁也不知道人的潜力到底多大、发展可塑性到底如何，这也正是心理学家所研究的。

### 发展受到历史和文化的影响

发展不是单因素决定，而是多重影响系统共同决定的，如年龄阶段的影响、历史阶段的影响和非规范事件的影响。毕生心理发展观试图从多学科多角度进行研究，将毕生发展与生物学、社会学、人类学等学科结合，以便更好地描述发展的全部过程。

## 令人鼓舞的 SOC 模型

1980 到 2004 年间，巴尔特斯曾管理着毕生发展研究中心，主持了著名的柏林老龄化研究工作。1990 年他与妻子一起，提出了成功老龄化的元理论模型——选择补偿最优化模型（SOC 模型）。这个模型认为，在衰老过程中虽然会经历各种丧失，如身体机能减退、疾病等，但也会遇到各种机遇，如教育机会、学习机会。因此，成功老龄化要把所获得的积极结果最大化，同时避免消极结果或使之最小化。

　　这个动态平衡的过程可以通过选择、补偿和最优化实现。"选择"是对目标的选择，在可供选择的范围内最大程度使用有限资源。"补偿"是替代性的过程或手段，在资源丧失或实现目标受阻时，使用替代性手段来维持功能。比如，眼睛看不清时戴上老花镜，耳朵听不清时使用助听器。"最优化"指对内外部资源进行分配和精细加工，以达到更高的水平。SOC 模型是一种生活管理策略，从资源的角度来看待老年人。那些会利用资源，会运用选择、补偿、最优化三种策略的老年人，他们对生活的满意度会更高些。

　　巴尔特斯提出的"成功老龄化"鼓舞了老年人，毕生发展观为我们重新理解老年人的认知能力、情绪与社会性发展提供了不同的视角，"老有所学、老有所乐、老有所为"也成为新时代的口号。

# 中年，却道天凉好个秋

　　中年通常指 35 到 60 岁，即从"不惑之年"到"知天命"阶段，基本对应埃里克森理论的第七阶段。埃里克森认为，这个阶段的主要发展任务是获得繁殖感、避免停滞感，体验着关怀的实现。古尔德（Gould）从个体和家庭关系的角度提出了"一个变化的中年"。他认为，个体在完成自主性的建立后，会有一个质疑自我、挑剔自我和感觉不知足的阶段，然后情感又逐步变得积极起来，家庭关系也变得和谐。中年的滋味似乎很难用一句话来形容，也许是"却道天凉好个秋"吧！

## 中年的生理变化

### 智力发展

　　要问中年人智力水平是上升还是下降？相信大多数人很难回答。卡特尔（Cattel）提出的"晶体智力"和"流体智力"概念较好地解释了上述困惑。

　　"晶体智力"是掌握社会文化经验而获得的智力，是经验的结晶，包括对词汇、语言、文字的理解以及常识等信息的储存能力。"流体智力"是以神经生理为基础、随着神经系统的成熟而提高、不太受教育和文化影响的能力，包括知觉的速度、机械记忆能力等。中年人虽然随着身体机能衰退，流体智力有所下降，但作为社会中人，经验一直在累积，因而晶体智力一直处于增加的状态。如果中年人和年轻人一同玩智力型电子游戏，中年人的反应速度可能不如年轻人快，但对事物的判断却更为准确。这是因为，反应速度属于流体智力，对事物的判断属于晶体智力。正是因为晶体智力的提升，成熟的中年人在他们所从事的领域内具有更丰富的专业知识和专业技能，也具备更强的解决实际问题的能力。

### 性能力

性行为并不只是年轻人的专利，中年人也有享受性快乐的权利。无论是男性还是女性，即使生殖能力在衰退，对性的享受完全可以贯穿整个成年期。但实际生活中，性能力的下降和更年期的到来，对中年人尤其是女性的身心影响比较大。

更年期意味着女性不再排卵和不能生育，虽然平均时间在 50 岁左右，但从 40 岁开始，女性雌激素分泌水平就开始缓慢下降。更年期时，一些女性会出现某些身体症状，比如盗汗、眩晕、耳鸣等。由于某些媒体的过度渲染和一些女性不良的内心感受，这些症状很多时候被夸大。身体症状有其心理意义，可能反映着女性如何看待自身特征和女性魅力，如何评估所处环境，也往往与这些女性的人格特征和过去经历相关。接纳并积极看待这个正常的生理阶段，有助于减少不良的身心症状。男性的睾丸水平下降速度相对较慢，而且也不会完全丧失生育能力，因此更年期不如女性那么明显。

## 中年的职场

### 成就感与危机感

中年人处于职业的稳定期和维持期。大多数人已适应了职业环境，工作上小有成就，经济能力达到高峰，工作的满意度和成就感达到较高水平。但同时也感受到"长江后浪推前浪"的压力，正如李宗盛在歌曲《最近比较烦》中所唱："最近比较烦比较烦比较烦，我看那前方怎么也看不到岸，那个后面还有一班天才追赶，哎唷！写一首皆大欢喜的歌是越来越难。"还有一些中年人则情况相反，对现有职业不那么满意或者遇到职业瓶颈，面临换工作还是继续现在工作的选择问题。如何维持、提高经济状况和社会地位，如何重新平衡家庭与工作的关系，如何给成长期的孩子更多陪伴，是中年人常常需要面对的问题。

### 职业倦怠

职业倦怠主要表现为心理资源衰竭，出现工作怠慢、专业自我效能感降低、对工作成就做出消极评价的现象。职业倦怠在中年人群体中较为普遍，这与工作本身带来的压力感、肩挑工作和家庭两副重担有关，也与事业到达峰值又止步不前的停滞感有关，还与对职业过于熟悉而缺乏新鲜感相关。

应对职业倦怠，首先要觉察倦怠的来源，从认知上调整对职业、家庭和两者关系的预期，积极寻找缓解办法。简单有效的方法是改变造成压力的环境，如更换工作岗位、调整工作内容、自动减少工作量等。其次是学习压力管理的方法，如调整认知、学会宣泄、练习正念、积极行动等。最重要的是，在降低压力和期望的同时重新激发持久的工作动机。

# 中年的生活

### 繁殖感是主要课题

埃里克森认为，成年中期的男女致力于建立和维持家庭，主要任务是获得繁殖感，避免停滞感。这里的繁殖感并不单指生物意义上的繁衍后代，也包括关心指导下一代成长，并借此来延续自己的影响力。繁殖感可以通过博爱或者奉献的方式得以实现。例如，舞蹈家杨丽萍虽然没有生养孩子，但她将精力投入舞蹈事业，培养了一批批优秀的年轻舞蹈家，这也能够满足繁殖感、避免停滞感。有记者曾问她："你是为了舞蹈才不要孩子的吗？"她回答说："有些人的生命是为了传宗接代，有些是享受，有些是体验，有些是旁观。我是生命的旁观者，我来世上，就是看一棵树怎么生长，河水怎么流，白云怎么飘，甘露怎么凝结。"缺乏繁殖感体验的人，常常沉浸于自己的世界，一心只关注内心感受，或者自我放松、自我放逐甚至自我放弃，从而产生无意义的停滞感。

### 友情、爱情与亲情

中年人的友谊依然是社会支持和幸福感的重要来源。这个时期建立的友谊有些是以孩子为纽带、以全家为单位的，因此朋友间显得格外亲密。

与年轻人轰轰烈烈的浪漫爱情相比，中年人的爱情更为深邃。安全感、忠诚、对彼此的兴趣以及共同抚养孩子，这些因素较为重要。整体来说，婚姻满意度在结婚时达到最高，然后随着第一个孩子出生、家务繁忙和工作压力而逐渐下降，再随着孩子慢慢长大，婚姻满意度又呈现上升趋势。如果期间发生了重大事件，那么婚姻满意度还会有所波动。就像心理学家李子勋说的："婚姻就是像正弦波，总是有低潮和高潮。热恋的时候是高潮，但是随着慢慢进展，就会陷入低谷，然后又起来，它就像一个周期。"中年人婚姻有两种趋势：一种婚姻朝向维持和延续的方向行进，即使有些磕磕碰碰；另一种婚姻则因沟通问题、外遇问题、经济问题等出现裂痕和走向解体。

亲子关系是中年人的重要人际关系。在孩子年幼时，亲子关系比较紧密，无论是母亲还是父亲都会较多地陪伴孩子。随着孩子逐渐长大，尤其进入青春期，孩子与父母的关系就变得微妙起来。此时，如果父母不能接受孩子长大的事实、不能够理解孩子的心理，依然像小时候一样对其过于关心和控制，就有可能引发亲子冲突。随着孩子长大成人，离家求学或者就业，家庭进入"空巢期"，此时父母可能会出现适应困难。如果婚姻美满，夫妻可能体会到第二次蜜月期，如果本就因为孩子而勉强维持，婚姻就可能不稳定甚至解体。随着我国二孩政策的执行，家庭中两个孩子之间年龄差距较大的情况也普遍起来。这类家庭的家庭生命周期是重叠的，一个孩子已经进入青春期，而另一个孩子刚出生，那么家长要同时承担着新父母的角色和青春期父母的角色，这对家庭的考验更为严峻。

人到中年，父母逐渐老去。感同身受之下，中年人与年迈父母的关系逐渐亲密，曾经有过的冲突也慢慢缓和。他们会花更多时间陪伴和照顾老人。当然，照料他人本身也会带来经济、身体和情绪上的负担。因此，处理与父母的关系，是中年必须面对的一个课题。

## 中年危机存在吗？

"中年危机"由荣格提出，通常指"40到45岁之间，个体回顾并重新评估自己的人生，从而产生一些性格和生活方式的变化"。这些变化主要是指负面的，比如经历事业、健康、家庭等各种关卡，自我否定、消极看待人生，出现消沉颓废、抑郁、焦虑等不良情绪。

关于是不是真正存在中年危机的问题，众说纷纭。我们更认同这样一种观点：中年危机本质上是重新进行同一性认同。它是在打破青春期完成的同一性认同的基础上，重新修正自我觉知，将自己的个性特征、亲密关系模式、工作能力等各种因素纳入，获得新的同一性的过程。也就是俗话说的"不破不立""大破大立"。同样，危机也是转机，重新整合完成同一性认同后，中年人再次回到稳定的状态中。

克服中年的同一性危机同样需要实践和探索。改变一贯的工作生活模式，尝试做减法、断舍离，回归家庭体会情感带来的力量等，这些方法可以使得危机成为转机。

## 老年的自我与发展

老年期又称为成年晚期，是指60岁到生命终结这个阶段，基本对应埃里克森理论的第八阶段。埃里克森认为，这个阶段主要的发展任务是获得完善感，避免失望和厌倦感，体验着智慧的实现。

## 老年的身心变化

### 身体机能

进入老年之后，个体有一个明显的衰老体验。从外形上来说，皮肤皱纹增加，肌肉和脂肪减少，头发变白、变少，由于脊椎萎缩导致身高也随之降低。从内部情况来看，神经、循环、呼吸、消化和免疫系统整体抗病力下降。这些生理机能的老化是不可避免、难以逆转的。

对老年生活影响最大的是大脑老化和大脑病变。大脑老化导致神经系统反应速度变慢，身体协调性受影响，认知活动能力降低。大脑老化速度因人而异，遵循着"用进废退"原则，那些愿意思考、喜欢接触新事物的老人，大脑的老化速度会相对延缓。大脑病变中最严重的是阿尔茨海默病（又称老年痴呆），表现为记忆障碍、言语障碍、视觉障碍、定向障碍以及行为和个性的改变，逐步丧失日常生活自理能力直至死亡。现代研究发现，老人的大脑同样可以长出新的神经元，这打破了老年机体一定走向衰老的说法。

### 智力水平

以往认为，老年人的智力水平如同身体机能一样呈下降趋势。但是晶体智力和流体智力理论以及巴尔特斯双重加工模型的提出，让我们能从毕生发展角度来理解老年人的认知水平。一般来说，老年人智力中的机械成分，也就是类似于大脑神经机制的硬件系统，和流体智力一样随着年龄的增加而下降。但是，智力中的实用成分，也就是基于文化的软件系统，和晶体智力一样在整个晚年都不断增长。英文中的"old fox"就是对老年人认知水平的肯定。事实上，那些流体智力下降的老年人，经过干预也可能在某些维度上有所提高，这也再一次证明了"用进废退"的道理。

## 老年的生活

老年人退休之后，社会关系变得比较单纯，丈夫和妻子都回归家庭，夫妻关系变得尤为紧密。这个过程中，大多数妻子的适应会比丈夫好一些，而从复杂社会关系中脱离出来的男性则需要一个适应过程。此时，夫妻之间的家务分工，双方活动时间的协调，成为家庭幸福感的重要影响因素。

单独居住的老人，只需要处理亲子关系和祖孙关系，相对来说比较简单，但可能产生孤单寂寞之感。与子女同住的老人，一般要帮助子女打理家务和抚养孙辈。这种比较紧密的关系一方面可以享受天伦之乐，另一方面也容易因为生活习惯、教育风格等原因与子女产生冲突。具体采取哪种方式生活，与整个家庭的分化程度有关。

每个人在一生中都处于特定的社会支持网络中，在其他社会关系减少的情况下，有些老年人会重拾与老朋友的关系，邀一两位好友喝点小酒或者品茶论道，有的会寻找新的团体认识新朋友。无论哪种方式，在家庭之外拥有朋友对老年人的身心健康尤为重要。

## 积极而圆满的老年

### 自我整合感的获得

埃里克森认为，老年阶段是人生的最后一个阶段，如果前面七个阶段能够比较顺利度过，老年人在评价自己一生时就会获得自我整合感，感到充实和完整，对于死亡也能够更好地接纳，把死亡看做人生的必然部分，能坦然面对。有的老人浑身散发着睿智的光芒，给人慈祥宁静的感觉。他们微笑地回忆过去，从容谈论死亡，同时也表示会过好当下。但是，如果人生前面的各个阶段充满了挫折，老人就容易陷入无法改变过去的失望和因未来时日不多的焦虑中，感叹生命苦短，不满自己的过去，抱怨身边的人，感慨"人生寄一世，奄忽若飙尘"。

在人生的最后阶段，如果能够顺利完成发展任务，就获得智慧的品质，面临即将凋亡的生命，保持一种超然的态度。这里的智慧是一种心理资源，意味着达到悦纳的高度，对过去的生活和现状都接纳，没有沉溺于"当初应该如何""当初不应怎样"的悔恨中，接受生命中的种种遗憾和不完美。要达到智慧的境界，老年人同样需要不断实践，接受新的刺激和挑战，即使身体开始衰老了，也需要充满精力地投入生活。

### 积极老龄化

世界卫生组织在 20 世纪 90 年代后期提出"积极老龄化"的概念，符合《联合国老年人原则》提出的"独立、参与、尊严、照料和自我实现"原则。它是指老年人除了参与力所能及的身体运动和家务劳动之外，也主动参与社会、经济、文化、精神和公民事务。在这样的理念指导下，退休的老年人同样能够为自己的家庭、所在的社区以及整个社会做出积极贡献。有人提出，应该充分利用老年人的"心理资本"，如自我效能、坚忍顽强、诚信稳重、感恩奉献等因素，来促使老年人摆脱"暮气"，过上更加充实和幸福的生活。

老有所为、老有所乐的老人们遍布全世界。美国的菲莉斯(Phyllis)被称为"92岁的小姑娘"。她50岁开创自己的服装品牌，70岁成为作曲家，80岁学跳探戈，85岁学瑜伽。她说："看看我，如果想说做什么事太晚了之类的话，请你再好好思考一下！"我国台湾地区的赵慕鹤老人，践行"活到老、学到老"的精神，在87到98岁间拿到学士和硕士学位，105岁时还到台湾清华大学中文系旁听。我们周围同样有生活积极的老人，他们在退休后能很快调整心态，接纳自己退出权力中心和人际关系变得狭隘的现实。有的含饴弄孙，享受天伦之乐；有的上老年大学，重学一门技艺或重拾过去的兴趣；有的积极参加晨练队、广场舞队，锻炼身体结交新朋友；有的携伴同游，走遍祖国大好河山；有的参加退休人员机构，继续为下一代服务；有的积极参加社会活动，继续贡献力量。最美不过夕阳红！有行动、有精神、有追求的老人们最棒！联合国第七任秘书长安南曾经强调："老年人是过去、现在、未来的中介，他们的智慧和经验筑成了社会的生命线。"

## 生命终结时

### 感受丧失

在生命的最后一个时期，老人们首先体会到的是丧失。从身体不再健康到退出主流社会，从子女独立成家立业到至亲好友逐渐离世，他们重新并且更为深刻地体会到"丧失"的感觉。如果遭遇了重大或连续的丧失，有些老人原本固有的基本信念会被打破，内心失去平衡，情绪发生变化，出现缺乏安全感、失去控制感、自我价值感明显降低的情况。如何从丧失感中走出来呢？需要老人们继续与社会产生链接，参与新的活动，获得新的体验，重新建立自我统合感。

### 生命回顾

"神龟虽寿，犹有竟时。"即使再积极再健康的老人，终究也要面对死亡。那么，该如何面对呢？即使走不动了，老人们依然可以翻开老相册，看看当初年轻的容颜，回忆过去的点点滴滴。或者阅读陈旧的信件，抚摸重要的纪念物，回忆童年和少年时期的嬉戏玩闹，青年时候的努力拼搏，说说家族的故事，总结一生的成绩。这种被称为"生命回顾"的做法，可以让老人们在剩余的时间活得更有生命质量。可以说，通过生命回顾，在生命与死亡之间寻找意义，是面对死亡的合适方式。

## 面对死亡

"鸟之将死，其鸣也哀；人之将死，其言也善。"面对死亡，每个人的反应有所不同。罗斯（Ross）在医院对濒死病人进行临床观察发现，患有慢性疾病老人的临终期比较长，他们一般会经历五个心理阶段。第一个阶段是否认。对于自己即将死亡的消息感到不可思议，认为这件事情不会这么快到来。第二个阶段是愤怒。已经能接受死亡，但是充满愤怒，觉得为什么现在就必须死？第三个阶段是讨价还价。向医生恳求，只要能够延长生命，无论多大代价也愿意付出。有时候也向命运和死神祈求，希望能延长寿命，多活些时日。第四个阶段是抑郁。即将与尘世诀别，表现出绝望、叹息、沮丧等抑郁情绪。第五个阶段是接受。听从命运的安排，接受即将到来的死亡。这五个阶段并非人人都会经历，只是具有代表性的描述，也可以用来描述身患绝症的任何年龄的人。

人们对待死亡的态度，随着时间的推移不断地发展变化。相对于中青年时期，老年人对死亡的思考和讨论会更多。作为后辈，不回避这个话题，开诚布公地与老年人谈论，帮助老人通过生命回顾形成自我完善感，有助于他们更好地面对死亡。

## 临终关怀

生命的临终阶段是指健康最终恶化而不可逆转，直到死亡。在老龄化的今天，越来越多的人关注如何"体面地死去"，即 good death。是浑身插着氧气管、输液管，在过度医疗中痛苦地死去，还是体面地选择自己的临终方式？这导致了"临终关怀"的出现。临终关怀是近代医学领域中新兴的一门边缘性交叉学科，不追求无意义的、无尊严的和带来痛苦的治疗，要求医务人员怀着对生命的敬畏，提供环境和心理上的支持，凭借熟练的业务，提供最好的照料，尽量减轻病人身体的痛苦，让其有尊严地离开人世。临终关怀在心理上具有重要的意义，让病人感到自己没有被抛弃，被当做一个完整的人来对待，在关怀备至的环境中，有尊严和有掌控感地走向死亡。

# 第二章
# 另一个我

　　每个人心中似乎有个不一样的自己。有时会对特定的人或为特定的事大发脾气，自己却找不出原因。有时明明想说什么，偏偏脱口而出意思完全相反的话。有时不想去做某件事情，然后真如自己期待地弄砸了。有时候嫉恨某些人，却发现心中涌起了一丝羡慕。那么，到底存不存在另一个自己呢？

# 第一节　潜意识中的我

"潜意识"是日常生活中经常用到的一个词，在心理学上也占有重要地位。提到这个貌似神秘的词，我们首先想到的一定是弗洛伊德，他全部理论的基础就是潜意识的存在。

潜意识中的我

## 弗洛伊德的理论

弗洛伊德与马克思、爱因斯坦并称为三位改变世界的犹太人，马克思改变了人类对社会的认识，爱因斯坦改变了人类对自然的认识，而弗洛伊德改变了人类对自身的认识。作为奥地利心理学家、精神分析学派的鼻祖，弗洛伊德因为他的离经叛道被世人熟知。他提出了"潜意识""自我""本我""超我""生本能""死本能""俄狄浦斯情结""梦的解析"等，光是这些名词就足以让同时代的人瞠目结舌，继而对他攻击、怀疑或崇拜。从历史文化角度来看，弗洛伊德打破了清教伦理，精神分析成为了一场社会革命。

### 冰山理论

弗洛伊德将精神分析称为"深层心理学"（depth psychology），假定心灵被分为不同的层次，就像海中的冰山，海平面之上是意识部分、之下是无意识部分、连接处是前意识部分，后两者通常合并称为潜意识。

#### 意识

弗洛伊德将"意识"（conscious）定义为："可以直接感知到的心理部分，由个人当前觉知到的心理内容组成，具有逻辑性、时空规定性和现实性。"有些心理活动是我们能觉察到的，比如此刻你的注意力正集中于阅读上，知道自己在看书，明白所看的文字是什么意思。这些在心中划过的一个个观念、意象、情感，就是意识。弗洛伊德认为，意识仅仅是人的精神活动中位于表层的很小部分，代表人格的外表方面，就像冰山露出海面的部分，只占整个冰山很小比例。没有意识，我们无法认识世界。比如：我正在费尽脑力地"码字"，这是意识支配的活动；你上课认真听讲，努力理解晦涩的理论，也是意识支配的活动。

但是，弗洛伊德更为关注潜意识。潜意识包括前意识和无意识，有时会把潜意识等同于无意识。

### 无意识

弗洛伊德认为，冰山蕴藏在海面之下巨大的部分就是"无意识"（unconscious），是指"个人不可能觉察的心理现象"。我们应该记得"泰坦尼克号"被撞沉时，离海面上的冰山还有一段距离，船撞上的是海面之下的巨大部分。无意识才是人的精神主体，包括了原始的本能冲动以及与本能冲动相关的欲望，特别是性的欲望。这些冲动和欲望不被人类的风俗、道德、宗教和法律所接受，因而被排斥或压抑在意识之外，不能进入意识，也不可能被回忆起来。但是它们并没有被消灭，仍在暗处积极活动，追求满足。无意识可以引发各种感受，不知什么时候就被它们所影响。弗洛伊德总结，无意识是心理的深层基础和人类活动的内驱力，人的言行无不受其影响。正常人的言谈举止、梦、口误、笔误、失误，人类社会中的宗教、艺术甚至是科学，都受到无意识的影响。

### 前意识

"前意识"（preconscious）是指能够从无意识中回忆起来的经验，位于意识和无意识连接之处，如同我们看到的海平面。前意识扮演着稽查官的作用，严防死守，不许无意识中的东西进入意识。在前意识丧失警惕时，那些被压抑的本能冲动和不被接受的欲望，就会通过伪装迂回地进入意识，如同一群突然跃出海面的小白鱼。

弗洛伊德提出潜意识理论时简直是石破天惊，同时代的人很难接受意识之外还有一个潜意识。但是，生活中的事例确实证明了潜意识的存在。例如，一个领导在开幕式上认真地大声说出："我宣布，会议闭幕！"可想而知，下面的人群一片哗然的场景。但是，这个口误恰恰反映了这位领导心中的真实想法——不想开会！还有一个例子，一位男士每次进门时都会狠命踩门垫，但自己并没想过原因。后来发现，门垫上印着雏菊的图案，而那恰恰是他的母亲最喜欢的图案。他踩着雏菊的门垫，其实是在发泄对母亲的不满。这些曾经隐秘的、出人意料的心路历程，恰恰能够被潜意识理论所解释。

## 人格理论

人的心灵是如何组织的？面对这一片混乱的、嗡嗡作响的、繁杂又充满生命力的存在，弗洛伊德用"三我"进行描述，即本我、自我和超我。

### 本我

本我（id）音译为"伊底"，是弗洛伊德自己创造的一个词，指的是人格中生物性的部分，是人格中与生俱来的最原始的、没有组织性的部分，是人格形成的基础。本我由先天的本能和基本的欲望所组成，例如"食、色，性也"，尤其以性本能为主。本我就像一大锅沸腾的水，热腾腾地为整个心理活动提供能量。本我是非道德的，遵循着快乐原则，追求快乐、逃避痛苦，也就是中国文化中的"趋乐避苦、趋利避害"。刚出生的婴儿没有经过社会教化，所呈现的就是完完全全的本我。他们饿了就哭，饱了就笑，不开心就哼哼，完全不需要顾忌什么。随着慢慢长大，孩子不再那么自由地表达，需要根据不同场合进行适当控制。那时，本我就收敛了锋芒，逐渐老实起来。

### 自我

自我（ego）是在本我基础上发展起来的有意识的结构部分，是人格中个体性的部分，以身份认同感或自我意识来表示。刚出生的孩子只有本我，他们百无禁忌地哭，母亲会尽量满足各种要求。在后天学习和与环境的接触中，自我才慢慢发展起来。例如，小孩子去超市购物一开始不知道买东西要付款，他们喜欢什么就抓起什么，甚至拿着就跑。随着孩子长大，他们逐渐学会了不能凭冲动随心所欲，开始考虑后果，考虑现实的作用，在这样的过程中就慢慢建立了自我，快乐原则被现实原则所取代，去超市购物也知道要排队付款了。弗洛伊德把自我形象地比喻为一个要侍奉三位主人的仆人——自我要反映本我的欲望，要反映客观事实，还要受到超我的严格控制。因此，只能审时度势，用最现实可行的方式行事。必要的时候，还要对本我进行伪装，用一种迂回的形式来满足本我的需求。

### 超我

如果说本我是个百无禁忌的小顽童，自我是中规中矩的中学生，超我（superego）就是严厉的老师。超我代表人格中理想的部分，是我们将成长过程中接受的道德规范和社会要求进行内化而形成的。从小父母教育我们要诚实、老师教育我们要勤奋、警察叔叔教育我们要遵守交通规则,这些点点滴滴都融入内心,成为超我的一部分。弗洛伊德认为,超我包含了两个部分:自我理想和良心。"自我理想"是儿童心目中的完人,是从父母那里获得奖赏而来的。孩子努力学习、乐于助人时经常会得到父母的表扬,这种经验就构成了自我理想,也就是希望自己成为一个怎样的人。"良心"是儿童被惩罚的结果。小时候撒一个谎或者欺负其他小朋友,父母老师会批评我们,这些惩罚内化成为超我的一部分,让我们知道哪些事情不能做,想做点坏事时会受不了"良心的谴责"。超我遵循道德原则,有点像古板苛刻的老夫子,约束着其他两个我。

### 三我的关系

弗洛伊德曾经这样形容:本我是马,自我是马车夫。马是驱动力,马车夫给马指方向。自我要驾驭本我,但"马"可能不听话,两者就会僵持不下,直到一方屈服。我们都有排队买饭的经历。在漫长的队伍中排着时,三个我会说点什么呢?本我说:"肚子好饿,我要直接到窗口打饭。"超我批评本我说:"要遵守规则,插队是违反公共纪律的。"自我说:"算了吧,现在插队其他人会群起而攻,何况旁边还有维持纪律的人。"这时候,本我屈服了、自我沉默了、超我满意了,大家也就继续老老实实排队买饭了。当然,真实的情况是,三我的对话基本存在于我们无法觉察的无意识中,难以通过自省而感受到,这里只是举个例子来说明。

## 人格发展阶段

我是如何长大的?弗洛伊德另辟蹊径提出了精神分析的人格发展理论。他认为,追求快感是一切生物的天性,人的每个阶段都有一个特殊区域是力比多(libido)兴奋的中心,也是快感满足的中心。儿童追求快感的欲望与父母满足这些欲望的情况相互作用,对儿童人格发展产生了决定性影响。此处的力比多,是弗洛伊德理论中最重要的术语,泛指一切身体器官的快感。精神分析认为,力比多是一种本能,是一种力量,是人的心理现象发生的驱动力。

### 口欲期

口欲期是指0~1岁。在生命的头一年,获得快感和建立关系的核心部位是口唇,包括吮吸、咀嚼等活动。小孩子似乎对吸吮乐此不疲,一个大拇指可以吃得吧嗒出声、津津有味。对拿到手中的东西,不需观察就直接放到嘴里品尝。父母不必过于担心,这只是他们探索世界和获得快感的方式。如果口欲期发展顺利,母亲能够适当地哺乳和照顾孩子，就会使其形成信任他人、又不过分依赖他人的个性。如果快乐吮吸活动被无情地制止或过度被鼓励，比如断奶处理不当，力比多就会固着在这个阶段，形成口欲期人格。行为方面表现为暴饮暴食、嚼口香糖、咬笔头、抽烟，或者是用嘴当工具，挖苦、嫉妒他人，且唠叨不休，似乎要通过这些来获得本该在口欲期获得的满足感。口欲期人格主要表现为依赖他人、黏人和不自立。

### 肛欲期

肛欲期是指1~3岁。这个时期，获得快感的部位是肛门。孩子已经开始学习控制肛门括约肌，家长也开始训练大小便。控制大小便关系到孩子对自己身体的感觉，涉及能否自我控制，如果不能顺利控制大小便，容易引发"自恋受伤"。孩子追求肛门的快感和父母对大小便的训练往往有一定冲突，控制大小便还涉及权力的斗争。例如，父母要孩子憋住尿时，孩子故意撒尿，孩子就取得了控制权。肛欲期发展顺利会形成独立性格，例如：有自我决定能力，没有羞耻感，容易与人合作。如果产生固着，就容易出现肛欲期人格，表现出过分整洁、吝啬和固执。曾奇峰将肛欲期称作"钢琴期"，因为很多华人要求孩子在三四岁开始练钢琴，实际上是把对大小便这种生物学的控制，用说得出口的理由（练钢琴）来堂而皇之对孩子进行控制，孩子还不能进行反抗。

### 俄狄浦斯期

俄狄浦斯期是指3~6岁，又称为性器期。这个时期儿童已经能够分别男女性器官的不同，获得快感的部分是性器官。弗洛伊德尤为重视俄狄浦斯期。这时，男孩对母亲产生了爱，当他发现妈妈不属于自己而属于爸爸这个痛苦的事实后，对父亲产生了嫉恨。对于女孩，反之亦然。在我们生活中一定听到过，儿子长大后要和妈妈结婚、女儿长大后要嫁给爸爸的童言稚语，也看过他们挤到父母中间睡觉，努力把爸爸（妈妈）赶下床的情景。这种幼年的爱被压抑后，男孩就产生了"俄狄浦斯情结"，女孩产生了"埃勒克屈拉情结"。男孩想要拥有妈妈，因而对爸爸表示敌意，但后来发现自己还没有强大到能与父亲抗衡。出于害怕，他会转而认同父亲和模仿父亲，试图迎头赶上父亲，在"成为爸爸这样的男人"的动力驱使下，慢慢长大成人。我们可以看出，这是一个充满竞争的三角关系。

### 潜伏期

潜伏期是从五六岁到青春期，这一时期儿童将主要活动转移到学习上，力比多处于休眠状态，孩子喜欢和同性朋友在一起，是一个相对平静的时期。

**生殖期**

生殖期基本与青春期重合。青少年趋于成熟，性的能量和成人一样涌现出来。这个时期最重要的任务是摆脱父母来实现独立。这个时期的人格发展，建立在前面几个阶段之上，逐渐成为了一个现实的、成熟的、社会化的人。

弗洛伊德的理论庞大而繁杂，关于梦的分析和心理防御机制我们在下一部分介绍。有人说，弗洛伊德的精神分析理论可以与达尔文的进化论相提并论，其影响远远超出心理学领域，对人文科学的其他各个领域均有深远的影响。虽然其泛性论经常被攻击，但潜意识理论确实打开了一扇窗，让我们可以透过这扇窗看到不同的风景，了解另一个自己。

# 荣格与阿德勒的理论

荣格(Jung)、阿德勒(Adler)和弗洛伊德有着莫大的渊源，对其理论进行了发展。

## 集体潜意识

荣格与弗洛伊德在学术上的分歧之一就是对无意识的理解。荣格几次深入撒哈拉沙漠研究土著人，发现在土著人的梦和仪式中，除了个体无意识外，还包括一种共同的、普遍的、无法直接意识的意象。因此他提出，在个人潜意识之外还有集体潜意识的存在。

可以用海岛打个比方。如果说露出水面的小岛是意识，那么随着潮来潮去偶尔显露出的礁石就是个人无意识，而更深处的作为基地的海床就是集体潜意识。个人潜意识源于个体的经验；集体潜意识则是在生物进化过程中，社会环境和文化历史等因素在心理上的积淀，是深印于脑意识结构中的以前各代人经验的积累，属于人格结构中最底层的部分。

集体潜意识不是被遗忘的部分，而是一直都意识不到的、隐藏在人类心灵的最深处的、超越所有文化和意识的共同基底。我们与生俱来对黑暗或者蛇的恐惧，就来源于集体潜意识。原始祖先对黑暗和蛇的惧怕有着千万年的经验，这些经验深深刻在我们头脑中，成为一种先天倾向。

## 原型

集体潜意识内容是各种原型。"原型"是人类在社会生活中重复了亿万次的典型经验的积淀，是我们从老祖宗那里继承而来的意象。中西方远古神话中都具有力大无比的巨人、未卜先知的哲人、半人半兽的怪物和给人带来灾难的美女。西方神话中的赫尔克里斯、亚历山大、阿波罗，中国的盘古、女娲、蚩尤、神农氏等耳熟能详的人物都有着原型的意味。原型无法一一对应。例如，母亲这个原型，并不是我们认为的一幅真实的、清晰的、勾勒出细节的女人照片，倒更像是一张待冲洗的底片。正如"一千个读者就有一千个哈姆雷特"，原型是模糊的，才利于个人加工和塑造，才会出现不同的类型。原型种类繁多，包括出生原型、死亡原型、力量原型、英雄原型、太阳原型、月亮原型、上帝原型、魔鬼原型、智叟原型、大地母亲原型等。最主要的原型有四类，即人格面具、阴影、阿尼玛和阿妮姆斯、自性。

### 人格面具

人格面具(Persona)是指人公开显露的、在公共场合中表现出来的人格方面。我们知道，在美国历年的总统选举中，候选人总会塑造一个形象，亲民的、拼搏的、强硬的、公平的，他们通过这些的良好形象来获得民众的支持。人格面具人人都有，是个人生存所必需的，能确保我们与他人甚至是不喜欢的他人也能和睦相处。一个人可以有多个面具，在不同场合使用不同的面具。例如，在孩子面前是慈爱的母亲，在父母面前是体贴孝顺的女儿，在职场是雷厉风行的领导，在朋友中是放得开的良师益友。这些不同的面具使我们以不同方式去适应不同环境，所有的这些面具的总和就构成了"人格面具"。但是，如果太热衷于自己所扮演的角色，例如热衷于职场上的领导角色，就会逐步处在与天性相反的紧张状态之中，造成人格的尖锐对立，这被称为"人格面具的膨胀"。

### 阴影

阴影(Shadow)是与人格面具相对立的原型，是人格中隐藏起来的、被压抑下去的部分，也是人类心灵中遗传下来的最隐秘和最深层的部分。中西方神话故事中都有各种阴森形象。我们倾向于修饰人格面具，也倾向于掩藏阴影，结果付出了一定代价——降低了本能的创造力，使得生命变得没有活力。从心理分析意义上说，当我们努力认同某种美好的人格面具时，阴影也就愈加阴暗，会导致以灾难性的形式爆发。比较合适的方式是疏导而不是压抑本能，通过释放出能量，使自我与阴影和谐紧密地配合工作，将个体投入更富于创造性的活动中去。

### 阿尼玛和阿妮姆斯

阿尼玛(Anima)是指男性身上的某些女性特征。荣格认为：一个男人身上会具有少量的女性特征。它在男人身上不呈现也不会消失，但始终存在于男人身上，并起着女性化的作用。阿妮姆斯（Animus）是指女性身上的某种男性特征。荣格认为，每个人都天生具有异性的某些性质。从生物学角度看，男人和女人同样既分泌雄性激素也分泌雌性激素。从心理学角度看，人的情感和心态总是同时兼有两性倾向。文学作品经常出现这样的形象，红楼梦中的史湘云和王熙凤被薛宝钗称为"女夫子"，与她们的男性化特质不无关系。宝玉钟灵毓秀，"沾染了浓重的脂粉气"，带有明显的女性化倾向。现在我们一般用"伪娘"和"女汉子"来显示阿尼玛和阿尼姆斯的存在。

### 自性

自性（self）是荣格分析心理学中最重要的原型。它代表精神的一种整体力量，能够潜在地把一切意识和潜意识的心理过程和内容都结合起来，成为一个完整的自我。

荣格的理论充满了神秘色彩，他是历史上极少数拥有宁静的心灵、能洞悉自己黑暗的大师。

## 情结

### 解读情结

日常生活中我们经常听到"英雄情结""乡土情结""处女情结""自卑情结"等说法，到底什么是情结呢？

我们先看看荣格怎么说。他认为情结是一种"经常隐匿的、以特定的情调或痛苦的情调为特征的心理内容的聚集物"。情结通常围绕一个核心，比如对我们有意义的人——父亲、母亲或者初恋爱人，或者是一些有意义的对象——金钱、乡土等，让很多的相关经验附着于其上，形成一个具有很大能量的磁场。情结在无意识层面对人的思想和行为产生巨大作用，伴发着强烈的情感。荣格认为，情结一般是由早年的创伤、情感打击、道德冲突等结合所形成的。一个有金钱情结的人，可能对金钱有着超乎寻常的爱好，甚至不惜用犯罪手段来获得金钱，即使不花出去，"拥有"本身就能得到满足。一些臭名昭著的罪犯，也被某些情结所影响。例如，美国著名的连环杀手爱德华，在母亲突然离世后，开始了一种变态行为——杀害无辜女性制作人偶，原料取自于被害者的身体。原来，他与母亲关系非常深厚，曾经说母亲是自己人生的支撑，他被"母爱情结"所控制，想用这种方式来留住母亲、重获母爱。情结理论能部分解释为什么有的人容易被某一件事情激发起情绪，而另一个人则不容易。

### 自卑情结

阿德勒是奥地利精神病学家，弗洛伊德的弟子。年幼时他体弱多病，直到 4 岁才会走路，5 岁时患上了致命的肺炎，医生认为他快死了，但他却奇迹般地康复了。因为患有佝偻病，他终生都无法进行激烈的体育活动。这些经历对他建立个体心理学有着非常大的影响，他提出了广为人知的"自卑情结"（inferiority complex）。他认为，任何身体的、精神的或社会的障碍都会引发自卑感。婴儿因为弱小，必须依靠成人才能存活，因此天生具有自卑情结。自卑感不是变态，而是人类进步发展的原因，人们会被"追求卓越"的精神所驱使，力图获得更大成就。

著名小说《麦田里的守望者》讲述了 16 岁的中学生霍尔顿在纽约逛荡三天的所见所闻。在强大的主流文化面前，他感觉无所适从，内心极其孤独与恐惧，却又找不到情感宣泄的出口，从而产生了深深的自卑感，想逃避社会。他生长在一个过分严厉、冷漠、专制和缺乏民主的家庭里，学校也充满了"假模假式"，客观因素不断地加深了他自卑感，显得非常孤独和反叛。霍尔顿是如何补偿他的自卑情结呢？他幻想当一个麦田里的守望者，远离尘嚣，去西部树林盖一所小木屋过简单的田园生活，当然这些都无法实现。最后，经过痛苦的内心冲突后，他放弃了梦幻追求，以自己独特的方式与社会妥协，超越了自卑情结。最后，他从一个愤世嫉俗的孩子变成了成熟有胆略的成人。

## 生活中的潜意识

潜意识虽然看不见摸不着，但并非了无痕迹。那些稀奇古怪的梦境，匪夷所思的口误，毫无觉察中写错的字，甚至是莫名其妙的遗忘，都高调彰显着它的存在。

### 梦的解析

1900 年弗洛伊德《梦的解析》出版，这本被誉为改变人类历史的书"吸粉"无数，畅销至今，指引了很多人踏入精神分析之门。

#### 梦是愿望的达成

弗洛伊德关于梦的基本观点是"梦是愿望的达成"。没有一件事是偶然的，梦也不例外。梦不是偶然形成的联想，而是欲望的满足。弗洛伊德认为，在清醒时，有一个稽查官时时刻刻进行检查，因此潜意识的东西很难到达意识层面。但是在睡觉时，稽查官也会打个盹儿。当它检查松懈时，潜意识中的欲望可以通过伪装的方式，迂回地闯入意识而形成梦。因此，梦是对清醒时被压抑到潜意识中欲望的委婉表达，是清醒状态精神活动的延续。

你是不是做过这样的梦呢？早上睡得正香，家里人喊着："快起床，要上班了。"于是梦见自己到了单位坐在办公桌前开始工作，然后一翻身又继续睡觉。结果，满足了愿望却耽误了上班！小孩子的潜意识是赤裸裸的，因此梦也比较直白。白天和哥哥抢玩具，晚上就梦到哥哥长着翅膀飞走了。白天看到爸爸妈妈喜欢妹妹，晚上就梦到妹妹不见了，自己在一旁伤心地哭。弗洛伊德有一次带着妻女和邻居家的小男孩一起去旅行。他的小女儿和男孩玩得十分开心。第二天小女儿说："昨晚我梦见他成了我们家的人，和我们一样叫爸爸妈妈，和我们同睡一个房间。"这种继续成为好朋友的愿望在梦中直白地得到了满足。

成人的梦比较迂回，因为在梦的状态下，心理检查机制仍发挥作用，使本能欲望不能赤裸裸地表现出来，内心的愿望在梦里也不得不遮遮掩掩，弗洛伊德称之为"隐梦"。弗洛伊德谈到过这样的一个梦：一位女人梦到自己的侄儿卡尔去世了，但是事实上他活得好好的。不过，卡尔的哥哥奥托刚刚去世。这位女性对自己的梦感到奇怪，遂询问弗洛伊德。弗洛伊德了解到，她与一个男人情投意合，但遭到自己姐姐的反对。在奥托的葬礼上，她和这个男人都出席了，之后就没再联系。因此，这个女人不自觉做了卡尔去世的梦，以完成她在葬礼上再次遇到这个男人的心愿。

弗洛伊德认为，所有的梦都与自我有关，即使自己不在梦中出现，也只是利用"自居作用"隐藏在他人的背后。也就是说，当我们梦到两个人在吵架时，也许其中一个人是替你和另外一个人吵架，在完成你想吵而不敢吵的心愿而已。

### 梦的来源

施温德（Schwind）的名画《囚犯的梦》描述了这样一幅情景：囚犯梦到阳光从窗口直射入牢房，将他唤醒。他看到窗前有重叠而立的几个妖神，靠近顶端窗口的妖神，面貌和自己一模一样。囚徒的梦境正是他内心中最真实想法的反应——逃走。关于梦的来源，弗洛伊德认为"日有所思，夜有所梦"。一般而言，最近发生的且具有意义的一个或几个事实可以直接表达在梦中，也可以在梦中凝结成一个整体来表达。有时候，一些对做梦者本身非常有意义的经验，在梦中却表现为另一种没有什么关系的印象。

### 释梦

梦的解析像一个"检验孔"，我们可以通过它窥探心灵的内部。弗洛伊德认为解析梦的基本原则是：把梦的内容分析为各个部分，并以各个部分作为注意目标，不论它是否合理、是否明晰。当我们要理解一个梦时，首先要对做梦的人有一定了解，然后将梦的内容与这个人的生活经历结合起来。只有了解做梦者过去的经历，才能了解梦的各部分的隐意。然后可以利用自由联想来化解自我检查机制的压抑，揭露潜意识愿望。最后充分利用象征知识来探明其潜意识含义。

### 从周公解梦到模拟险境论

中国著名的《周公解梦》是一本流传在民间的解梦之书。比如，梦到牙齿掉落是"家里有丧事"，梦到棺材是"升官发财"，梦见抱起婴儿是"财运旺盛"等。但是，周公解梦更类似于一本词典，梦到的东西可以在书中进行查询，对不同的人给予相同的解释，缺乏针对做梦者个性化的解读。

弗洛伊德的释梦虽然也有对应的解释，比如手杖、树木和雨伞等代表男性生殖器，盒子、壁炉和洞等代表女性生殖器，但弗洛伊德更为注重做梦者本人的经历体验，将之与梦境结合进行解释，具有心理分析的意味。

当代对梦的解释多从做梦者的情绪入手，放弃对具体意象的解读。比如职场人士经常会梦到重上考场，做不出题目，急得一身汗，然后被吓醒。这时候，我们可能不会关注考试代表什么，而是关心梦中的感受和情绪，关注这个梦明显带有的焦虑、恐惧情绪。因此，我们可能会思考，当下的生活中有什么事情引发了做梦者的焦虑和恐惧。

现代研究人员使用各种仪器和先进技术，如脑成像技术等，对梦进行更深入的研究。研究发现，梦中的负面情绪（如恐惧、愤怒、羞耻）的总量是正面情绪（如喜悦、幸福、快乐）的两倍。芬兰心理学家雷翁索（Revonsuo）还提出"模拟险境论"。他认为梦境是用来模拟一个险境的，做梦可以训练我们的自卫能力，学会逃脱、反击和适应等，有助于我们更好地面对危险。这些研究将有助于解开梦的秘密。

## 潜意识痕迹

### 失误

我们都有无意中说错话的时候，自己将其解释为"不小心"，但弗洛伊德却觉得口误并非偶然，其内容往往反映了我们内心深处的真实想法，表达出潜意识想表达的。"说话者决意不将观念发表为语言，因此他便说错了话。"例如，美剧《老友记》中，罗斯在婚礼上面对艾米莉时，不由自主地喊出瑞秋的名字，其实表明了罗斯内心真正爱的人是谁。

除了口误，我们还可能出现笔误、误放、误取、误拿等情况。误拿了本不该拿的东西，误丢了不准备扔掉的东西，或者熟悉的东西突然找不到。这些失误，虽然有着不同理由和目的，但都有一个共同的"遗失"愿望。弗洛伊德曾提及，有一位青年人收到一封亲戚责备他的信。几天后，他丢失了一支心爱的笔，而这支笔正是亲戚送给他的。弗洛伊德分析说，这位青年人在潜意识里对亲戚有不满的情绪，于是借由遗失心爱的笔来满足此种愿望。再看另一个例子，有两个女人争执起来，A 激动之下大手一挥，一个花瓶落地摔成碎片，而这个花瓶正是 B 的心爱之物。虽然 A 强调自己不是故意的，完全是不小心，但挥手动作之中其实隐含了攻击的欲望。

### 遗忘

遗忘在每个人身上都发生过，弗洛伊德认为其中也有潜意识因素。例如，甲向乙借书，乙答应甲第二天带来但忘记了。虽然乙自我提醒，但第三天、第四天依然忘记此事。这时候，乙停下与自己的潜意识进行了沟通，发现原来自己内心中并不想把这本书外借出去，所以屡屡忘记。最后乙买了一本新书送给了甲，解决了内心的冲突。曾经有两位年轻人 A 和 B 同时追求一位女孩，其中 A 成功与女孩恋爱结婚了。某一天，他们走在路上遇到了 B，B 马上喊出女孩的名字，但看着 A 却老半天想不起他的名字。此处，遗忘名字正是压抑的缘故。遗忘情敌的名字意味着不需要回忆失败的追求经历。

## 强迫性重复

### 重复的人生事件

父母经常教育我们，不要老是犯同一个错误，不要总在同一个地方跌倒。但是，有时就是那么莫名其妙，那么身不由己，同样的事情会不断重复发生。也许是美丽女孩在每段恋情进入谈婚论嫁阶段时却放弃离开，也许是职场精英在每家单位都因同一原因而失落逃离。深究原因，一定有潜意识的推动作用。心理学家观察到，孩子在经历了一件痛苦或者快乐的事件后，会不自觉地反复制造同样的机会，以便体验同样的情感，称之为"强迫性重复"。

### 强迫性重复的原因

关于强迫性重复的原因，弗洛伊德在 1905 年指出，"力比多会痛苦地纠缠着生命早期被阻碍的欲望和挫败的渴望，与这种受挫感黏滞在一起，哪怕成人后欲望得到满足，却仍然感到饥渴"。强迫性重复可以解读为童年时形成的行为模式不断复制。一个人小时候与照料者的互动方式会影响日后的情感生活。如果小时候建立的关系模式是信任，那么就会不断复制信任；如果小时候建立的关系模式是敌意，那么就会不断复制敌意，甚至让友善的人转为敌意。每个人在童年或多或少经历过一些挫折和创伤，比如，因为身材矮胖被嘲笑，因为家境贫寒被鄙视，或是被亲人伤害虐待等。那些童年没有能力医治的创伤被带到成年，潜意识里会有意创造类似的创伤情境，然后期待依靠现在的力量去战胜它，来平复童年的创伤。但结果往往事与愿违，陷入一种重复循环而无法解脱之中。

### 常见的例子

我们在生活中常常会看到一些令人唏嘘的情感故事。一个各方面优秀的男孩在恋爱上屡次受挫。第一次恋爱对象是忧郁无助的女孩，第二次是性情冷漠的女孩，第三次是一个被前男友抛弃正处于人生低谷的女孩。每次恋爱他都很投入，结果却都很受伤，感到倾尽全力也无法温暖这些女孩的心。在心理咨询中他才蓦然发现，她们如同他那忧伤、痛苦、终日闷闷不乐、很早就去世了的母亲，小时候的自己怎么做也无法取悦母亲，让她快乐起来。换句话说，这个男孩之所以会特别被这些女孩吸引，不由自主地发生爱恨交织的关系，是因为她们都具有他内心最重要人物——母亲的心理特征。所以，成年后有力量的他要通过照顾这些女孩，重新获得弥补的机会，借着爱来医治这些心灵受伤的女孩。好像她们快乐了，妈妈也就快乐了。

值得注意的是，这种带有"自讨苦吃""自我牺牲"甚至是"自虐"性质的疗伤愿望完全是潜意识层面的，当事人不能意识到。而且，这样做的结果多半以失败告终。即使成功了，也很难感觉到满足感，内心的空洞并没有填补。觉察自己的固定模式，进行专业的心理咨询，也许是个不错的疗愈方式。

# 第二节　解读内在模式

　　每个人都用自己的经验来解读这个世界。小时候父母对待我们的方式，与老师同学交往的模式，过去经历的一些事情，甚至吃过的饭、走过的路、玩过的玩具、住过的房子都会成为"自己的经验"，影响着我们与世界打交道的方式。

## 依恋与自我发展

### 婴儿依恋与依恋理论

　　孩子与父母有着天然的链接，母亲充满爱的眼睛、温柔的双手、暖暖的声音成为孩子最早的记忆。孩子本能地用笑、哭和动作回应着，于是形成了强烈的情感链接——依恋。

　　依恋（attachment）是指一个人对另一个人长久持续的情感联结。一般指婴儿与母亲之间那种特殊和强烈的情感关系。如果我们稍微回忆一下，就能回想小时候某次与父母分开时哭得惨兮兮的样子。在生活中，也经常看到小孩子在父母手上笑嘻嘻，被他人抱起时就哇哇大哭的场景。中国有句老话"夜崽不离娘"，也充分反映了孩子与母亲紧密的链接。

　　战火纷飞的二战期间，很多孩子从被轰炸的城市疏散到农村，由当地村民进行照看，同时也接受心理学专业人员和儿童福利院提供的心理服务。但是，即使父母们向孩子保证，是因为安全而不得不与他们分别，即使专业人员提供了专业服务，还是有很多孩子开始变得退缩、冷漠、抑郁，没有兴趣做游戏，尤其是那些年幼的孩子。他们一开始表现为愤怒、害怕、大哭大闹，后来就陷入一种绝望的状态，随之慢慢变得冷漠。英国精神病学家鲍尔比（Bowlby）和他的同事开始寻找解决这些问题的方案，发现最好的解决方式就是——尽快把孩子送回到父母身边。

　　此后，鲍尔比提出依恋理论，他认为"孩子同其主要照料者间的最初关系构成了以后所有关系的起点"。母婴依恋是一种适者生存的选择，只有婴儿向母亲寻求和保持这种亲密之感，才能生存下来。随着孩子慢慢长大，婴儿与母亲重复交往的经历将内化为"工作模式"，成为和他人交往的范本。在孩子成长过程中，父母持续和敏感地照料孩子显得尤为重要。孩子如果得到了很好的安抚，那么所建立起来的安全感就像一个加油泵，持续提供更多能量，让孩子感到安全、不惧怕探索外部世界。相反，早期孩子和父母的分离会对孩子造成较大的伤害。

## 不同类型的婴儿依恋关系

安斯沃斯(Ainsworth)运用"陌生情境法"对不同类型的依恋模式以及安全感进行了研究。安斯沃斯本人身怀传奇经历，曾经在乌干达做了研究，对孩子从出生到2岁的行为进行观察，后来又去了美国的城市进行研究。期间还幸运地巧遇鲍尔比，与其合作发展了一些理论。安斯沃斯区分了安全型和不安全型的依恋关系。后来，又用"探索行为"和"依恋行为"作为区分，把不安全型依恋区分为矛盾型和回避型两种。

我们先来看看陌生情境测验的经典实验。婴儿、母亲和一名态度友好的陌生人是本实验的主要人物。实验设计了八个情境，让婴儿经历了越来越升级的焦虑和对母亲越来越大的需要。一开始，母亲与婴儿进入放有玩具的舒适房间。当婴儿安静下来开始玩玩具时，一个陌生人进入房间。随后，设计母亲离去、陌生人与婴儿相处、母亲回来且陌生人离开、母亲离开让婴儿独处等情境。用放置在房间内的录像装置全程记录婴儿的反应。在整个20分钟过程中，不同的婴儿表现出不同的情绪反应和行为表现。事后，安斯沃斯根据婴儿表现出的依恋行为和探索行为、对母亲和陌生人的倾向性、在简单分离后重聚时对母亲的反应等，将依恋分为安全型、矛盾型和回避型，后两种类型为不安全依恋类型。之后，梅尔(Main)等人又区分出第四种不安全依恋类型——紊乱型。

### 安全型

实验发现，安全型依恋的婴儿与母亲感情融洽，与母亲分离时会积极寻找母亲，与母亲重聚后能很快缓解悲哀和不安。在我们生活中，有的父母能敏感及时地找到孩子的需求点，孩子饿了、渴了、困了，他们都能知道并做出回应，照顾比较到位，对待孩子的态度比较稳定。因此，孩子知道父母能够看见自己、理解自己和接纳自己，最终形成了安全感。安全型依恋的孩子既有依恋行为，也有很多的探索行为。通俗地说，依恋母亲并不会阻碍他们出去玩的步伐，反而会让他们放心大胆地探索世界，而不需要分心考虑母亲在不在的问题。

### 矛盾型

实验发现，矛盾型依恋的婴儿与母亲分离时会出现反抗行为或者大哭大闹，悲伤程度比较高。与母亲重聚时，会急切寻求安慰，但又表现出生气。这种情况是妈妈对孩子的态度不稳定而造成的。他们表现出较多的依恋行为和较少的探索行为，这类孩子的探索能力下降，是因为他们需要分出一部分精力来看母亲的脸色，担心母亲在不在。这类母亲有时候对孩子很好，有时候又会很糟糕，似乎是根据自己的心情好坏来对待孩子。这让孩子感到无所适从，无法分辨母亲的态度为什么不一致，更难以取悦她。生活中我们经常看到这样的母亲，情绪好时给颗糖，情绪不好时给个"巴掌"。她们的孩子往往脾气不好，情绪也不稳定。

### 回避型

实验发现，回避型婴儿与母亲关系比较平淡，分离时没有过多情绪反应，也不会哭泣，母亲回来时表现为回避。他们表现出较少的依恋行为和较多的探索行为。但是，与安全型依恋的婴儿饶有兴趣地探索外部世界不同，他们的"探索"往往只是重复做一些没有意义的事情，而不是真正感兴趣。他们回避父母是因为父母对他们的需求缺乏回应，尤其是父母忙于自己的事情而忽略孩子时。慢慢地，这些孩子不再表达自己的需求，对周围人冷漠，不再抱有希望。

### 紊乱型

紊乱型是安斯沃斯的学生提出的。紊乱型的婴儿与母亲分离和重聚时情绪比较混乱，两相矛盾的行为会同时出现。他们的父母往往本身有很严重的情绪问题或行为问题，甚至有时候对孩子有迫害行为，造成这些孩子的行为没有什么规律可循，因为他们所依恋的父母恰恰又是迫害他们的对象。当他们奔向父母时会突然停下脚步摔倒，说话时会突然捂住嘴巴，因为发现父母就是迫害者。紊乱型依恋的婴儿身上呈现出很多矛盾行为。

四种依恋类型的婴儿，在对照料者的情感和反应方面均存在差异。不同类型的依恋关系反映出内部工作模式有所不同，这种模式将影响之后的情感、行为和人格的发展，也影响着注意、记忆等认知能力的发展。

## 依恋关系的变化

依恋关系是我们生命中最早的关系，也是最重要的关系，在某种程度上决定了我们对他人的预设和交往模式。虽然依恋如此重要，但并非一成不变。通过对"成人依恋"和"多重依恋"研究发现，从某种意义上说，依恋关系是可以转变的。

我们可能会发现，一些孩子并不是父母亲自养育的，但是因为这些孩子与祖父母或外祖父母长期生活在一起，或者与学校老师建立了比较稳定的人际关系，他们同样能够形成安全型依恋。这就是多重依恋关系的假设。对成人依恋的研究也发现，确实有将近30%的个体的依恋类型在成长过程中发生了改变。现实中，有的孩子成绩很好，学校的老师和同学都喜欢、爱护他，小时候不安全的依恋也可以慢慢变成安全型依恋。一位缺乏安全感的男性，如果在婚姻中能够遇到具有包容性的伴侣，像容器一样抱持着他，就能够重新建立安全型依恋。另一种改变方式就是心理咨询。咨询师扮演一个好的"养育者"形象，对来访者无条件关注和提供支持，在咨访关系中对早期的不安全依恋进行修复，从而改变来访者内部工作模式。

可见，依恋关系并非终生不变，它与个体对变化的敏感性相关，与环境中是不是存在可替代父母的稳定人物有关。如果后期成长环境比较稳定、遭遇的应激事件和挫折比较少，各方面比较顺利的话，不安全型依恋也有可能发展成为安全型依恋。因此，给孩子营造良好的家庭氛围任何时候都不晚。自己努力创造良好的人际关系，不断理解和改变自己的人际模式，也是增加安全感、重塑内部工作模式的方法。

## 投射与投射性认同

### 投射

"投射"和"心理投射"是心理学中常常提及的术语，最初来源于弗洛伊德对心理防御机制的命名。弗洛伊德认为"投射是指将自我不能接受的欲望、冲动、意念投射给外界的某个对象"。荣格将心理投射解释为"把一种存在于自身中的品质或态度潜意识地归咎于另一个人"。布莱克曼（Blackman）解释为"你将你的情感、冲动或愿望归结在另外一个人身上，扭曲了你看待这个人的态度"。

投射在我们日常生活中随时可见。奶奶觉得今天好冷，马上给孙子加衣服，但却把孙子捂出了一身汗，这是奶奶把自己冷的感觉投射给了孙子。自卑的人认为别人瞧不起自己，是自己自卑的投射。心情好时看所有的人都顺眼，是自己快乐的投射。我喜欢某件东西，以为别人也会喜欢，厌恶某件东西，以为别人也会厌恶。"我见青山多妩媚，料青山见我应如是"，说的就是这个道理。

投射并非人们蓄意为之，而是在潜意识中发生的。每个人都可能将自己心中的影像投射到周围的人或物上，很难做到不掺杂任何主观色彩而完全客观地看待世界和他人。因此可以夸大点说，这个世界就是投射的世界！既然每个人都依据自己的经验来理解世界，那么从这个角度上说，投射是正常的。但是如果一个人肆意地投射自己不好的部分却毫无知觉，就可能会伤害别人。因此，虽然不能避免投射，但是可以觉察投射。投射如一面镜子，透过镜子我们可以了解自己。因此经常在镜子里照照，提醒自己镜子里看到的并非外部世界，而是我们自己。当我们对别人进行判断时，可以反问自己："我在别人身上所看到的，真的是别人的，还是自己的？这种看法客观吗？"通过这样的反省，可以减少投射在人际交往中的副作用。

## 投射性认同

在日常交往中，有些人的做法会让我们感觉很不舒服，这种不舒服似乎不能用普通的人际交往原则进行解释，比如缺乏沟通、不能相互理解、不能换位思考或者不能将心比心等。是不是有另外一种可能，那些人也并不明白自己的交往模式让其他人感到不舒服，他们似乎靠着一种"惯性"在与人交往。

我们先看来几个例子。有一对父母特别喜欢念叨儿子，经常骂儿子不爱学习、不做家务、不务正业。似乎是老天想证明父母是对的，这个儿子果然就不爱读书，整天游手好闲。在婚姻关系中，也会看到这样的妻子，她对丈夫缺乏信任，总觉得丈夫会染上不良习性。不久，丈夫就真的做了很多让她没法信任的事，比如赌博、酗酒甚至外遇等。还有一种情况，一个特别热心助人的大婶，常常想到他人没有想到的，做到他人没有做到的。一开始我们心怀感激，但当她表现出特别希望得到感谢，或者某次没及时被肯定而不高兴时，我们便有了不舒服的感觉。这些现象被客体关系理论学家称为"投射性认同"。

投射性认同被定义为"用潜意识诱导他人以一种限定的方式来做出反应的、较低级的心理防御机制"。可以这样形容投射性认同的过程：A 把分裂出来的自己的一部分投射到 B 身上。A 投射的内容诱导 B 以限定的方式做出反应。B 在这样的诱导之下，真正地做出反应，于是完成了投射性认同。上面例子中，儿子认同了父母投射过来的"儿子不够好"的想法，变成了父母口中的那个样子。当然，A 做出诱导和 B 对诱导做出反应的过程都并非有意为之，两者都是通过潜意识于不知不觉中进行的。投射性认同源于一个人的内部关系模式，也就是童年与照料者之间的互动模式，然后不知不觉在现实人际关系中表现出来。

投射性认同可以分为四种典型类型：权力投射性认同、依赖投射性认同、讨好投射性认同和情欲投射性认同。

### 权力投射性认同

生活中存在这样一类人，他们对其他人诸多挑剔并且颐指气使，似乎感觉全世界只有他才是对的。给人的印象是能力很强，喜欢管人、教育人、否定别人的意见等。其他人和他们相处时，会有一种"他很强势"的感觉，同时也会产生"我不如他"的无能感和软弱感，并情不自禁地听他指挥。这就是典型的权力投射性认同。权力投射性认同的元语言是"没有我，你活不下去"，关系姿态是"控制"，被诱导出的反应是"无助"。

例如，一个单位的领导对于下属的工作诸多挑剔，觉得他这也不对那也不对，只有自己的思路和做法是对的。在这样的指责下，下属感觉自己能力不足，无法达到领导的要求，慢慢地果然变得这也不好、那也不行，做事畏畏缩缩，结果不尽如人意。似乎是冥冥之中印证了领导的想法，因为下属接受了领导投射过来的内容并进行了认同。

### 依赖投射性认同

我们生活中有这一类人，对别人特别依赖，凡事都要别人帮忙做决定，甚至连穿什么衣服、搭配什么鞋子的小事都希望别人告诉自己，但事实上，本人是有能力独立做出决定和采取行动的。这种依赖，一开始会让对方感觉自己被需要、是有价值的，但是时间久了、次数多了，对方就会感到压力，觉得自己被控制和被榨取。依赖投射性认同的元语言是"没有你，我活不下去"，关系姿态是"无助"，被诱导出的反应是"照顾"。

例如，有位老师非常挂念某位学生，总是想着他情绪好不好、会不会出问题，甚至出差在外也总惦记着他，但又觉得怪怪的，内心不那么舒服。因为这个学生对老师非常信任，心里话都告诉老师，情绪有点波动也会找老师倾诉，请老师教他怎么处理。不知不觉中，这位老师接受了学生投射过来的内容——"你是我全能的妈妈，我需要你对我 24 小时关心，离开你我活不下去"，从而被诱导出照顾的行为。

### 讨好投射性认同

讨好投射性认同也称迎合投射性认同，主要表现在生活中对别人特别好，总是为别人着想，甚至不惜牺牲自己，被公认为"好人"，大家对他充满感激。但久而久之，别人会有一种说不出的压力感、不适感和内疚感。讨好投射性认同的元语言是"你欠我的"，关系姿态是"自我牺牲"，被诱导出的反应是"感激与欣赏"。

这种情况在中国家庭中经常可以看到。有些父母常说自己省吃俭用，牺牲自己的兴趣、爱好和时间，所做的一切都是为了孩子。这些信息让孩子感觉到"我欠父母的"，在内心或在公开场合赞美父母，感激他们，并且很听话。但是，在服从和赞美一段时间后，很多孩子开始反抗，他们表达出愤怒，甚至冲着父母大喊："我又没有要你对我这么好！"这时，父母会感到很伤心，孩子也觉得很委屈。确实，在健康成熟的人际关系中，任何一方都不需要用牺牲的方式来控制另一方。用"你欠我"方式来维系关系，恰恰是不成熟的。

### 情欲投射性认同

情欲投射性认同的人经常会用性来诱惑别人，摆性感的姿势，说暧昧的话语，表达挑逗的意味，让对方觉得被性诱惑。情欲投射性认同的元语言是"我能让你性满足"，关系姿态是"性爱"，被诱导出的反应是"性兴奋"。

心理咨询伦理规定，咨询师和来访者不能发生咨访关系之外的任何关系，更加不能成为朋友、恋人、生意伙伴等。但是，情欲投射性认同有可能会发生在心理咨询中。例如，美剧《扪心问诊》第一集中，女来访者劳拉（Laura）表达了对咨询师保罗（Paul）的爱慕，她习惯性地用诱惑的方式和男人交往，这让她感觉自己有吸引力和有掌控力。咨询师保罗被吸引，对她有异乎寻常的好感，甚至一度付诸行动。这种情况下，来访者进行了情欲性投射，而心理咨询师完成了认同。这当然是违背咨询伦理的。这也提示，从事心理咨询师这份职业，必须做好自我体验，遵守咨询伦理，并且有能力识别来访者的投射，避免被卷入。

投射性认同既是一种防御机制，也是一种隐藏在潜意识中的人际交往模式。由于对建立和维持健康的人际关系缺乏自信或缺乏方法，他们只能用控制的、依赖的、讨好的或情欲的方式来与人建立联系。对于他们而言，这样做可能是潜意识中能想到的最好方式。从长远看，通过投射性认同来建立关系利少弊多，通常是损人不利己。因为一个健康独立的个体，并不需要用如此原始的方式与周围人建立联系。

如何识别投射性认同和避免被卷入呢？投射性认同一般发生在两个离得比较近的人之间，如亲人、朋友、同事之间。如果其中一个人的人格发展不够好，就有可能用种种方式"诱导另一个人以自己期望的方式做出相应反应"。如果对方做出了反应，两人就捆绑在一起，形成了一种没有分化的不成熟关系。我们可以关注一下自己的感受，如果感到和某人关系中，不得不做自己不愿意做的事情，就有可能处于投射性认同状态。为了避免被卷入，可以在觉察对方投射过来的东西后不进行认同。比如，当一个人十分依赖你，凡事都问你，希望你时时刻刻帮助他时，你表示知道但不直接帮助他，就可以拒绝被卷入。

# 自恋的黑白面

自恋（narcissism）一词来自一个美丽而忧伤的神话故事，主角叫做那喀索斯（Narcissus）。那喀索斯是希腊神话中一个英俊的美少年，他拒绝了山林女神的爱，导致女神伤心欲绝而死。于是他受到了复仇女神的惩罚，每天在水边看着自己的倒影，欣赏自己的美丽容颜，并爱上了自己，最终憔悴而死。众神觉得他很可怜，于是将他变成了一朵水仙花。心理学家借用这个词，来描绘一个人爱上自己的现象，也就是自恋。

## 对自恋不同的理解

### 普通人看自恋

自媒体时代的人们自由发声，随处可见各种风格的自拍。当然，自拍还不够，还需要修饰和美化。对于那些热衷自拍晒图的人，人们往往称之自恋，似乎整个社会进入了全民自恋时代。

有人认为自恋是毛病，对其进行批判。确实，自恋是一种高度自我关注的状态。高自恋的人往往活在自己的世界中，自我欣赏、自我迷恋，夸大自己的能力和品质，看不到或者不愿意承认自己的缺点，也不重视外在环境和他人感受。也有人认为自恋是好事，总比自卑或者自怨自怜好。一个人如果对自己的外表、能力等各方面没有自豪之处，不认可自己作为独特个体存在于世间的意义，缺乏基本的自尊，那也不健康。随着社会鼓励人们追求幸福生活、实现自我价值，人们对自恋的理解慢慢改变，适当的自恋被认为是有自信、有吸引力的象征。

### 弗洛伊德论自恋

弗洛伊德在《论自恋》中首次系统论述自恋，他假定每个人身上都具有"原始自恋"。如果力比多没有投注在客体（母亲）身上，而是投注于自身，就形成了自恋。弗洛伊德把自恋比喻为睡觉的人，他们把全部情感投注从外界撤回，集中在自己身上。自恋的人也有可能会对外部对象感兴趣，但因为力比多的投注方向朝向自我，因此，他们把感兴趣的外部对象当做自己的一部分来看待，"一个自恋的人可能会爱上他自己现在这样的人、他过去那样的人、他将来可能成为的人以及曾经是他的一部分的人"。在弗洛伊德眼中，自恋是不健康的，他将病态的自恋称为"自恋性神经症"。

第二章 另一个我

### 科胡特谈自恋

随着社会的发展,自恋不再被当做病态人格而是常态人格来对待,只有过分自恋才有可能是人格障碍。

科胡特(Kohut)创建的自体心理学开启了精神分析的新时代,其研究核心就是自恋。科胡特认为,"自恋是一种借着胜任的经验而产生的真正的自我价值感,是一种认为自己值得珍惜、保护的真实感觉"。自恋在心理健康上扮演重要角色,孩子出生后除生理需要,还有心理需要,心理需要就是"正常的自恋需要"。弗洛伊德认为自恋是没有客体的,而科胡特认为,自恋的人并非没有客体,他们的客体是"自体客体"。

自体(self)是指自己,客体(object)是指他人,自体客体(self-object)是指"被自体经验为其自身的一部分并为自体发挥某些重要心理功能的客体",可以简称为"自己的别人"。我们可以看到,青少年如果见到自己崇拜的偶像,也许在接下来几周内,都像是打了鸡血似的亢奋不已,把很多事情都完成得很好。这是因为他们把偶像变成了自己的一部分,也就是自体客体。再举一个例子,如果我们有比较崇拜的老师,在遇到难题时,我们可能会琢磨:"老师在这种情况下如何应对呢?"通过猜测老师的做法,我们获得了思路,从而顺利地解决了问题。此时,老师就是我们的自体客体。自恋的对象就是自体客体。

## 不同的自恋

### 自恋的缘起

科胡特这样描述自恋的形成。初步的自体,既有一个客体(被理想化的双亲意象),也有一个主体(夸大的自体)。慢慢地,夸大的自体被驯服,合并为一个完整、紧密结合的人格,而被理想化的双亲意象部分被内射为超我。在孩子成长的早期,他们希望父母无所不能,有"理想化父母意象"的需要。比如,小孩子经常向同伴吹牛:"我的妈妈是世界上最有钱的人","我的爸爸是警察,他会抓住所有的坏人"。如果父母特别不符合他们的假设,无法回应孩子的需求,孩子就会产生"创伤性的挫败体验",导致对自己的能力没有信心,无法发展出"自我抚慰"的能力。此时,孩子便会产生自恋。康伯格(Kernberg)认为,如果父母拒绝或疏忽孩子,让他们无法从父母处获得爱和依赖等心理需求,孩子就容易产生退避,认为只有自己才靠得住,那么就会产生自恋。

在无法得到外部回应的情况下，自恋的人会将力比多投注在一个不正常的"夸大的自体"上，显得自己很了不起，其他人都没法比得上。例如，小孩子试图去做超乎能力的事情，比如吹牛说自己能搬动一块大石头，或者看到人家画画立即说我也会画。实际上，他们既不能搬动石头也画不出那么好的画，但依然认为自己具有这样的能力。所以说，夸大的自体是源于自身不成熟。

那些不成熟的人，即使年龄增长依然保持自己的夸大的自体。例如，自吹自擂与多少名人是兄弟，再大的事情都可以轻松搞定，给别人一种浮夸、不靠谱的感觉。似乎人在长大，但心理状态被冻结住了，与现实和其他人格格不入。或者说，孩童时期形成的夸大的自体如果在现实中无法驯服的话，就会用原始的方式保留，永远停在内在小孩的阶段。还可以这样理解，自恋是成熟过程中的一种状态，如果这个过程被中断，就可能会形成病理性的自恋。

### 显性自恋和隐性自恋

**显性自恋。**有的人觉得全世界自己最重要，别人没了自己就不行，表现出夸大感，明显的表现欲，自我膨胀，特别醉心于获得别人的羡慕，这被称为显性自恋。显性自恋者会给周围人带来一定的压力，因为他们给别人一种感觉，"我的追求目标很高，你们跟不上我的步伐，没有我的能力，达不到我的高度"。导致其他人有意无意回避与他们交往。这时，自恋的人会觉得别人都不理解他，更加孤芳自赏。

**隐性自恋。**隐性自恋虽然也具有显性自恋一样的权欲和夸大性幻想，但内心的空虚感和无力感让他们对于这种幻想感到羞愧和内疚，表现为"抑郁、过分敏感、焦虑、低自尊"。他们觉得自己是世界上最倒霉的、最痛苦的、最不被理解的人，这其实和自己是最幸运、最幸福、最被人理解的人别无二致，都是自恋的表现。有研究者提出，隐性自恋包括易感质、特权感、自我钦羡三个维度。微信公众号"简单心理"将隐性自恋的表现总结为七点：安静地自以为是、自我陶醉、缺乏同理心、被动攻击性、高度敏感、自命不凡和人际关系困难。

**自大和自卑。**自恋现象的背后，包含两个完全相反的东西：自大和自卑。从某种意义上说，高度自恋的人往往也高度自卑。当遭遇挫折失败，面对一些负面评价时，自恋者的自我欣赏和自我陶醉容易被打破，感到十分痛苦。真正自信的人具有较强的自我调节能力，但自恋者的自尊心却脆弱而不稳定。顺境让他们情绪高涨、自视甚高；逆境却让他们情绪波动，并伴随强烈的羞耻情绪，有时要通过发怒来维护自己脆弱的自尊。我们经常看到，一些人平时傲娇得很，一旦有人对他们进行批评，哪怕是善意的劝慰或中肯的批评，他们要么表现得满不在乎，要么暴跳如雷。这种批评恰恰戳中了不够完美的痛点，踩到了有缺点的尾巴，引发了他们的羞耻、自卑和自责，从而造成极大的心理防御。

### 健康的自恋

对正常人而言，夸大的自体会随着人的成熟逐步得到修正，被引导到现实追求上，表现出能量、雄心和自尊。这是一种具有创造性、幽默感和共情能力的自恋，是被社会所允许的"健康的自恋"。适当的自恋是积极和友善的，具有强大的能动性，有利于发挥自身潜能，保持积极的自我形象。与前文中暴跳如雷的不健康自恋不同，健康的自恋经得起现实检验。面对批评时，健康自恋者的情绪反应不会那么大，他们会认真考虑别人的意见，理解别人的善意，并做出回应，也就是老话说的"有则改之，无则加勉"。

## 自恋人格障碍

《精神疾病诊断和统计手册(第3版)》(DSM-III)首次将自恋人格障碍(NPD)列为一种独立的人格障碍，第5版依然保留了自恋型人格障碍并归于人格障碍B群。

自恋人格障碍被描述为"一种需要他人赞扬且缺乏共情的自大(幻想或行为)的普遍心理行为模式"。起自成年早期，存在于各种背景下，表现为下列几项或更多症状：(1)具有自我重要性的夸大感。例如，夸大成就和才能，在没有相应成就时却盼望被认为是优胜者。(2)幻想无限成功、权力、才华、美丽或理想爱情的先占观念。(3)认为自己是"特殊"的和独特的，只能被其他特殊的或地位高的人(或机构)所理解或与之交往。(4)要求过度的赞美。(5)有一种权力感，即不合理地期望特殊的优待或他人自动顺从他的期望。(6)在人际关系上剥削他人，即为了达到自己的目的而利用别人。(7)缺乏共情：不愿识别或认同他人的感受和需求。(8)常常妒忌他人，或认为他人妒忌自己。(9)表现出高傲、傲慢的行为或态度。

现实生活中如何判断是自恋还是自恋人格障碍呢？曾奇峰提出三条标准：第一条是持续的夸大。一个人的自我能力没那么大，但被自己想象夸大。夸大的内容不光有好的一面，也包括对自己的缺陷、疾病、经历等负面的夸大。第二条是唯我独尊。自己的感受没人懂，自己是最骄傲或最糟糕的那个，自己经历过其他人没经历的，总之自己是唯一的。第三条是渴望赞美。在人际关系中非常需要他人的赞美。如果别人没有机会赞美自己，他会创造机会让别人赞美自己，或者干脆自己吹嘘自己。在朋友圈中，这类人可不少见。有时候，为了防止想被赞美却得不到，他们可能会远离人群，这样虽然得不到赞美，至少可以避免被批评。

# 第三节　保护自我的盔甲

小孩子不小心打坏盘子，被父母批评时立马指着小猫大喊："不是我打坏的，是它！"似乎只要自己出口否认了，事情就真的不是自己做的。失恋时，告诉自己天涯何处无芳草，并且全心投入工作来忘记这件事情，最后工作上取得了不错的成绩。这些生活中的小事有一个共同特点，就是面对无法接受的事情时，人们会不自觉采取措施来让自己不那么痛苦，这就是心理学中的重要概念——心理防御机制。

保护自我的盔甲

## 什么是心理防御机制？

### 防御机制的功能

心理防御机制也简称防御机制、防卫机制，最早由弗洛伊德提出，之后他的女儿安娜·弗洛伊德（Anna Freud）进行了系统研究。随后，很多心理学家发展了该研究，例如布莱克曼就提出了 101 种防御机制。

弗洛伊德认为："防御机制是自我在解决那些可能导致精神疾病的冲突时所使用的全部策略。是自我对本我的压抑，这种压抑是自我的一种全然潜意识的自我防御功能，是人类为了避免精神上的痛苦、紧张、焦虑、尴尬、罪恶感等心理，有意无意间使用的各种心理上的调整。"弗洛伊德的解读带有精神病学色彩，其实每个正常人都会使用防御机制。安娜·弗洛伊德认为："自我防御机制是一种方式或手段，借助于它，自我可以摆脱不愉快和焦虑，控制过度的冲动、行为、情感和本能欲望，从而调节内部的冲突，协调自我与外界现实之间的关系。"后来的学者将防御机制视为个体对环境、对社会的适应，并修订了定义。布莱克曼认为："防御机制是从意识层面消除不愉快情感成分的一种心理操作。不愉快的情感包括焦虑、抑郁和愤怒等。"

### 防御机制不是病

防御机制并非蓄意使用，而是无意识的或至少是部分无意识的，个体并不会意识到它在发挥作用。一个人将老师的批评理解为栽培自己，是因为他无法承受被老师批评的后果，无意识中使用了合理化的防御机制。即使他事后有所觉察，感到自己当时似乎在找借口，但事情发生的当下，还是会无意识地使用防御机制。

遭遇重大应激事件时，我们会立即启动防御机制。例如，被诊断为绝症时，大部分人的第一反应是"肯定弄错了，不可能!"，然后反复检查、四处求医，这里使用了否认的防御机制。此处，并非他们不够成熟，而是遇到灾难性事件时，需要一个缓冲，平复一会儿，然后才有勇气接受现实。这种短期内使用的防御机制被称为"境遇性防御"，是人类所共有的防御，也是人类发展过程中所习得的自我保护方式。

日常小事中防御机制同样会被频繁运用，但结果却大相径庭。朋友聚会时，别人没注意到自己，有人会自我安慰"一个人更自在!"，然后干脆躲到一个角落中。有的人则会主动与人打招呼，并自我解嘲"是不是我长得太黑了，你们没看到我?"。可以看出，后者明显比前者更具有适应性。防御机制的使用具有个人特点，这与成长经历和遭遇的重大生活事件有关，一般称为"性格性防御"。研究发现，在童年常受训斥和受过较大刺激的人会倾向于使用不太成熟的防御机制，如分裂性幻想、被动攻击、疑病等。参加集体生活和较早学会与人交往的人，具有较好的独立生活能力，进而使他们倾向于使用成熟的防御机制，例如升华、压抑、幽默、期望和利他等。

## 防御机制的运用

我们可能都遇到过那些特别能自我保护的人，会用"防御心特别强"来形容他们。那么，没有防御机制就好吗? 当然不是! 首先，使用防御机制是无意识的，由不得我们。其次，防御机制没有对错之别，只有合适不合适之分。能够灵活使用的、具有社会适应性的就是好的。

我们来看下面的例子。一对夫妻整日吵吵闹闹，彼此觉得很痛苦，此时丈夫可能会不自觉地使用情感隔离的防御机制，切断与妻子的情感链接，表现为对妻子的埋怨充耳不闻，好像和自己无关，似乎自己能超然地看待家庭矛盾又不被影响。这样，虽然避免了内心痛苦，但结果却造成夫妻感情更加糟糕，矛盾也更多。外科医生也会频繁使用情感隔离，在手术中只进行纯理性科学的操作。显而易见，同样使用情感隔离的防御机制，后者比前者更具有适应性。

因此，同样一种防御机制，在不同的时候使用具有不同的效果。不同场合需要不同的防御机制，扮演不同的角色也需要不同的防御机制。自我功能强大的人，不是没有防御机制，而是防御机制灵活的人。

# 心理防御机制的分类

防御机制是保护自我的盔甲，就算是小孩子都会不自觉地使用。那么，成年人使用的防御机制和儿童有无区别呢？成熟的人和不成熟的人使用的防御机制有无区别呢？这就涉及防御机制的分类。

防御机制是一个连续体，可以根据心理成熟度进行排列。最开始发展起来的是不成熟的防御机制，慢慢地发展成为较为成熟的防御机制。最具适应性的防御机制排在最高层次，最不成熟的防御机制排在最低层次。

例如，刚出生的婴儿，会根据母亲有没有满足自己的需求（喝奶），将妈妈分为好妈妈和坏妈妈，并且难以将两者整合成为同一个妈妈，这就是典型的分裂的防御机制。随着年龄的发展，婴儿慢慢明白好妈妈和坏妈妈是同一个人，从而完成了整合。从七八岁的孩子身上也可以看到这种分裂，他们会问父母："电视里的这个叔叔是好人还是坏人？"而不能理解好人也有坏的一面，坏人也有好的一面。长大后，有的成人还是一如既往使用分裂的防御机制。比如同一个领导，当得到他的表扬或奖励时他便是好领导，当被他批评指责时便是坏领导，内心中没有一个整合的领导形象，很难辩证地看待同一个人。显而易见，此时再使用分裂防御机制就显得不合时宜，因此属于不成熟的防御机制。

按照心理成熟度来分，韦兰特（Vaillant）提出了四级划分：第一级是自恋性防御机制，包括精神病性否认、妄想性投射、分裂作用、歪曲作用等；第二级是不成熟的防御机制，包括非精神病性投射、防御认同、被动攻击、见诸行动等；第三级是中间型或神经症防御机制，包括转移、潜抑、隔离、反作用结构；第四级是成熟的防御机制，包括升华、压抑、幽默、期望和利他。后来，韦兰特将第一级和第二级合并为不成熟的防御机制。但目前我们比较习惯使用四个等级。

防御机制的分级很重要，因为可以从一个侧面反映心理成熟程度和病理心理过程。划分等级的依据是什么呢？张海音提出，关键在于"把自己和现实的关系做出改变的程度"。使用防御机制的目的是为了避免痛苦和提高自尊，因此或多或少会改变自己和现实的关系。例如，心里很恨一个人，表面上却和其关系很好，这是使用了反向形成的防御机制。这里明显对现实进行了改变——从恨变成了喜欢，而且改变幅度不小。遇到批评时，我们或许幽默地拿自己开涮一把，也就是常说的"自黑"，使用的是幽默的防御机制。此处同样改变了与现实的关系，虽然幅度不大，但是效果很好，因为大家公认自黑是个好品质。两者对比，后者比前者更为成熟、效果更好、等级更高。

# 常见的心理防御机制

## 自恋型防御机制

自恋型的防御机制是婴儿早期常使用的，5岁以下的儿童、成年精神分裂症患者或者普通人做梦或幻想时也常见，正常的成年人很少使用。其目的是为了防御巨大的痛苦，结果是丧失了基本的现实判断能力。

### 精神病性否认

精神病性否认类似于掩耳盗铃和鸵鸟心态，直接将不愉快的外界现实进行"否定"，当做根本没有发生，来获得心理平衡，包括：对现实的否认，即使有大量的证据存在也不承认，例如截肢的病人出现幻肢痛，是潜意识中否认被截肢的现实；对行动的否认，例如小孩子坚持认为不是自己打碎的盘子，是猫。

### 妄想性投射

妄想性投射是对现实直接进行改变，各种妄想的本质都带有共性，即被害性。比如，竞选失败了，一般人会寻找原因、总结经验，可能归因于自己能力不足、对手过于强大或是运气不好。但有的人会在毫无根据的情况下，认定是其他人妒忌自己，是人家拉帮结派故意不给自己投票。这种猜测带有一种妄想性质，虽然是为了让自己不那么受挫，但后果是把自己猜想的变成真的，明显歪曲了现实，对个体的现实功能和社会功能都会产生不良影响。

### 分裂

我们可以看到，有些人行为表现时常出现矛盾和不协调。他们喜欢一个人时，就好到天上有地上无，讨厌同一人时，就坏到骨子无可救药，对这个人的认识似乎没有中间地带，只能是好或坏两个极端，不能意识这个人又好又坏、不好不坏。这是典型的分裂，即无意识中将相互对立的情感、自体表征或客体表征分裂开来，表现出一种非黑即白、非对即错的模式。分裂是比较幼稚的、婴儿般的防御机制。在成人中常见于边缘性人格障碍、自恋性人格障碍等患者。

### 歪曲

歪曲是为了切合自己的内心期望和需求，重新塑造一个外界现实，然而事实上的外界现实并非如此。例如，一个人崇拜某位女明星，于是认为她非常完美。其实明星也有缺点，但为了自己的内心需要，这个人坚信她是完美的，别人批评她时还和别人掐架。在这里，女明星是不是完美并不关键，关键是这个人需要她如此完美。

## 不成熟的防御机制

不成熟的防御机制在 3 ~ 16 岁的儿童青少年中经常使用，在人格障碍、情感障碍以及神经症患者中常见，成年人中偶尔出现也属正常。张海音认为，这个层级的防御机制改变了亲密情感引起的苦恼，但也付出了代价，而旁人认为并无必要这样做。

### 投射

不成熟防御机制中的投射是非精神病性投射，是指个人把自己所不承认的感受归于别人。例如，一个人对别人有敌意又不能接受这点，就会认为别人对自己有敌意，有时候还先发制人指责别人不应该敌视自己。投射是一个人最早使用的防御机制，也是大部分人经常使用的防御机制，一些人格障碍患者也经常使用。例如，反社会性人格障碍患者就认为，只有我自己是好的，社会上其他人都是不好的。

### 分裂样幻想

分裂样幻想是指一个人通过幻想或做白日梦，来满足一些愿望，使自己远离引发痛苦的现实或者减少愧疚感，有时候也表现为沉湎于孤独的隐退状态。电影中阿Q 的黄粱一梦类似于白日梦。梦中他打了欺负自己的人几个耳光，吴妈对着自己笑，他还捏了小尼姑一把。这个梦满足了他现实中无法实现的愿望和难以获得的自尊。青少年沉溺网络世界相当于使用分裂样幻想的防御机制，很多时候并不是因为游戏太好玩，而是现实中可能会受到伤害，比如被父母忽视，被同伴指责，或者怎么努力也达不到要求。待在网络中反而比较安全，可以获得情感满足和成就感。一个人偶尔做个梦问题不大，比如琢磨一下中了 500 万元要怎么花掉。但是如果整天沉湎于白日梦和幻想中，就会损伤与现实的联系，难以满足现实中的生存与发展。

### 被动攻击

经典精神分析理论中提及的两大驱力是指力比多和攻击性，说明攻击是正常人都有的。被动攻击往往被认为是"弱者的武器"，其特点是不直接表达攻击，而是间接把应该针对别人的攻击性表达在自己身上。比如，对领导心里有意见但嘴上不说，布置任务时爽快接下来，但就是拖拖拉拉完不成，或者犯莫名其妙的错误，不信守承诺等等，用这种方式让任务完成不了。他们经常使用的语言包括"好吧，随便"，"很快就做好"。出现问题时会无辜辩解"我不知道会这样啊，我也不想啊"，"我以为你知道"，其结果当然是令领导暴跳如雷又无可奈何。这样他们就完成了真正的攻击。

### 见诸行动

见诸行动又叫做付诸行动、发泄。是一个人将潜意识愿望和冲动直接表现出来，使自己避免意识到伴随的感情。网络上流行的"一言不合，就……"正是这个意思。一个真实的新闻讲道，北京街头两名驾车男子与推着童车的女子发生争执，其中一男子居然将2岁女童从推车中抱出重重地摔在地上，导致女童死亡。这个男子的行为就是见诸行动。也许日常生活中他并不是个坏人，但在那一刻，他把愤怒通过摔孩子的行为表达出来。

### 疑病

疑病又叫做躯体化，是中国人高频使用的一种防御机制。躯体化就是将注意力集中在自己身体上，以避免口欲、性、仇恨的冲动带来的内心冲突。中国文化不太鼓励表达情绪，所谓"不以物喜，不以己悲"，也不鼓励处理情绪，所谓"唾面自干"。既然不能喜、不能悲，还不能发脾气，那就转换为身体疾病吧。而且，生理上的痛苦容易获得同情，身体不舒服可以理所当然地寻求照顾。因此，医院中经常会看到老病号说这里不舒服那里不舒服，胸闷、心慌、心悸、头痛、腰痛、肚子痛等。古代人也一样，魏晋时期服药炼丹成风，与现实中遇到很多冲突又无法表达有关，于是大家都服药炼丹，"专注养生一百年"。

## 神经症防御机制

这个层级的防御机制常见于神经症患者，正常的成年人在应激反应时也常使用。改变的是个人感受或本能表达。

### 压抑

压抑是所有防御机制的基础，弗洛伊德曾重点论述了压抑。压抑是把情感的思维内容无意识化，但并不是刻意去遗忘。电视剧中常会有失忆的情节，男主提出分手时，女主受到极大的刺激，出现昏厥，醒来后其他都能回忆，就是丢失了被分手的那段记忆……这种痛苦当然是女主难以承受的，因此干脆就什么都想不起来了。当然，失忆是无意识层面的，在意识层面，女主每天都在努力回忆，可就是想不起一些表面上看起来莫名其妙的行为、口误、笔误、遗忘，都包含了压抑的成分。

### 合理化

合理化又称为文饰作用，是对自己的行为后果加以合理性的解释，以掩饰潜意识动机，包括经常说的酸葡萄效应和甜柠檬效应。吃不到葡萄说葡萄酸的并不只有那只狐狸，正常人也经常这样做。例如：看到别人高升了，摇摇手表示不在意，当官责任大还是老百姓轻松。看到人家找了"高富帅"男朋友，表示不稀罕，因为高富帅都花心靠不住。在这里，合理化行为的后果是"吃不到葡萄"和"找不到'高富帅'男友"，合理性解释是"葡萄是酸的"和"'高富帅'都花心"，潜意识动机是"非常想吃葡萄"和"非常想找'高富帅'做男友"。甜柠檬效应正好相反，拥有的就是最好的，不管柠檬多酸我都认为是甜的。

### 退行

退行是指心理已经发展到了比较高的阶段，在遇到某种创伤时，退回到更幼稚的水平。现在处于二孩时代，如果二孩出生后，本来不尿床的老大突然又开始尿床了，就有可能出现了退行，目的是希望重新吸引父母的关注。有的人经常化悲痛为食欲，或者不停说话唠唠叨叨，或者对周围人过度依赖，这是退行到口欲期的表现。当然，某种非创伤的情境下成年人也会退行。比如陷入热恋中的情侣，用哄小孩的语气对话、做一些比较幼稚的事情、为一些小事争吵，双方都进入退行状态。还有同学聚会，大家嘻嘻哈哈谈起过去，似乎是回到了少年时光，这是主动的退行。

### 置换

置换是指对某人的看法和感受，却体验到了其他人身上，类似于我们常说的迁怒于人。一个妈妈对着孩子大声吼："你就和你爸爸一个样，老是不长记性。"其实是把在丈夫那里受挫的情绪置换在孩子身上。踢猫效应就是如此。一些恐惧症，害怕柔软毛绒的物品，害怕黏稠的东西。其实，他们真正害怕的东西潜藏在潜意识中，而是置换成了这些不具威胁的其他东西。

### 反向形成

反向形成是所表现出的行为采取了与潜意识冲动截然相反的方式，验证了弗洛伊德说的"被禁忌的东西就是被需要的东西"。青春期的男生喜欢一个女生，经常无意识地转而采取攻击对方的方式，经常去挑衅、激怒对方。下属对领导特别尊重甚至小心翼翼，也是用客气来隐藏对领导的敌意。二孩时代，有的老大不愿意接纳二孩，但是在父母反复做工作后表示同意，还特别大方地表示，我要和父母一起照顾弟弟妹妹，这也是在掩盖内心的攻击。相对于其他防御机制，反向形成有时具有建设性，如同谎话说多了自己也相信，很多一开始不愿意接手的事情，因为反向形成而表示出愿意接手，做着做着产生了成就感，也就变成真的喜欢了。

### 情感隔离

情感隔离是把痛苦焦虑的情感体验进行隔离，把它排斥到潜意识中去。例如，在地震中自己亲人去世了，但因为工作需要必须去救助其他人，因此，只能进行高度的情感隔离，让自己暂时体会不到亲人去世的悲痛，确保自己还能去救人。有些人说起自己的痛苦，面带微笑，好像是说别人的事情，这就需要去深究，到底是时过境迁云淡风轻了，还是通过情感隔离让自己不那么痛苦呢？一个人任何时候都彬彬有礼，也有隔离情感的意味，因为不想和别人有情感链接。

## 成熟的防御机制

这个层级的防御机制见于自我功能较好的成年人，通过使用成熟的防御机制，不但满足了自身的本能愿望，兼顾到了现实和他人，而且还被社会允许和提倡。

### 升华

曾奇峰认为："升华是把原始的攻击性或力比多，上升到更高的水平，自我完美地解决了本我和超我的冲突，并且能跟社会保持和谐。"这种行为有点另辟蹊径满足本能的意味。一般而言，所有的艺术形式都可能是力比多驱力的升华，并且浓缩了所有情感。有的人从小喜欢玩电子游戏，长大选择设计电子游戏为职业，这样不但可以满足兴趣和愿望，还可以用于谋生。小时候喜欢说说唱唱，长大后成为了音乐老师；小时候喜欢玩泥巴，长大后成为了雕塑家；小时候喜欢满山溜达去探险，长大成为了户外运动高手，这些都是升华。

### 利他

利他是指所采取的行动不但能让自己感到满足，同时又能替代性和建设性地帮助他人，从而受到社会赞赏。主流社会所推崇的公益活动、慈善行为、志愿者服务，虽然本质上是让自己得到满足，但客观上也有利于他人。例如一些喜欢孩子的人，选择到福利院去当志愿者照顾孩子，既满足内心需要，也有助于福利事业的发展。这种一举两得的事情，何乐而不为呢？当然，这也是一种潜意识行为。

### 幽默

使用幽默的防御机制，能够明确表达自己的观念和感情，让自己感到舒服又不让别人感到尴尬。怕老婆的苏格拉底那句妙语："我知道，雷电之后就会有一场盆倾大雨。"这是多么睿智的防御机制。张海音认为幽默本质是"观察当中的自我"，面对痛苦的体验和倒霉的事情，不但没被打倒，还可以留出能量来自黑和自嘲，可见其自我功能还是非常强大的。

心理防御机制是潜意识层面自动发生的，但并非不能改变。一方面，随着自我功能的逐渐强大，我们会自动选择更为成熟的防御机制。可以说，防御机制成熟等同于人格成长。例如，小孩子一听到批评就红着脸否认，成人则可能幽默处理，一笑了之。另一方面，通过自我关注和训练，提高自我觉察，也能更好地理解自己所使用的防御机制，有助于产生新的更成熟的替代的防御机制。

# 第三章
# 我怎么了

我怎么了

生活中的挫折和失意无处不在，我们会因此悲伤、难过和痛苦。有时忍不住问自己，是不是得了抑郁症、焦虑症或是强迫症？平时给自己贴上"症"的标签，一旦真被医生判定患上这症那症时，又不知所措难以面对。对于心理疾病，别不拿它当回事儿，也别太当回事儿。那么，就让我们弄清楚"我到底怎么了"！

# 第一节　走在抑郁的边缘

根据世界卫生组织报告指出，2012 年全球抑郁症患者超过 3.5 亿。预计 2030 年，抑郁症将成为世界第一负担疾病。目前，我国每年有 20 万人因抑郁症自杀。触目惊心的数字，让我们不得不思考，抑郁症真如此可怕吗？美国心理学家赛利格曼（Seligman）将抑郁症比喻为精神病学中的"感冒"，似乎让大家放下了悬着的一颗心。感冒而已，谁还不会被流感病毒击中几次呢？抑郁情绪虽然比较常见，抑郁症却并非如同感冒一样可以自愈。我们需要进行鉴别。

## 关于抑郁症的流言蜚语

### 抑郁症就是心情不好吗？

我们在生活中经常可以体验到抑郁情绪。经历失败、遇到挫折、陷入困境时都会感到难受、压抑、悲伤和痛苦。轻微者看起来郁郁寡欢；严重者则像是行走的乌云，随时可能演变成一场暴风骤雨。但是，这些抑郁情绪并不等于抑郁症。

抑郁情绪虽然有轻有重，但并不会持续很长时间，随着自行调适，心情可以慢慢恢复。工作中被领导批评而闷闷不乐时，回到家看到孩子灿烂的笑容，吃上家人做的可口饭菜，洗个热水澡，看看新闻，心头的不悦很快便烟消云散。倘若是因为男朋友脚踩两条船而伤心，则需要更长时间恢复。不过好在有三五好友经常陪伴，帮着痛骂负心人，陪着逛街血拼，而自己也在暗自流了几夜眼泪的某一个夜晚，幡然醒悟，挥别昨日。如果是抑郁症，那么低落的情绪持续的时间会更长，而且无论作何努力似乎都很难恢复情绪。很多人会将日常短暂的情绪低落误认为是抑郁症，而实际上，抑郁症作为一种心理疾病，比抑郁情绪的程度更严重、持续时间更久、后果也更严重。

第三章　我怎么了

### 谁更容易患抑郁症

在一些人眼中，患上抑郁症是因为性格软弱、抗挫能力不强、想得太多，认为抑郁症患者所说的难受，有点无病呻吟的味道。可见，人们对抑郁症误会太深。抑郁是否意味着性格软弱？并非如此，坚强的人同样可能罹患抑郁症。纵观历史，美国第 16 任总统林肯，"铁腕人物"罗斯福总统、英国丘吉尔首相，颇富英雄气概的美国"钢汉作家"海明威，这些性格坚强的伟人都有过抑郁症病史。由此可见，抑郁并不意味着性格软弱。

什么样的人格特征更容易患抑郁症呢？对抑郁症患者与健康人群在人格特质方面进行对照研究发现，两者有明显差异。抑郁症患者呈现高神经质、低外向性、低开放性、低顺同性和低严谨性，提示较高神经质得分的人群可能更容易罹患抑郁症。

## 抑郁症的诊断与临床表现

### 抑郁症的诊断依据

关于抑郁症，我国目前使用的诊断依据有《国际疾病分类》(ICD－10)、《中国精神疾病诊断标准》(CCMD3)和《精神疾病诊断和统计手册(第 5 版)》(DSM－Ⅴ)。诊断抑郁症时切勿让自己"对症入座"，单凭在网上查上一两天资料根本无法判断，到正规医院进行诊断才是最科学的途径。

### 抑郁症的临床表现

抑郁症的临床表现主要集中在情感低落、思维迟缓以及意志活动减退，俗称"三低"症状，也涉及不同程度的躯体症状。目前诊断主要根据病史、临床症状、病程、体格检查和实验室检查。

#### 情感低落：丢失的快乐

抑郁症患者给人的首要印象就是情感低落。这样的低落至少持续两周以上，甚至旷日持久。脸上可能长时间见不到笑容，即使屏幕上放着搞笑视频，周围的朋友已经笑得前仰后合，他们想笑却无论如何也拉不开嘴角。对于抑郁症患者而言，情绪低落是逐渐发展的，一开始也可能只是闷闷不乐，但会慢慢发展到完全无法高兴起来，压抑悲伤，进而痛苦绝望。临床上可以看到，轻度抑郁时心烦意乱，闷闷不乐；中度抑郁时愁眉苦脸、郁郁寡欢；严重抑郁时悲观绝望、无法自拔，甚至选择自杀来终结自己的痛苦。所以抑郁症的情绪低落和普通的心情不好有着本质区别。

虽然抑郁的严重程度和表现形式不尽相同，但每个患者都在经历痛苦。这种痛苦既是相似的——身心煎熬不得解脱，又是特别的——每个人的苦楚只有自身才能体会。有人这样描述自己感受："胸口发闷，似乎被堵住了。"有人则觉得自己如同行尸走肉。这些并不是夸张的描述，而是真实的感受。著名主持人崔永元曾说过："我得了很严重的抑郁症，特别严重的那种。我很清楚对于我这样的患者来说，想到要离开人世时是特别快乐的。"在旁人眼中，抑郁症患者的痛苦似乎很难理解，看似顺风顺水的生活为什么会突生纠结？一些不足以成为问题的事情为什么会禁锢心灵？抑郁症患者同样感到困惑，也会不停诘问自己。他们试图一次次从痛苦的泥淖中走出来，却无能为力。

在情绪低落的基础上，患者会出现自我评价降低，产生无用感、无望感、无助感和无价值感，常伴有自责自罪，觉得自己是个负担，拖累了家人，对不起社会，继而又加深了抑郁的情绪。严重的患者还会出现幻觉、妄想等精神病性的症状。

### 思维迟缓：觉得自己变笨了

抑郁症患者的思维开始变得停滞，思路闭塞，有人描述自己："脑袋里突然一下子空了，脑子像涂了浆糊一样。"周围人感受到是，原本爱说爱笑的人变得沉默寡言，应答变得很简单、语速缓慢、声音低沉。严重的抑郁症患者，与其交流会感觉非常费劲，可能问上好几个问题，他才用几个字回答，有时甚至要凑近才能听清楚。

研究发现，抑郁症患者存在认知功能损害，主要表现为近事记忆力下降、注意力障碍、反应时间延长、警觉性增高、抽象思维能力差、学习困难、语言流畅性差、空间知觉、眼手协调以及思维灵活性减退等。通俗来讲，抑郁症患者会觉得自己变笨了，记忆力大不如前，精神也无法集中，工作和学习都呈现出一种恍恍惚惚的状态。认知功能的损害会影响患者的远期预后。

### 意志活动减退：居然不刷朋友圈了

抑郁症患者逐渐对生活中的各种活动丧失兴趣。那些曾经让人乐在其中的事情，对于他们来说都变得乏善可陈。不想读书看报，不想逛街约会，不想朋友聚会，曾经是低头族的手机控们也不再频频刷微信朋友圈，甚至连吃饭、上学、工作都变得可有可无，都是可以放弃的。他们一天天远离人群，将自己与他人隔离，将自己与世界隔离。从什么都有兴趣变成什么都不关心。

### 躯体症状：睡不着，吃不好

在抑郁症患者中，躯体症状的发生率可以高达 77.5%，主要表现为失眠、乏力、食欲下降、体重减轻和不明原因的躯体疼痛等。对于他们而言，想要一觉睡到大天亮可能是件奢侈的事情，经常提早两三个小时醒来并无法再次入睡，早醒对于抑郁发作具有特征性意义。还有一部分患者表现为入睡困难、眠浅易醒，另有少数患者表现为嗜睡。针对重度抑郁症的研究发现，大约 43% 的患者有一种以上的慢性疼痛，是正常人的四倍。大部分患者在患病期间会出现体重减轻，也有少数人会出现食欲增强、体重增加。

抑郁症患者还可能会出现性欲减退、阳痿、闭经等情况。躯体不适也可以涉及各个脏器，恶心呕吐、心慌胸闷、大汗淋漓等。研究人员统计发现，躯体症状可累及多个器官和系统，表现出多样性和多变性，出现频率由高到低依次是：食欲减退、疲惫乏力、睡眠障碍、肌肉酸痛、性欲减退、头痛和呼吸困难。

## 为什么会得抑郁症？

抑郁症的病因目前尚无定论，但大量研究提示，遗传因素、生化因素、心理社会因素等均有影响。美国国立卫生研究院（NIH）认为："很有可能，抑郁症是由基因、生物、环境和心理这些因素共同引发。"

## 遗传因素

血缘关系越近，发病率越高。若父母中有一人患抑郁症，那么孩子患病的概率增加 10% ~ 13%。在抑郁症遗传方式的讨论中，有学者认为是单基因常染色体显性遗传，也有学者认为是多基因共同作用的结果。

## 生理因素

### 生化系统的变化

一个人患有抑郁症时，某些被称为神经递质的化学物质在大脑中往往开始减少，如 5-羟色胺（5-HT）、去甲肾上腺素、多巴胺、乙酰胆碱等。目前的抗抑郁药物正是通过抑制神经元再摄取或抑制降解来大幅度增加单胺类物质的运输，从而增加 5-羟色胺和去甲肾上腺素以发挥作用。

### 大脑的变化

大脑的变化也容易引发抑郁。例如，和记忆相关的海马体的神经元和胶质细胞减少，负责控制高级认知的前额叶区域的神经元体积减小，脑区之间的功能性链接减弱等都与抑郁症相关。

### 严重的躯体疾病

恶性肿瘤、代谢性疾病和内分泌疾病（如糖尿病）、心血管疾病（如冠状动脉粥样硬化性心脏病和风湿性心脏病等）、神经系统疾病（例如帕金森病、癫痫病）等严重躯体疾病都与抑郁症相关。

### 使用精神活性物质

精神活性物质滥用和依赖均可成为抑郁障碍的危险因素，包括鸦片类物质（如海洛因、吗啡）、中枢兴奋剂（如咖啡因、可卡因）、致幻剂（如仙人掌毒素）、酒精、镇静催眠药物等。据调查发现，酗酒与抑郁症发作关系密切，长期饮酒者中 50% 或以上的个体有抑郁障碍。

### 肠道微生物不平衡

近年来心理学家通过大鼠慢性束缚应激模型，发现慢性束缚应激引起了大鼠肠道菌群改变，焦虑和抑郁样行为增加，记忆受损，海马 5-HT 水平降低和 BDNF mRNA 表达减少，血浆促炎症细胞因子水平升高，而抗炎症细胞因子 IL-10 水平降低。补充瑞士乳杆菌 NS8 不仅能够调节肠道菌群，改善焦虑、抑郁和记忆，还能提高海马 5-HT 水平和 BDNF mRNA 表达，降低皮质醇水平和 IL-10 水平，整体效果优于常用的抗抑郁药西酞普兰。这些结果暗示，补充益生菌可能是治疗应激相关精神疾病特别是抑郁症的潜在有效方法。

## 社会心理因素

与精神分裂症相比，92% 抑郁症发病前有负性生活事件发生，比如离婚、丧偶、失业等。家庭治疗研究表明，抑郁症患者的家庭功能明显受到损害，且损害的持续时间很长。具有抑郁症易感素质的人，如果身处矛盾冲突不断的家庭，尤其是父母表现出拒绝、敌意、批评、缺少关注和缺乏温暖时，他们更容易患抑郁症。

# 心理学解读抑郁症

## 心理动力学派的观点

弗洛伊德 1917 年在其《悲伤和抑郁》一文中阐述了他对抑郁症的解释：愤怒转向自我。这是一个充满想象力的解释。弗洛伊德观察到，从表面上看，抑郁症患者从不表现出愤怒，但他们的内心世界一定充满了愤怒。弗洛伊德在对哀伤和抑郁之间差异进行观察后提出：面对丧失，如亲人去世，正常人的反应是悲伤，而抑郁症患者的反应却是抑郁。悲伤者会觉得世界变得空虚，但他的自尊并没有受到威胁，所以能够从亲友的去世中恢复过来；而抑郁症患者却会对自己存在的价值感到怀疑，于是自罪自责，将攻击转向了自身，指责自己是一个彻底的失败者，是一个没用的人。

心理动力学派的布拉特（Blatt）发展了对抑郁的理解，将抑郁分为依赖型和自我批评型。"依赖型"表现为怕被抛弃、无助感、无力感，通过依赖别人来获得爱、保护和营养，与童年时爱和重要关系的缺失有关。"自我批评型"表现为感到自卑、无价值、内疚以及经常批评自己。

完美主义是抑郁症患者的重要性格特征。完美主义是后天习得的，主要来自童年期与父母的互动关系。完美主义者常常这样以为，"如果我过去表现得再完美一些，父母是会爱我的"，他们在成年以后还会努力追求某种完美，以得到父母的爱。

## 认知学派的观点

贝克（Beck）提出了抑郁症的认知理论，认为思想和信念是产生抑郁情绪的原因，通过探查那些导致不良行为和情绪障碍的认知过程，可以治疗抑郁症。他认为抑郁症患者用"自我贬低"和"自我谴责"的方式去解释所有的事情，但这种解释并不符合客观现实。可以说，抑郁症是逻辑上的错误推断导致的。20 世纪 80 年代末期，有学者对认知理论进行补充修改，提出抑郁症的社会认知理论。他们认为两种因素导致了抑郁症：一是认知因素，即个体本身所具有的、容易导致抑郁症的认知倾向性；二是社会应激因素，即消极的生活事件。认知因素与社会应激因素交互作用对抑郁症的发生、发展起到作用，而单一的认知因素或社会应激因素并不能产生抑郁症。

## 人本主义学派的观点

人本主义心理学用依赖和独立来解释抑郁症。当一个人失去朋友、爱人、亲人、工作或健康之后，抑郁症就可能发生。因为"丧失"迫使个体必须独立，而抑郁症患者难以做到独立。以前的人或环境帮助患者支撑起一个虚假的自我想象，一旦它们消失，破裂的自我就会崩溃，只剩下绝望。

## "习得性无助"理论

塞利格曼认为，动物模型中"习得性无助"现象和人类临床抑郁症有所相似。习得性无助是指通过学习形成的一种对现实的无望和无可奈何的行为、心理状态。塞利格曼用狗做了一项经典的心理学实验。他把狗关在笼子里，只要蜂音器一响，就给予非常痛苦的电击，狗逃也逃不开。多次后改变实验设置，先让蜂音器响，同时在电击前先把笼门打开。但是，此刻的狗不会试图逃跑，只会被动地倒地呻吟，绝望地等待电击的来临。

塞利格曼回顾了各种类似的动物研究，发现老鼠、猫、鱼和人都会出现习得性无助现象。当个人经历失败和挫折后，面临问题时会产生无能为力的心理状态。这是因为个体将消极事件解释为由其自身内在的、持久的、整体的原因引起，而将正性事件归因为他人的、局部的、暂时的，这与正常人群的归因方式存在显著差异。阿勃拉姆森(Abramson)把"个人无望"理解为抑郁症的关键性机制，他将个体归因方式划分为乐观的归因风格和悲观的归因风格。他认为，抑郁症患者的归因风格基本是悲观的。

## 抑郁症的治疗

## 药物治疗

目前，药物治疗仍然是抑郁症治疗的主要手段。很多抑郁症患者在面对医生开出的抗抑郁药物时总会提出质疑：为什么要吃药？能不能不吃药？抗抑郁药物会不会把人吃傻了？等等。

任何一类抗抑郁药都是经过无数次临床试验才推向市场，总体来说是安全有效的。鉴于抑郁症的发病机制并不明确，每一类抗抑郁药都是基于一定的药理学原理进行研发的。使用抗抑郁药还要根据年龄、身体状况以及可能出现的药物不良反应来综合选择，同时要考虑药物的作用机理、药物间的相互作用等问题，所以应该在医生指导下进行用药，不可自行服药、减量或停用。

药物不良反应被定义为："合格药物在正常使用时所产生的、与治疗目的无关甚至有害的反应。"其实任何一种药物都可能带来不良反应，反应的程度可轻可重。我们常用的感冒药可能引发嗜睡、眩晕等中枢神经系统的不良反应，或者恶心、呕吐、腹痛等消化系统的不良反应。所以大可不必因为抗抑郁药物的某些不良反应就拒绝服用。有些患者因为对药物的副作用不太适应，或者认为自己已经好了，便自作主张一下子全部停药，结果出现头晕头痛、胃肠不适、手脚震颤等情况，即"撤药综合征"。

药物治疗应遵循早期、足量、足疗程的用药原则。国际上公认的抗抑郁药物的疗程一般分为三期，即急性治疗期、巩固治疗期和维持治疗期。首次发病，三期的治疗时间分别为：6至8周、4至5个月、6个月至1年。如果抑郁症复发，用药时间还要延长。有人对抑郁症患者追踪10年的研究发现，有75% ~ 80%的患者多次复发。因此多数学者认为：若第一次发作且经药物治疗临床缓解的患者，维持治疗时间需要6个月至1年；若为第二次发作，主张维持治疗3至5年；若第三次发作，应长期维持治疗，甚至终生服药。

## 心理治疗

抑郁症主要以药物治疗为主，同时也可以辅以心理治疗。

### 支持性心理治疗

支持性心理治疗中有一项技术是谈论患者的积极成就，即资源取向，可以有效缓解患者的低自尊感和无望感。抑郁症患者总是很容易聚焦于过去的失败和创伤经历，心理治疗师可以帮他们对过去经历进行更客观的评价，引导他们详细描述成功的经历来提升自我评价。对于轻度和中度的抑郁症患者来说，心理治疗师的积极预测会产生显著效果。但值得注意的是，对重度抑郁症患者往往难以奏效，甚至会将这些积极言论视为挖苦。所以，不要轻易对患者说出"这事没什么大不了的，你就是太脆弱了"，"加油，你一定会好起来的"之类的话。

### 心理动力学疗法

心理动力学理论认为，抑郁症状是人格结构冲突的结果，其背后必然有着潜意识的症结。因此，治疗重点在于寻找症状背后的潜意识动机，使之意识化。在治疗过程中，分析师唤起患者被压抑的痛苦的早年经历，让患者在意识层面回忆、表达压抑在潜意识中的记忆和幻想，使者潜意识中的冲突上升到意识层面。让被压抑的感情意识化,让患者了解到症状背后隐含的真实意义,了解症状形成的过程和原因。当症状有了合理的解释,自然就消失了。

根据弗洛伊德的观点,这个过程可以通过"自由联想"技术实现。自由联想把压抑的潜意识内容带入意识,是"通往潜意识的康庄大道"。自由联想最终推动分析师与患者共同发现造成抑郁症的潜意识冲突。心理动力学疗法还需通过"解释"向患者指出潜意识的欲望,帮助他们克服压抑,理解潜意识的内容。要揭示症状背后的无意识动机,使患者对症状的真实意义达到领悟,解释必不可少。解释是一个缓慢而又复杂的过程,分析师可从澄清问题逐步过渡到解释。反复解释和持续帮助患者解决冲突的过程被称为"修通"。在此基础上,当患者理解了冲突的根源时,他在理智和情感上就会达到了真正的"领悟"。随着反复解释和获得领悟,患者逐渐学会面对现实,而不是否认现实,以更成熟、更有效的方式处理这些冲突,从而实现心理动力的平衡。

### 家庭治疗

家庭治疗被称为心理治疗的"第四势力",是近二十年来发展迅速的心理疗法。家庭治疗从系统的角度理解抑郁症,认为可以从家庭成员的相互关系和互动方式中寻找抑郁症维持和发展的根源。因此,该疗法把家庭作为一个整体进行心理治疗,将抑郁症患者置身于家庭系统内,通过调整亲子关系和家庭功能,促使抑郁症状的消失或减轻,后续效果较为巩固。据调查,经过家庭治疗的重度抑郁症青少年,在家庭冲突、自杀意图和无助感等方面都明显减少,其中81%的青少年抑郁症状得到缓解。即使只进行一个家庭成员参与的抑郁症家庭治疗,同样能够取得较好效果。

## 自助之路

### 积极的心理暗示

美国总统林肯也曾罹患抑郁症,他在26岁和32岁时,抑郁症发作得最厉害,一度险些自杀。林肯曾经写信给朋友,信中描述自己是"活着的人中最痛苦的一个"。据报道称,他常常失眠,对生活绝望,白天工作无精打采,严重影响了正常的工作和生活。饱受抑郁症折磨的林肯,在当时还没有心理医生的情况下,竟然自己琢磨出对抗抑郁症的有效方法,这就是"剪报",他把报纸上美国人对自己的期望和赞扬的溢美之词剪下来,放在随身的口袋里,在心情抑郁的时候拿出来看一看,以此振奋精神,最终战胜了抑郁症。

英国首相丘吉尔把自己的抑郁症称为"黑狗",并以亲身体验告诉公众:"要是'黑狗'开始咬你,千万不要置之不理,要是严重的征象已经持续了数周,还有自杀念头的话,那就该赶快去看医生。"心胸豁达、兴趣广泛的丘吉尔没有败给抑郁症。他告诉大家,绝望是可以战胜的。

### 运动

一些患者在抑郁症之前是个热爱运动的人,喜欢跑步、爬山、打球,患上抑郁症之后,就像前面所讲,丧失了对各种活动的兴趣。但此时,恰恰是运动能够帮助缓解抑郁。虽然运动抗抑郁的内在神经机制还不明确,但科学家们已经提出了各种假说。大多数抗抑郁药物是通过提高脑内单胺类神经激素来降低抑郁症状,包括去甲肾上腺素和5-HT。科学家们在动物实验中发现,运动也能对这些激素起到调节作用。所以无论是心理治疗师还是精神科医生,都会建议患者定期跑步、快走或是骑自行车。

### 改善饮食和睡眠

抑郁症可能会导致食欲下降和睡眠障碍,有些患者根本吃不下东西。但是我们知道碳水化合物可以提高脑内5-羟色胺的含量,而5-羟色胺可以改善人的情绪。因此,改善饮食有助于康复。有研究显示,每周几杯酒可以降低32%的抑郁风险,此处的酒专指葡萄酒。

### 亲近大自然

美国斯坦福大学的研究人员在《国家科学院学报》中报告说,漫步大自然明显有利于精神健康,可帮助降低患抑郁症的风险。研究人员分别让两组健康的研究对象在户外散步一个半小时,一组在草地上,一组在城市道路上。散步前后,研究人员测量了两组人员的心率、呼吸,并扫描了他们的大脑。结果显示,在自然环境下散步后大脑前额皮质区神经活动减少了,而城市中的散步则没有这种效果。前额皮质区是抑郁性沉思时大脑最活跃的部位,这一区域的神经活动被认为与精神疾病患病风险有关。研究人员总结,这说明亲近大自然的确会对情绪调节产生积极作用。所以走出去吧,漫步林间田野,攀爬山峰云海,畅游碧海蓝天,这不仅会让你视野更开阔,心胸更开放,很多想不开的事、解不开的结也许就在微风拂面之间释怀了。

# 第二节　焦虑让我们更进取，强迫使我们更完美吗？

焦虑是时代的通病，社会日新月异，在快节奏高压力的生活中，很难不感到焦虑。我们都不够完美，但又不由自主地渴望完美，于是完美成为诱发精神世界动荡的一个引子。焦虑和焦虑症之间是否只有一墙之隔？强迫是通向完美的必经之路吗？让我们在本节中寻找答案。

焦虑让我们更进取，强迫使我们更完美吗？

## 有关焦虑的时代病

心理学中著名的鲶鱼效应，讲的是渔民为了不让沙丁鱼在长途运输中窒息而死，会在鱼槽中放入一条鲶鱼。由于感受到鲶鱼的威胁，沙丁鱼紧张焦虑而加速游动，于是便活着来到了港口。这个故事中，展现了焦虑的积极意义。

身处现代社会的我们，每个人都是拼命游动的沙丁鱼，而那条看不见的鲶鱼似乎无处不在。因为考试而焦虑时，会挑灯夜战，"学渣"秒变"学霸"；因为身材而焦虑时，会节制饮食投入锻炼，练就魔鬼身材；因为和周围人的关系而焦虑时，会自省和自律。可见，焦虑除了引发紧张、担忧和烦恼之外，同样可以促进反思，促成改变，助力成长。

弗洛伊德把焦虑分为两种：一种是"现实性焦虑"，即对现实中潜在的挑战或威胁的情绪反应；另一种是"神经性焦虑"，源于自我内心的精神斗争。大多数时候，焦虑事出有因，比如不断上涨的房价、上司挑剔不满的目光、案头累积如山的复习资料等。一旦焦虑的来源解决了，比如买了称心如意的房子，工作受到了表扬，通过了考试，自然就如释重负，轻松自在。但是，也有这样的情况，有些人找不到具体原因，莫名其妙地被焦虑缠上，表现出紧张、担忧、坐立不安甚至惶惶不可终日，感觉生活中总有些不可预测的危险将会降临。这时可要小心了，因为这可能是"焦虑症"。

## 广泛性焦虑症

广泛性焦虑症又称为慢性焦虑症，是焦虑症最常见的表现形式。起病缓慢，具有以下表现。

### 精神焦虑

精神焦虑表现为对未来可能发生的、难以预料的某种危险或不幸事件的经常担心。有的患者甚至不知道自己到底是为什么担心，只是内心总处于一种提心吊胆的状态，强烈不安，被称为"自由浮动性焦虑"。有的担心虽然是现实中可能发生的事，但其焦虑、烦恼程度与现实不相符，别人听后多半认为是杞人忧天、庸人自扰，这种在临床上被称为"预期焦虑"。精神上的忧虑让焦虑症患者惶惶不可终日，坐立不安，忧心忡忡。

### 躯体焦虑

有些患者表现为运动性不安，比如无意识的小动作增多，搓手顿足，无法安静地坐着。有的甚至会嘴唇和舌头发抖，甚至全身发抖。此外，肌肉紧张也很常见，会感到身体的一个部位或者多个部位肌肉紧张，严重时会出现肌肉酸痛，尤其是胸部、颈部和肩背部。有些人表现为紧张性头痛，还有些人表现为自主神经功能紊乱，比如心跳过速，皮肤潮红或者苍白，口干、便秘、腹泻、出汗、尿意频繁等。男性有时会出现早泄、阳痿，女性则会发生月经紊乱。这一系列临床表现常常让人误以为身体的某一部位发生了病变，通常是头痛医头、脚痛医脚。神经内科可能收治紧张性头痛患者，内分泌科收治月经紊乱患者，骨科收治颈椎痛患者，而这些人当中有一部分恰恰是焦虑症患者。

### 觉醒度提高

焦虑症患者往往比较敏感，过分警觉，外界细微的刺激可能引发不适。他们注意力难以集中，入睡困难，睡梦中容易惊醒，情绪容易被搅动，可能别人的一句无心之言会让他们辗转反侧或者暴跳如雷。有的焦虑症患者甚至会感受到血管的搏动、胃肠道的蠕动等。

### 其他症状

广泛性焦虑症还可能合并疲劳、抑郁、强迫、恐惧、惊恐发作及人格解体等症状。

## 惊恐障碍

惊恐障碍又称作急性焦虑障碍。其特点是发作突然且不可预测，患者会有突如其来的惊恐体验。反应程度强烈，发作时伴随有濒死感或者失控感，同时伴随严重的自主神经功能紊乱症状。患者觉得死亡将至，如同世界末日一般，或奔走、惊叫、四处呼救，同时可能伴随胸闷、心动过速、呼吸困难、头痛、眩晕、四肢麻木、大汗淋漓、全身发抖等状况。好像是经历了一场突如其来的龙卷风，狂风过境之处天昏地暗，又好像是坐了一趟急速过山车，让人血脉偾张，惊叫不止。惊恐发作一般持续5～20分钟，很少超过1个小时，终止非常迅速。发作期间，患者意识清醒，高度警觉，发作后心有余悸，担心再发作，出现虚弱无力感。

# 为什么会得焦虑症？

## 遗传因素

研究发现，一级亲属中焦虑症的患病率为19.5%，远远高于一般人群的发病率。同时，在同卵双生子的研究发现，同病率为41%，远远高于异卵双生子4%的同病率。可见，焦虑症有明显的遗传倾向。

## 生化因素

研究发现，给焦虑症患者注射乳酸盐可以诱发惊恐发作。此外，去甲肾上腺素、5-羟色胺、多巴胺等神经递质都参与了焦虑症的发生。不过，确切的发病机制尚未明确。

## 心理因素

### 行为主义学派的观点

行为主义学派认为焦虑是对某些环境刺激的恐惧所形成的条件反射。当个体感到安全被威胁或遇到危险时，就会诱发交感神经功能亢进、HPA轴亢进、海马系统中缝核活化的焦虑反应，此后，类似情境刺激时，会产生病理条件反射性焦虑症。也就是说，焦虑是一种习得性行为，起源于人们对于刺激的恐惧反应。由于在焦虑刺激和中性刺激之间建立了条件联系，因此，条件刺激泛化，形成了焦虑症。

### 认知学派的观点

认知学派认为对事件的认知评价是焦虑症发生的中介。当个体对情境的危险性做出过度评价时，会激活体内神经系统，从而引发焦虑。为什么会做出过度危险评价？这一般来源于个体童年时期形成的内隐认知，包括不合理的偏见、错误的思维方法以及回避行为等。

### 心理动力学派的观点

心理动力学派认为，焦虑源于内在的心理冲突，是童年或少年时期被压抑在潜意识中的冲突，在成年后被激活而形成。冲突的来源主要有三个方面：外界、本我、超我。患者意识到自己的本能冲动有可能导致某种危险，因而伴有失控感或将要发疯的感觉，并有濒死感。

## 焦虑症的治疗

## 药物治疗

研究证实，选择5-羟色胺再摄取抑制剂（SSRI）治疗焦虑症安全有效且副作用小，目前已成为治疗惊恐障碍的一线药物。而在广泛性焦虑症的长期治疗中，文拉法辛、帕罗西汀以及某些三环类药物优于苯二氮卓类。不过，苯二氮卓类药物起效快，能立即减轻焦虑症状，可短期应用或与SSRI短期联用。

## 心理治疗

心理治疗一般采用来访者中心疗法、支持性心理治疗等，也有学者使用家庭治疗、团体心理治疗、音乐治疗、心理剧治疗等方法进行干预，均取得了一定成效。

## 自我疗愈

### 目标具体化

如果焦虑来源于现实的目标，那么不妨将目标具体化。例如，想高分通过英语四六级考试，那么不妨想想过关难点在哪里，是听力、单词、阅读，还是写作？一天要记住多少个单词？阅读多少篇文章？这些都需要确定，而且越具体越好，并给目标制定完成时间。清晰可操作的目标，将有助于问题的解决。

### 设定固定的"烦恼时间"

与其每天花费很多时间在胡思乱想上，不如安排一段"烦恼时间"，专门安排 15 分钟来处理各种想法。也就是说，只在某个时间段去处理各种想法，假如在其他时间冒出什么念头，就把它们预留到"烦恼时间"处理。每天预留出的 15 分钟烦恼时间，意味着在大脑里自动划分了一小片区域，杜绝了无休止的穷思竭虑，让烦恼不再无止境扩大化，使自己获得主动权。

### 学会放松

当身体放松时，大脑也会随之放松。当然，放松对很多人来说也并不容易。放松是一个渐进的过程，要学会体验紧张和放松的感觉。例如，一边聆听冥想音乐，一边进行有规律的深呼吸。

### 运动和饮食

确保自己参加足量的、规律的体育锻炼，这将有助于缓解焦虑。咖啡因会刺激中枢神经系统，所以别喝太多咖啡。酒精使中枢神经系统受到抑制，因此，也不宜喝太多酒。神经系统需要稳定，大量的咖啡和酒会起到反作用。

### 学会接受帮助

虽然向人求助不是件容易的事，但与其一个人承担无法解决的问题，不如积极寻找帮助，胜过一个人在焦虑的泥沼里苦苦挣扎。求助家人、朋友或者专业的心理咨询机构，完善属于自己的社会支持网络。当觉得身边有力量支撑自己时，焦虑会有所减轻，感觉会好很多。

# 完美主义与强迫症

## 你是完美主义吗？

完美主义者在工作中总是精益求精，在生活里也一丝不苟，例如：文档不允许一个标点错误，碗碟必须按颜色摆得整整齐齐。日常生活中，我们看到各行各业的优秀人物，他们常常被打上完美主义的标签，似乎只有追求完美才能实现卓越。可是，事事追求完美真的会带领我们走向人生巅峰吗？成长的路上，我们是为完美所累，还是因完美变得更卓越呢？不同学者对完美主义的内涵有不同理解。

一类学者认为完美主义是一种消极特质，休伊特（Hewitt）区分出三种完美主义：

自我取向的完美主义、他人取向的完美主义和社会决定性的完美主义。它们的区别在于完美主义所指向的客体不同，但其共同本质都是消极的。

另一类学者认为完美主义既有消极的一面，也有积极的一面，他们把完美主义分为正常的完美主义和神经质的完美主义。正常的完美主义是一种积极的人格特质，它促使人们为自己设立较高标准，驱动自己成为更好的自己。他们的自我价值感的来源是多元化的，能面对真实的自己，不害怕错误和失败，将错误和失败视为学习和成长的契机。他们不会制定不切实际的目标，也不会苛求别人有完美的表现。神经质的完美主义是一种消极的人格特质。他们因为设立不切实际的标准，导致一直被自卑感所压制而不是被挑战所激励，害怕犯错，将错误视为自己不够好的证据。他们活在别人的评价里，活在总要争夺第一的怪圈中。他们对自己有着超出自身能力的高要求，对周围的人也有着苛刻的标准，容易导致人际关系紧张。神经质的完美主义可能引发一系列心理问题，包括强迫症、抑郁症、进食障碍等。

## 如何催生完美主义者？

### 社会期望模型

社会期望模型基于早年的精神分析理论，认为完美主义者拥有极度挑剔和苛求的父母。孩子的一些小失误通常在父母那里被放大，父母习惯通过严厉的批评表达对孩子的失望，以及要求他们达到完美的期望。这样经常性的严厉批评会让孩子感觉自己永远无法达到父母的要求，便出现羞愧感和缺陷感，而这种感觉只能通过追求完美来摆脱。只有当孩子表现较好时才得到父母的认可，这会让孩子相信，必须达到某个水平的表现才能获得父母的爱。"有条件的接纳"会导致神经质的完美主义出现。

作为父母，虽然都是"望子成龙，望女成凤"，但是高期待之下，孩子的发展却不尽相同。心理学家发现，在充满关怀、鼓励、温暖接纳的家庭中，父母对孩子的较高期望可能造就正常的完美主义者。对孩子既充满高期待，却又经常冷酷、严厉地进行批评，则可能造就出神经质的完美主义者。

### 社会学习模型

社会学习模型认为，孩子是通过观察一个完美主义榜样而变成完美主义的人。他们会模仿父母的自我评价倾向，孩子如果认为他们的父母是完美的，就会努力成为同样完美的人。有意思的是，研究表明，母亲的完美主义与女儿的完美主义之间，以及父亲的完美主义与儿子的完美主义之间存在显著的正相关。

## 完美主义与心理健康

研究表明，在完美主义倾向较高的个体中，应激事件和抑郁呈显著相关。完美主义者容易产生愤怒、焦虑、无助感和失望感，这些感觉与抑郁和自杀观念密切相关。同时，完美主义与焦虑也相关，注重细节、担心出错、怀疑自身的社交能力，常常为微不足道的小错误而自责，容易产生人际交往中的焦虑情绪，出现社交退缩等行为。完美主义与强迫型人格障碍的相关程度显著高于完美主义与强迫症的关系。

## 完美主义与强迫症

一个人若执著于检查邮件中是否有错别字，或是纠结书架上的书是否摆放整齐时，会容易被贴上"强迫症"的标签，似乎完美主义与强迫症就此画上了等号。但是，两者却并不是一回事。

完美主义可能具有某些强迫症的人格特质，但并不是所有强迫症都有追求完美的表现。

强迫症的强迫观念和强迫行为仅针对自己，不会针对他人做出要求。完美主义者一方面对自己要求苛刻，另一方面也会对周围人有同样高的要求。

强迫症会有强烈的内心冲突，一方面有强迫的念头或行为，忍不住去想去做；另一方面却努力追求内心的平静，希望杜绝强迫的想法和行为。内心中两个激战的小人无法达成一致，因此痛苦不堪。完美主义则是一味追求更好，心无二念。

## 认识强迫症

一天忍不住刷 N 次朋友圈，是不是强迫症？早上出门担心门没反锁，忍不住打开又锁一次，是不是强迫症？看到瓶瓶罐罐标签没朝同一方向摆放，非把它们转向同一位置，是不是强迫症？这些都不是。

强迫症是以自我强迫与自我反强迫同时存在为特征的神经症。《精神疾病诊断和统计手册(第 5 版)》(DSM - V)中，将强迫症及相关障碍单列为一谱系，强迫症被定义为具有强迫意念和(或)强迫行为，强迫症患者对于强迫性意念或行为的自知力不再是诊断所必需的。同时，囤积障碍、抓痕症障碍、拔毛症和躯体变性障碍也被归入了强迫症及相关障碍。从强迫症发病年龄上看，报道的最早年龄是 2~8 岁的儿童,但更多报道表明强迫症多发病于青春期,平均年龄为 20 岁左右。

## 强迫行为 ≠ 强迫症

许多重复性的行为往往被误解,贴上了强迫症的标签。其实,偶发的重复行为是正常的,是为了提高效率或确保安全,并不让人感到痛苦,也不会影响正常生活。例如,一个爱卫生的人可能一回家就去洗手,洗手时也仔仔细细洗干净,但他们不会因为洗手而感到烦恼。

强迫症不是小小的情绪,而是一种疾病。有时候,我们会说自己"有一点强迫症",其实这种说法十分荒唐,就像说自己"有一点心脏病发作"或"有一点怀孕"一样。同样是洗手,对于强迫症患者来说,细菌、灰尘、病毒或一切外界物质都有可能引发感染,因此他们生活在恐惧之中,上班第一件事是洗手,回家第一件事也是洗手,一天中洗手要耗费几小时,甚至把皮肤洗破还无法停止。明明知道这样不对,但在激烈的思想斗争后总是不合理行为获胜,从而产生强烈的痛苦、烦恼和沮丧。

## 强迫症的临床表现

强迫症的症状主要表现为强迫思维和强迫行为。强迫思维可分为强迫观念、强迫情绪以及强迫意向。强迫观念的内容可谓多种多样,如反复怀疑门窗是否关紧,碰到脏东西担心得病,反复思考太阳为什么从东边升起西边落下,站在阳台上就有往下跳的冲动等。强迫行为是为了减轻强迫思维产生的焦虑而不得不采取的行动,患者明知不合理,但不得不做。比如一旦有怀疑门窗是否关紧的想法,就会出现反复检查门窗的行为。碰到脏东西怕得病的患者会反复洗手以保持干净。一些病程迁延的患者由于经常重复某些动作,久而久之形成了某种程序,比如洗手时一定要从指尖开始洗,连续不断洗到手腕,如果顺序反了或是中间过程被打断了就要重新开始洗,为此常耗费大量时间,痛苦不堪。对于强迫症的患者而言,一些仪式化的动作是必不可少的。

## 强迫症的病因

目前认为强迫症主要与个性、遗传、神经内分泌等因素相关。研究证实,强迫症患者首次发病时通常遭遇了一些不良生活事件,如学习或工作受挫、人际关系紧张、恋爱或婚姻危机等。正如前文中提到的,完美主义是强迫症表现出来的人格特征,谨小慎微、责任感过强、缺乏心理弹性等也是强迫症的人格特质。患者内心所经历的矛盾、冲突、焦虑只能通过强迫重复的症状来表达。有研究认为，性腺激素与性别所决定的遗传易感性之间的相互作用可能与某些类型的强迫症有关。

心理动力学派也有相关解释。弗洛伊德写过一本《鼠人》，说的就是强迫症。他认为，强迫症患者不断重复强迫行为，其意义存在于潜意识当中，与其过往生活经历有关，尤其与某些创伤性经历有关。弗洛伊德说："强迫性神经病的这些症候、观念和冲动，既无人能知其来源，又能抵御正常的精神生活所不能反抗的阻力，所以即使由患者自身看来，也觉得它们像是来自另一世界的强有力的妖异，或混在人间旋涡中的鬼怪。"普遍认为，强迫症与性压抑相关，是攻击性和力比多的压抑。例如：隔离行为和仪式行为，是用来隔离情感、不想产生情感链接；强迫洗手属于道德性洗涤，是对道德堕落的不接纳。

## 强迫症的治疗

目前治疗强迫症除药物治疗之外，还可以使用心理治疗，包括心理动力学疗法、认知行为疗法、森田疗法等，而正念疗法、家庭疗法、沙盘疗法、催眠疗法等都已经运用于强迫症治疗。

### 药物治疗

氯米帕明是治疗强迫症的最常用药物，此外 SSRIs 类的氟西汀也可以用于治疗强迫症。对于伴随严重焦虑情绪者，可以合并苯二氮卓类药物，或者使用卡马西平等心境稳定剂。

### 心理动力学疗法

强迫症患者被潜在的无意识动机驱使着，自我却不能觉察。可以通过自由联想、梦的解析、解释移情和积极想象等技术，挖掘患者的无意识动机、欲望以及精神创伤，让患者领悟到症状的真正意义，体验和感受症状的幼稚、可笑和愚蠢，真正有了这些内在感悟，症状便失去了存在的意义，从而调整精神活动，逐渐建立新的行为模式。

我国学者钟友彬提出的"钟氏认知领悟疗法"又称"中国式心理分析"。该疗法认为，虽然强迫症来源于过去，但不必对幼年经验勉强追忆，应该直接和强迫症患者讨论分析症状的性质，使他们认识到，病态情感和行为是幼稚的，这些感情与行为是幼年的模式，与实际年龄和成人身份不相符合，从而主动放弃这些想法和行为，"要下决心不做儿童心理的奴隶"。

# 认知行为疗法

### 系统脱敏法

系统脱敏法由美国学者沃尔帕（Wolpe）)创立，原理是交互抑制，即个体不可能同时对一个刺激产生两种对立的情绪反应。例如，不可能在放松的同时感到焦虑。因此，可以通过放松来抵抗焦虑，渐进地解除强迫症带来焦虑状态。系统脱敏法治疗包括三个步骤：第一，肌肉放松训练。通过训练，患者能在短时间内进入全身放松状态。第二，建立等级。这是系统脱敏疗法的关键，通过双方商定，确定引发焦虑的层次，由小到大排列为十个左右的等级。第三，实施脱敏。想象或真实体验引发强迫行为、导致焦虑和恐惧的事件，并用放松来抵抗焦虑，从最低层级到最高层级进行脱敏，直到适应为止。

### 反应预防疗法

反应预防疗法要求患者推迟、减少甚至放弃那些用以减轻焦虑的强迫行为，尽可能抑制这些行为，如缩短洗手时间、减少洗手频率，甚至放弃洗手。逐步延长刺激的暴露时间，通过自主神经系统调节焦虑的生理成分。在实施行为治疗时，首先进行心理教育，让患者遵从治疗计划，要求家庭成员鼓励并监督患者完成家庭作业。然后，治疗师与患者一起制订激发焦虑的计划，并指导患者如何去应对，以后布置家庭作业让患者单独去完成，并逐步增加难度。有效的反应预防疗法一般需要 10～12 次会谈和长时间的家庭作业。

### 思维阻断法

思维阻断法是在患者想象强迫观念过程中，通过外部控制的手段，人为地抑制并中断其思维，经过多次的重复，促使强迫观念症状消失。多位学者描述了思维阻断法的实施过程。首先应帮助患者纠正强迫性怀疑、回忆、穷思竭虑等非理性认知，然后学习放松练习，熟练到在较短时间内可达到全身放松的程度。在患者全身进入放松状态时，要求其想象能够诱导强迫状态的念头和想法，告诉患者，当头脑中出现清晰的想象活动时，就抬起食指示意。比如，一个强迫思维患者，几个月前摔到了后脑勺，此后一直担心头是不是摔坏了，反复思虑自己会不会变笨，当他出现这种想法时抬起食指，治疗师此时叫"停"，并要求患者也跟着叫"停"。同一时间，治疗师用木槌猛力敲击一下桌子，发出刺耳的声响，阻断患者的强迫思维。如果患者从想象诱导强迫状态到抬起食指这段潜伏期的时间增长，说明治疗有效，若出现想象有困难，也说明有效。治疗见效后，如果患者在想象中再抬起食指时，治疗者和患者只需叫"停"，不需要敲击桌子。重复进行时，只让患者本人在心里叫"停"，不需要发出声音了。每次治疗进行 20 次阻断。治疗期间，患者回家后自行练习。

## 森田疗法

森田疗法由日本森田正马博士所创立。森田强调治疗过程中患者的"自动性萌动"，悟到对症状采取顺应自然的态度时便可放弃症状，因此治疗要点是对症状"接纳客观，为所当为"。出现症状时顺应自然，对症状不抵抗，自己的行动和态度也不要受症状的干扰，应该像正常人那样生活。森田疗法结合了东方道家圆融的智慧，既是一种疗法，也是一种生活哲学，与中国的传统文化相符，更能为中国人所接受。

森田疗法治疗以强迫思维为主的强迫症的要领概括为七个字，即"不怕、不理、不对抗"。"不怕"是要消除患者各种脱离实际、毫无根据的恐惧心理。因为"怕"是由患者主观歪曲的认识造成的，本来没有必要。"不理"是不去注意那些症状，不谈论、不听，带着症状去工作生活。"不对抗"是不去排斥这些症状，要完全接受它们，"忍受痛苦，为所当为"。实际上，只要患者不纠缠于字面的理解，而是真正去做，症状便可很快得到缓解。治疗强迫症不是依靠心理治疗师，而是取决于患者自己。研究显示，森田疗法治疗强迫思维，不仅近期疗效明显，远期疗效也非常显著。

# 第三节 这些年，你误解的心理咨询

心理咨询，在很多人心中可能是一张弗洛伊德躺椅，也可能是一场吐露真言的催眠，还可能是神神叨叨的来访者与神秘莫测的咨询师之间的对话。心理咨询实在被影视作品曲解太多，也被大众误解太深，让我们来揭开关于心理咨询的真相。

这些年，你误会
过的心理咨询

## 对心理咨询的误解

### 有病才进行心理咨询

心理咨询看上去是一个挺敏感的词汇。提到它，似乎就意味着脑子有病，病得还挺严重。这样的认识让很多人萌生求助念头时打退堂鼓，害怕被异样的眼光所注视。不过"病"恰恰不属于心理咨询范畴。前面谈到的"症"，抑郁症、焦虑症、强迫症等都属于精神病性障碍，需要药物治疗，同时可以配合心理治疗。但是心理咨询并不接待"症"，而是解决正常人的正常烦恼，面对成长中的烦恼、发展中的困惑，以及一些心理问题。请记住，心理咨询师并不承担医生的工作！

那么，咨询的主要对象是哪些人群呢？

一是没有精神疾病，但遇到了与心理有关的现实问题并请求帮助的人群。

二是没有精神疾病，但心理健康出现问题并请求帮助的人群。

三是特殊对象，即临床治愈的精神疾病患者。

### 进行心理咨询不如自我调节

有人觉得心理咨询费时费力费钱，还不如自我宣泄一番。有人说，没有什么是吃一顿不能解决的，如果有，那就两顿。有人说，去商场里血拼一场可以让沮丧的心情一扫而光。诚然，这些都不失为自我调节的方式，但是如果都能这样轻松高效地解决问题，心理咨询行业还有存在的必要吗？我们都知道，花钱的快感和食物产生的多巴胺是暂时的。再次面临同样的困境时，吃一顿和血拼一场还能再次发挥作用吗？受过专业训练的心理咨询师，依据深厚的心理学理论，使用不同的咨询技术，提供看待问题的多个角度，通过长期和系统的咨询，往往才能触及事物的本质，真正解决心理问题。

## 神秘的心理咨询师

"您是心理咨询师，那会催眠吗?"这大概是心理咨询师被问得最多的问题了。咨询过程中，有很多方法可以帮助来访者探索潜意识。催眠看起来神秘而高端，但也只是咨询的方法之一。如果以会不会催眠为标准来判断咨询师是否具备资质，就是更大的误解。"你知道我现在心里想什么吗?"也是常提的问题，大概是因为来访者被各种影视剧中夸大的"读心术"所洗脑。所谓"读心"，是心理咨询师根据来访者的外显行为、身体姿态、微表情等线索来推测其内心世界，并非真的能够一眼看出其内心所想。

## 心理咨询就是聊聊天

心理咨询绝不仅仅是聊天。虽然表面上看，咨询似乎是咨询师与来访者面对面进行交流，甚至其间咨询师说不了几句话，他大多时候是充当一个倾听和引导的角色。但是，这种"聊天"有特定目的，需要收集各种信息，与来访者建立良好的咨访关系，运用各种技术帮助来访者自我觉察，剥茧抽丝般协助他们解决问题……如果一定要说心理咨询是聊天，那么，心理咨询就是"有理论指导的、有技术含量的、能解决问题的聊天"。

# 心理咨询的真面目

## 心理咨询是什么?

心理咨询(counseling)是指专业人员遵循心理学原则、运用心理学及相关知识，通过各种技术和方法，帮助求助者解决心理问题。需要解决问题并前来寻求帮助者称为"来访者"或"咨客"，提供帮助的咨询专家称为"心理咨询师"。来访者就自身存在的心理不适或心理问题，通过语言文字等交流媒介，向心理咨询师述说、询问与商讨，在其支持和帮助下，通过共同讨论，分析问题的症结，进而寻求摆脱困境、解决问题的条件和对策，以便恢复心理平衡、提高对环境的适应能力、增进身心健康。

# 心理咨询的原则

### 保密原则

走入咨询室之前,来访者最担心的可能是自己的秘密会不会被泄露出去。来访者需要一个安全隐秘的房间,一个能够安心倾诉心事的对象,以及没有评判可以流畅发言的氛围。因此,保密原则是心理咨询的首要原则,是来访者和咨询师建立良好咨访关系的前提,是确保咨询顺利进行的基础。1959 年到 2002 年之间,在美国心理学会伦理守则中,保密一直被认为是咨询师必须遵守的首要专业伦理。2007 年《中国心理学会临床与咨询心理学工作伦理守则(第一版)》明确规定:"心理师有责任保护寻求专业服务者的隐私权,同时认识到隐私权在内容和范围上受到国家法律和专业伦理规范的保护和约束。心理师在心理咨询与治疗工作中,有责任向寻求专业服务者说明工作的保密原则,以及这一原则应用的限度。在家庭治疗、团体咨询或治疗开始时,应首先在咨询或治疗团体中确立保密原则。"

咨询中也有"保密例外"情况,需要咨询师突破保密原则。美国咨询心理学会 2005 年版的伦理守则中规定,打破保密的例外主要有三类情境:第一,危险和法律要求,指威胁来访者自身和他人生命的危险;第二,传染性的、有威胁生命的疾病,指对他人具有危害的情境;第三,法庭要求的披露,主要是指涉及法律诉讼时法庭要求公开信息。在这三种情况下咨询师被要求做最小限度的信息披露,即只披露必要的信息。国外研究还比较关注未成年人或是即将离世的人,探讨未成年人出现犯罪行为时,以及来访者处于生命弥留之际或去世之后,咨询师突破保密原则的情况。

《中国心理学会临床与咨询心理学工作伦理守则(第一版)》中明确提出:"心理师应清楚地了解保密原则的应用有其限度。下列情况为保密原则的例外:第一,心理师发现寻求专业服务者有伤害自身或伤害他人的严重危险时;第二,寻求专业服务者有致命的传染性疾病等且可能危及他人时;第三,未成年人在受到性侵犯或虐待时;第四,法律规定需要披露时。"

### 自愿原则

原则上,寻求心理咨询的来访者必须是完全自愿的,这是确立咨询关系的先决条件。咨询师不会主动邀约谁来做咨询,只有来访者自身感到需要专业帮助的时候,本人有强烈改变愿望的时候,才能促使心理咨询发挥作用。所谓"不求助、不帮助","来不请、去不留"。当然,现实生活中迫于周围人的压力前来咨询的情况也不少见。

这样的来访者往往处于较强的自我防御中，难以对咨询师敞开心扉，也不会主动讨论实质性问题。因此，咨询师可能要花费更多的精力，才能让来访者放下心理防御，真正建立咨询关系。对于咨询师来说，"来者不拒，去者不追"是咨询工作必然遵循的原则，来访者自愿前来，自然也可以自愿离去。如果遇上一个咨询师总是催促你去咨询，或者在你想终止咨询时，对你表现出"恋恋不舍"，那么，咨询师的专业性需要好好考查了。

### 价值中立原则

心理咨询师不可以对来访者的所作所为进行价值评判，否则就是违反了心理咨询的价值中立原则。对于咨询师而言，保持价值中立既是咨询原则，也是一种专业素养的体现。保持价值中立有助于双方更好地建立咨询关系，也可以消除来访者的依赖心理，增强心理咨询的实效。

### 时间限定原则

心理咨询必须遵守一定的设置，其中一项是时间设置。虽然不同流派的咨询频率有所不同，但一般来说，每周1次、每次50分钟是比较常见的安排，原则上不能随意延长咨询时间或改变咨询间隔。时间限定可以给来访者一种稳定安全的感觉——每周在一个固定的时间段、固定的地点，有一个固定的咨询师在等着他。每次50分钟的时长则有助于来访者充分珍惜并有效利用这段时间。

曾奇峰说过，弗洛伊德规定每次50分钟，总次数按事先约好的咨询设置，是他对世界做出最伟大贡献之一。因为他设置了一种"可以终止的关系"，这种关系可以恰当地"压迫"身处其中的人，让他们遵守基本的人际规则，产生成长的紧迫感。

### 感情限定原则

原则上心理咨询师和来访者在咨询室之外不能有任何接触和交往。咨询师不能将自己的情绪带入咨询过程，也不能对来访者在感情上产生爱憎和依恋，更不能在咨询过程中寻求在爱憎、欲求等方面的满足。对咨询师来说，感情限定是必须遵守的专业原则。

对于来访者来说，也有值得注意的地方，就是不找熟人或朋友做咨询师，这样很容易打破咨询的一些基本设置和边界。更需要提醒的是，即使在咨询过程中感到咨询师人很好，感觉温暖、亲近和值得信赖，走出咨询室也不要和其发展咨询之外的任何关系，否则会破坏良好的咨询关系，最终影响咨询效果。

来访者在咨询中产生的感情，如依恋、爱慕、厌恶或憎恨都是正常的，不需要强行压制或者逃避，与咨询师一起讨论是比较合适的做法。

## 中国化的心理咨询

心理咨询起源于西方，引入中国的时间不长。在其迅猛发展的过程中，也呈现出中国人对于心理咨询的一些特殊要求。从咨询原则上看，"非指导性"原则在部分来访者身上显得水土不服。一般来说，咨询师对于来访者所提出的问题不作指导性评判，只进行客观分析，最终由来访者做出选择。例如，考不考研、离不离婚、换不换工作等问题，多采用非直接的劝告方式，鼓励来访者独立进行处理，把咨询师的解释、建议和劝说减到最低程度。然而，这个西方常用的原则，不少中国来访者却并不那么接受。因为中国文化传统中有崇拜权威的部分，不少来访者想象中的咨询是获得权威的指导，得到明确的建议，希望咨询师提供实用的方法。因此，咨询师经常被要求参与到具体决策中，导致左右为难。这种现象也成为本土化研究的内容。

## 走进心理咨询室

### 咨询期望

来访者带着自己的期望步入心理咨询室，有人希望咨询能一次性解决自己所有的问题，有人觉得有一定程度的改善就是胜利，有人则认为咨询并不能解决问题。那么，心理咨询到底能不能帮助来访者？对咨询的期望是否是"希望越大失望越大"呢？

近年的研究表明，"咨询期望"被认为是影响心理咨询效果的重要因素之一，把心理咨询期望当成共同因素来研究是一个重要趋向。诺克（Nock）提出，咨询期望是当事人带入咨询中的具有期待性质的信念，包括咨询程序、咨询结果、咨询师、心理干预的方式以及心理干预的任何其他方面。

咨询效果与个人承诺之间呈正相关，个人承诺越高，咨询效果也越好。心理咨询的本质是"助人自助"，即咨询师协助来访者而不是代替来访者解决心理问题。咨询是否成功，很大程度上取决于求助者是否有主动参与的态度和行为。在一定范围内，来访者对咨询师的专业性期待越高，咨询效果越好。

期望过低不能激发来访者的主动性，会降低咨询效果。但不切实际的过高期望对咨询效果同样起到阻碍作用，容易导致来访者不能按照要求逐步解决问题，或者问题仅暂时地、表层地缓解,一旦进展不明显就转而失望甚至放弃。对咨询过高期望有着理想化咨询师的意味,似乎咨询师就是小时候那个无所不能的妈妈,可以全面满足自己的需求。这种理想化破灭后,愤怒和失望就由此产生,有的来访者就转而攻击咨询师。

## 来访者要做什么?

作为寻求心理帮助的来访者,是不是到了咨询室就可以将所有问题交给咨询师呢?答案当然是否定的。作为来访者,如果能做到以下几点,将会有助于咨询的顺利开展,及获得有益的自我成长。

### 合理的咨询期望

有些人对心理咨询缺乏了解,希望心理咨询包治百病、一次见效,同时寄希望于咨询师,认为能否解决自己的问题全靠咨询师,自己不用做任何努力和改变。在这样的状态下,咨询效果自然大打折扣。"冰冻三尺非一日之寒",心理问题是日积月累形成的,是多因素作用的结果。同样,解决问题也不能一蹴而就。心理咨询的本质是"助人自助",只有自己有解决问题的动力,有做出改变的行动,咨询才可能事半功倍。

### 遵守设置,积极互动

对于咨询师来说,需要严格遵守职业操守和咨询设置。对于来访者来说,也应该尊重咨询设置,如按时赴约、不轻易更改时间、不随意变换咨询频次等。来访者更不要私下与咨询师发生交往,这样会破坏咨访关系,不利于咨询的进行。对于咨访双方来说,平等、尊重、互相信任的关系是咨询顺利进行的保障。作为来访者,还需要按时完成咨询师布置的家庭作业,真实表达自己的内心感受,这样积极的互动才更好地提升咨询效果。

## 网络心理咨询靠谱吗?

人们越来越多地依赖移动信息网络,因此网络心理咨询也应运而生。网络心理咨询是指当咨询师与来访者分隔两地时,运用电子通信方式提供专业咨询服务,是高度信息化和快节奏的社会中出现的一种新的咨询方式。

关于网络咨询的争议一直没有停止。很多人表示支持,认为网络咨询同样可以有效地帮助来访者,而且不受到时间和空间的局限,更为灵活方便。也有些人表示担忧，觉得缺乏行业监管，咨询的规范性、保密性和衍生出的伦理问题难以解决。在传统的面对面咨询中，咨访关系被认为是心理咨询起效的共同因素之一，罗杰斯甚至认为咨询关系对心理治疗起决定性作用。在网络心理咨询中，由于网络的隐匿性、非言语信息的缺失、专业设置易变更等特点，咨询关系的建立面临一定的挑战。

如果能够解决好以上问题，相信网络咨询如同面询一样，能够发挥其重要作用。

## 心理疗法面面观

在心理咨询漫长的发展道路中，基于不同心理学理论产生了多种心理疗法，近几十年来，更是取得了长足发展，心理疗法超过 200 多种。但是，经典无可替代。调查发现，无论是常用疗法还是首选疗法，心理动力学疗法、认知行为疗法都是我国心理咨询从业者选择最多的。同时，家庭治疗、短期焦点疗法、叙事疗法、接纳与承诺疗法、正念疗法、游戏疗法、催眠疗法、沙盘疗法、绘画疗法、音乐疗法、舞动疗法等也被广泛运用。值得注意的是，虽然中国文化蕴含着丰富而独特的心理学和心理治疗思想，但一些本土化的心理疗法，如道家的认知疗法、认知领悟疗法、悦纳疗法等，虽然被熟知，实际运用范围却不大。为此，有人发表了《警惕心理治疗行业的"全球垄断"》的文章，认为"中国的心理治疗师尽管身体是中国的，但大脑却是欧美的"。

如果有某个"大师"告诉你，他使用的方法能够"包治百病、一次见效"，那么拔腿就走吧！因为，任何单一的理论都不足以解释心理问题的原因和心理治疗起效的机制，也没有一种心理疗法是万能的。近年来，心理治疗正朝着治疗短程化、理论技术整合化、方法标准化、疗效评价客观化的方向发展。因此，寻找一位遵从咨询伦理，严格遵守咨询设置，掌握了一两门核心技术，又能兼容并蓄灵活运用各种技术的心理咨询师，应该是个不错的选择。

# 第四章
# 成为更好的自己

　　心如明镜方能觉察自我，充分了解自己的气质、个性和兴趣，与真实的自己更近了一步。调适自我意味着调整认知、解构与建构自己的故事，调整回正念状态以安住当下。这一切，都是为了做更好的自己，做幸福的自己。

# 第一节　心如明镜　觉察自我

认识自我是心理健康的标准之一。人如同身处山中，常常难识自己的庐山真面目。因此，古希腊阿波罗神庙门上写着警训："人啊，认识你自己！"老子提出"知人者智，自知者明"。虽然我们很难做到全然了解，但可以尽可能觉察自我。

心如明镜觉察自我

## 认识自我的多棱镜

"我是谁?"从古至今，这个问题一直让人苦苦思索。现代心理学从人格角度进行了回答，并针对人天生的气质和后天形成的性格进行了研究。

### 独特的人格

日常生活中，国家和社会都推崇"高尚的人格"。但在心理学中，人格（personality）一词并没有道德方面的褒贬之意，而是被定义为"各种心理特性的总和，是各种心理特性的一个相对稳定的组织结构"。在不同的时间和地点，人格都影响着一个人的思想、情感和行为，使人具有区别于他人的、独特的心理品质，从而成为一个独特的人。人格的基本特性包括以下四个方面。

人格具有整体性。人格有多种成分和特质，比如能力、气质、性格、态度、价值观、爱好、动机、需要等，它们紧密联系、相互作用形成了人格这个有机整体。精神分裂症的症结在于精神内部的分裂和统一性的丧失，精神分裂症患者的人格就好比一个失去指挥的乐团，其性格、态度、能力、动机等人格特质虽然不至于丧失，却乱七八糟的，无法协同工作。

人格具有独特性。人与人之间的心理特点和行为方式存在差异，即使再相似，每个人还是不尽相同。例如，《水浒传》中的李逵和《三国演义》中的张飞，虽然同"黑"、同"猛"、同"讲义气"，但李逵系江湖草莽，张飞是大将一员，两人依然各具千秋。正如世界上没有两片完全相同的树叶一样，世界上也没有人格完全相同的两个人，每个人都是独一无二的。

人格具有稳定性。"江山易改本性难移"，尽管时空变换，但总有一些特质具有跨时间的持续性和跨情境的一致性，即人格相对稳定。正所谓"三岁看小，七岁看老"，在人生的不同时期，人格发展环环相扣，主基调不会轻易改变，这是跨时间的持续性。一个活泼的学生不仅在学校里喜欢交际、善于结交朋友，在校外也积极参加各种社会活动，这就是跨情境的一致性。

人格具有社会性。人格是在一定的社会环境中形成的，人无法脱离社会而存在，每个人的人格必然反映所处时代的文化特点。"近朱者赤，近墨者黑"很好地概括了除先天禀赋之外社会对人的影响。例如，我们说的"ABC"（American-born Chinese），他们虽然是中国血统，外表有黄皮肤、黑眼睛的亚洲人特点，但从小深受欧美文化的影响，在思想观念、行为方式等方面承袭了西方人，人格特点与亚洲人有着很大区别，也因此被戏称为"香蕉人"。

## 与生俱来的气质

"杨澜的气质真好！"这句话中的"气质"并非心理学意义上的气质。在心理学上，气质是指表现在人们心理活动与行为方面的典型的、稳定的动力特征，类似于日常所说的"秉性"或"性情"，由先天素质所决定，属于人格中的先天倾向，是性格形成的基础。大家看到过刚出生的婴儿吗？仔细一瞧，有的哭得声惊四座，有的丝毫不受影响睡得昏天黑地，有的静静地看着这个世界，有的闹腾得全家不安……这些没有经过社会教化的孩子，全然表现出了天生的气质。

### 四类气质

2500 多年前，古希腊医生、哲学家希波克拉底（Hippocrates）就提出"体液说"，认为人体中的四种液体——血液、黄胆汁、黏液和黑胆汁，分别对应不同的气质类型。血液对应多血质，黄胆汁对应胆汁质，黏液对应黏液质，黑胆汁对应抑郁质。一个人身上哪种液体占的比例比较大，他就具有与这种液体相对应的气质类型。体液说虽然缺乏确切的科学根据，但是后人对高级神经系统活动研究的结果证明，确实存在四种典型的高级神经活动类型，分别与希波克拉底提出的类型相对应。因此，该分类名称沿用至今。

**第一类是胆汁质。**胆汁质通常表现为坦率热情、精力旺盛、思维敏捷、行动利落、说话速度快、好争论、情感容易冲动但不持久、精力旺盛，经常以极大的热情从事工作，但时常缺乏耐心。《还珠格格》中为人所熟知的"小燕子"，正好符合上述特点。那些让人啼笑皆非的打油诗是她灵光一闪的应景之作，例如，"走进一间房，四面都是墙。抬头见老鼠，低头见蟑螂"，而因为一时冲动闯下的祸也不计其数。

**第二类是多血质。**多血质通常表现为活泼好动、思维敏捷、语言表达力强、感染力强、易于产生情感但体验不深，善于交际、适应能力强、学习工作效率高。《红楼梦》中的王熙凤就是典型的多血质，她热情、利落、有胆略，但有时候情绪不太稳定。

**第三类是黏液质。**黏液质通常表现为情绪不易发生也不易外露、行为迟缓，缺乏灵活性，注意力稳定持久，难于转移，思维灵活性较差，但比较细致，喜欢沉思，具有耐性和自制力，态度持重。例如《射雕英雄传》中的郭靖。

**第四类是抑郁质。**抑郁质通常表现为情感体验深刻，易多愁善感，富于想象，敏感性高，观察力敏锐，善于观察他人观察不到的细微事物，思维深刻，有点胆小怕事、优柔寡断，受到挫折后常心神不安。例如《红楼梦》中的林黛玉。但是抑郁质不等于抑郁症，抑郁质具有观察细致、体察入微的特点，并不会表现为情感低落、思维迟缓、活动减少等抑郁症特征。

人的气质很少纯粹属于某一类型，大都兼具两种或三种类型的特征。因为"配方"不同，才有独一无二的我们。

### 天生的，强生的！

气质会影响一个人的行为处事方式、工作效率和情绪反应方式。有时候，我们不够喜欢自己的原因，可能正是天生无法改变的气质。胆汁质的人可能会羡慕黏液质的人如此沉静、善思和安之若素。而黏液质的人可能羡慕多血质的人活泼、外向和思维敏捷。但是，气质生而有之，终生比较稳定，既无法选择也难以改变。天生的就是强生的！气质如同双刃剑，在不同情境下各有利弊。气质没有好坏之分，接纳我们独特的气质，综合考虑外界要求和自身特点，因势利导来充分发挥自身优势，方能开辟自己的特色之路。

## 后天塑造的性格

性格是人格心理特征的重要组成部分，是指"一个人在成长过程中逐渐养成的在态度和行为方面的较为稳定的心理特征"。换句话说，性格是个体后天习得的、对现实稳定的态度和行为方式。与气质相比，性格是可以塑造的，因此才有"打磨"一说。

美国心理学家妮蒂雅(Littauer)在《性格解析》一书中把性格分为四种基本类型，

即活泼型、完美型、力量型与和平型。《西游记》中的唐僧师徒四人正好分别匹配这四种性格：唐僧属于完美型，细致、敏感又有点悲观；悟空属于力量型，坚定、果断又带点自负；八戒属于活泼型，热情、善变，经常自来熟；沙僧是和平型，平稳、随和和寡言。

相对于生而有之的气质，性格受到环境和经历的影响比较为明显，属于后天可以塑造的部分。《琅琊榜》中，主人公林殊是金陵城中最耀眼的少年，有着明朗笑容，张扬却不张狂，自傲却不目中无人，率性却不蛮横。后来赤焰军遭到陷害全军覆没，林殊在众将士拼死保护下得以生还，但身中火寒奇毒，失去至亲之人，解毒后改名为梅长苏。此时的梅长苏低眉浅笑，语声淡淡，隐忍淡然，算计人心，高深莫测。从"挽过大弓，降过烈马"变成了"阴诡的地狱里搅弄风云"。梅长苏的扮演者胡歌，他的故事同样为很多人熟知。从年少轻狂到隐忍智慧的巨变，也是源于一场车祸，他与死神擦肩而过。他说："车祸撞碎的不是我的脸，是我的面具。"他们性格的变化，就来自于境遇的影响。

因此，对于每个人而言，了解自己的气质和性格，明晰能够改变的部分和不能改变的部分，接受无法改变的、改变可以改变的，才能成为更好的自己。

## 觉察自我的情绪

没有学习过心理学的人难以清楚分析自己的气质和性格。但是，情绪提供了一个很好的观察窗口，像晴雨表一样显示着我们的心理状态。识别情绪、觉察情绪、发掘情绪与认知的关系，是了解自我、调适自我的重要途径。

### 撕开情绪的伪装

心理学将情绪定义为"人对客观事物是否符合自己需要而产生的主观态度体验"。人逢喜事精神爽，当事物、情境符合我们的愿望时，便会产生积极的情绪。当遇到屋漏偏逢连夜雨、阴沟里翻船等情况时，就会产生沮丧、悲伤等情绪。

生活中，情绪经常影响我们，有时推动一把，有时又阻碍我们的脚步。情绪本身没有对错之分，每种情绪都有存在的意义。不管处于何种情绪，都应该先察觉真正的情绪是什么。因为很多时候，我们感受到的或表现出来的可能是经过包装和伪装的情绪。

有一种感觉，有那么点透不过气来，像被细细的针刺了一样，好似一种从左心房蔓延到指尖的疼，如果尝一下应该是苦苦的，我们叫它"心痛"。再回想一下，你是否有过心慌、胸闷、胃痛的经历呢？难道这些体验仅仅是因为生理原因？研究表明，这很可能是由情绪导致的生理反应。因此，当我们出现上述反应时，在排除器质性病变的基础上，可以认真回顾近期的生活、学习和工作状态，反思是否经历了挫折、遭受了压力或体验了丧失。

有时我们知道自己有情绪，但是无法说清楚，常常用"心情不好""心里不舒服""非常郁闷"等概括化的词语来描述。此时应该辨别一下到底是什么情绪？是生气、失望、悲伤或者妒忌？弄明白才好寻找根源，对症处理。

有些情况下，我们会不自觉地用一种"可以接受的情绪"替代了另一种"难以接受的情绪"。例如，看到女朋友和其他男孩子有说有笑时，感到非常"生气"，但本质上是嫉妒。对于情绪缺乏准确表达和命名，也会阻碍对情绪的处理。

要识别真正的情绪，可以找一个独处的时间和安全的空间，大声把任何感觉不加责备、不逃避地说给自己听；或者通过写日记等方式，从记录自己每天的情绪状态着手，具体地描述所发生的事件，分析自己的感受；或者通过与专业人士沟通，如进行心理咨询，来处理自己的情绪。

## 自我差异理论

詹姆斯(James)认为，自我体验主要取决于自我的现状与对照标准之间的差异。希金斯(Higgins)在此基础上提出了自我差异理论，即关于自我评价与情绪之间关系的学说。该理论阐述了以下两个因素：

第一个因素是"个体自我评价的类型"，包括理想自我、应该自我和实际自我。"理想自我"是指理想状态下自我应具备的特性。"应该自我"是指个体有义务或责任应该具备的特性。"实际自我"是指个体实际具备的特性。其中，理想自我和应该自我合并为"自我导向"，也就是努力的方向。例如，婷婷希望自己体重90斤（理想自我），如果健康饮食和适度锻炼可以保持在100斤左右（应该自我），而实际上因为多吃少动涨到了120斤（实际自我）。此时，现实自我与自我导向之间的存在差异，被称为"自我差异"。

第二个因素是"评价所发生的情绪情境"，即从自己的角度表征或者从他人的角度表征。简而言之，就是我们眼中的"我"和别人眼中的"我"。例如，婷婷希望自己的体重达到90斤就完美了（从自己的角度表征的理想自我），妈妈认为婷婷100斤的样子最好看（从他人的角度表征的理想自我）。

"自我差异"将引发相应的情绪反应。当实际自我与理想自我出现差异时，由于理想未能实现，容易产生抑郁情绪。当实际自我与应该自我出现差异时，会感到自己没能履行职责，容易导致焦虑情绪。但是，自我差异虽然会滋生负性情绪，同时也会产生动力，推动着人们通过努力不断减小差异，直至实际自我与理想自我相匹配。就婷婷而言，120 斤—100 斤—90 斤之间差距让她感觉自卑，又体验到内疚，于是暗下决心要恢复体重，控制自己不去胡吃海塞，从而将这种差异转化为了减肥的动力。

学习自我差异理论，能够使我们在产生情绪时更为理解其原因之所在，通过寻找实际自我与理想自我之间差异，及时进行调整，转变为实际行动，最终改变情绪。

# 发现自我的兴趣

我们常被别人问起："你的兴趣是什么？"或在自我介绍时也会提及："我的兴趣是……"那么，兴趣到底是什么？它在觉察自我的过程中又扮演着什么角色呢？

## 解读兴趣

问及自己的兴趣，小伙伴们可能会回答为"旅行、阅读、看电影、听音乐等"。在心理学中，我们将兴趣定义为"一个人积极探究某种事物及爱好某种活动的心理倾向"，表现为个体对某种事物或从事某种活动的选择性态度和积极的情绪反应。皮亚杰认为，兴趣对智力发展起促进作用，"所有智力方面的工作都要依赖于兴趣"。兴趣是认识和从事活动的巨大动力，是推动人们去寻求知识和从事活动的心理因素，在人的学习和活动中起着动力作用。

据说，莫扎特 7 岁时在法兰克福市举行音乐会，一个 14 岁的男孩对他说："你演奏这么出色！我绝对不可能学得这样好！"莫扎特说："你可以试一试。""但是，我想写诗。""谱曲很有意思，写诗难得多！""不，写诗很轻松，你试一试。"和少年莫扎特说话的是少年歌德。之后，他们在各自感兴趣的领域都成就斐然，兴趣的推动作用可见一斑。

闻名世界的摩西奶奶，是美国著名的多产的原始派画家之一。她从 77 岁才开始作画，用明快的色彩画出她快乐的农场生活，像农夫抱柴生火，铁匠钉马掌和小孩子们肚子贴地滑下雪坡等。1960 年，摩西奶奶在一封私人明信片上画了一座谷仓，并亲笔写上了这样一段话："做你喜欢做的事，上帝会高兴地帮你打开成功之门，哪怕你现在已经 80 岁了。"

## 成就从兴趣开始

兴趣看起来只是一份调料，为工作和生活增加了些许味道，但是，这份调料却是成就自我的助力器。我们起初可能只是源于"感官兴趣"，喜欢听音乐，喜欢看电影，喜欢夜晚观星，只是觉得有趣，带有一些盲目性和弥散性，且不够稳定。但有人会因听到一段美妙的旋律而去学习乐理知识和乐器，有人会因看到一部电影去思考电影所表达的思想和蕴含的哲理，有人会因为观察到满天繁星而去了解天文知识。此时，感官兴趣因自我意识的加入而逐渐发展成"自觉兴趣"，"有趣"也趋向专一变成了"乐趣"。在乐趣的基础上，会发展出更高级别的兴趣，这是一种与崇高理想和远大目标相联系的兴趣——"志趣"。志趣是一种潜在兴趣，相对于盲目且不稳定的乐趣而言，志趣更具方向性、坚持性和自觉性。奥斯卡获奖影片《天堂电影院》里的小多多，起初只是喜欢跟着大人们去看电影，后来被电影这门艺术所吸引，向放映室的老艾费学习放映和剪辑，最终通过努力成为知名导演。

因此，明晰自己的兴趣所在，助力一把，将兴趣发展成为乐趣甚至志趣，或许能发现不同的自己，成为最好的自己！

# 第二节　心随我动　调适自我

认识自我不容易，改变自我就更难。前进路上，情绪的起伏、内心的所思所想，以及身边发生的各种故事都有可能扰乱我心，此时，运用心理学的方法来进行调适，将有助于我们更愉快地生活。

## 调适情绪——ABC 理论

古代有一位老太太，大儿子卖伞，小儿子染布。每到大晴天，她就担心大儿子的伞卖不出去；每到下雨天，又担心小儿子染的布没法干。如果你是她的邻居，该如何劝这位老太太呢？王小明在路上遇到一个同事，他满脸笑容举起手准备打招呼，没想到同事没有理会，与他擦肩而过。王小明感到非常生气，这是为什么呢？

故事里老太太的焦虑、王小明的生气都是有原因的，是"belief"在起作用。"belief"翻译为"信念"，也就是我们常说的想法、观点、看问题的角度等。如果我们劝老太太，大晴天小儿子染布生意做得好，下雨天大儿子伞卖得红火，估计老太太的焦虑就没有了，整天笑呵呵地看着两个儿子赚钱。如果我们分析王小明为什么生气，会发现他内心认为这个同事是故意的，因此才会有愤怒情绪。如果第二天同事告诉他，昨天忘记戴隐形眼镜，看不清路，也看不清人，估计王小明也就释然了。可见，很多时候情绪并不直接由事情引发，而是来源于我们对事情的想法，也就是 belief。

### ABC 理论的缘起

ABC 理论是心理学家艾利斯（Ellis）提出的经典认知行为疗法，同样也适用于普通人的日常生活。艾利斯假设，我们对于目标受阻或受阻可能性的反应主要依赖于我们的信念。

#### 何谓 ABC？

ABC 是首字母缩写，其中 A 是诱发事件（activating event），B 是信念（belief），C 是情绪和行为结果（consequence）。人的情绪和行为不是由于某一激发事件 A 直接所引起，而是由对事件的认知和评价 B 所引发，导致了情绪和行为结果 C。

我们用秀才赶考的例子来说明。有一位秀才几次进京赶考，都住在同一个旅店中。就在考试前两天他做了两个梦，第一个梦是梦到自己在墙上种白菜，第二个梦是下雨天，他戴了斗笠还打伞（A）。这梦似乎有些深意，第二天秀才就赶紧去找算命先生解梦。算命先生一听，连拍大腿说："你还是回家吧，你想想，高墙上种菜不是白费劲吗？戴斗笠打雨伞不是多此一举吗？"（B1）。秀才听了，心灰意冷，回店收拾包袱准备回家（C1）。店老板非常奇怪，问他："不是明天才考试吗，怎么今天你就走了？"秀才如此道来，老板乐了："哟，我也会解梦的。我倒觉得，你这次一定要留下来。你想想，墙上种菜就是'高种'呀，戴了斗笠还打伞不正说明你这次是有备无患啊。"（B2）。秀才听了立马精神振奋，自信满满地去参加了考试（C2）。通过这个故事，我们不难明白，同样一件事情 A 通过 B1、B2 不同的解释造成了 C1、C2 完全不同的两种结果，其中起关键作用的就是信念 belief。

## ABC 理论解读

艾利斯认为，人既可以是有理性的、合理的，也可以是无理性的、不合理的。当人们按照理性去思维和行动时，就是愉快的、富有竞争精神以及有成效的人。情绪是伴随思维而产生，情绪上或心理上的困扰是由于不合理思维造成的。因此，改变思维能够改变情绪。思维会借助于语言而进行，如果不断地用语言重复某种不合理信念，就有可能强化而造成情绪困扰。艾利斯指出："那些我们持续不断地对自己所说的话，经常就会变成我们的思想和情绪。"既然情绪是由人的思维和信念所引起的，那么每个人都要对自己的情绪负责。要认识到，正是自己的选择，才让自己陷入情绪障碍之中。当然，任何人都不可避免地具有不合理思维与信念，我们要做的是不断觉察和分析，来不断减少不合理信念。

需要澄清的是，ABC 理论并非一味地反对负性情绪。一件事失败了，感到懊恼和受挫是适当的情绪反应，只有一蹶不振甚至影响到正常的学习工作和生活，才是不适当的情绪反应。

## 探查不合理信念

肖笑是一位大四学生，因为对什么事情都提不起兴趣，感到烦躁，伴随失眠而寻求心理帮助。肖笑自述，中小学阶段学习成绩优异，过得非常顺利。读大学后，由于成绩下降而感到自卑，认为自己成绩差会使别人会看不起，以后找不到好工作，也没法深造。因此，他不愿参加集体活动，很少与人交流，独来独往，我行我素。可以看出，肖笑存在着错误信念，即"学习成绩下降意味着失去一切"，并由此导致了一系列负性情绪和消极行为。其实我们知道，不同的学习阶段，学习成绩出现波动非常常见。有效的处理方式是面对问题，分析主客观原因，与老师同学交流，调整学习策略，寻求家人朋友的支持，而不是盲目内归因，给出负面评价。肖笑如果能够改变不合理信念，情绪也会随之改善。

如何辨别自己是否陷入了不合理信念的旋涡呢？韦斯勒（Wessler）总结出三个特征：绝对化的要求、过分概括化和糟糕至极。

**绝对化要求。** 绝对化要求在各种不合理信念中最为常见，是指人们以自己的意愿为出发点，对某一事物怀有其必定发生或必定不发生的信念。不难发现，这种信念通常是与"必须""应该""一定"这类字眼联系在一起。比如："我一定要通过这次考试"，"别人必须公平地对待我"，"生活应该是美好的"，这种绝对化要求通常难以实现，因为客观事物有其发展规律，不可能依据个人意志而转移。如果将之视为颠扑不破的生活准则，一旦无法达成便会受挫，产生强烈的情绪波动。

**过分概括化。** 过分概括化是一种以偏概全、以点概面的思维方式。艾利斯曾说，过分概括化是不合逻辑的，就好像以一本书的封面来判定书的好坏，以一种菜品断定一个饭店的味道。在面对失败或是其他不好状况时，过分概括化的人往往沮丧地认为自己"一无是处"、"一文不值"等。在亲密关系中，可能因为对方没有按照自己期望的方式对待自己，而片面认为对方"不爱我""对我不好""不是好对象"。以一件事或几件事的结果来做出评价，其结论显然有失偏颇。

**糟糕至极。** 糟糕至极是把事物的可能后果想象成为非常可怕、非常糟糕甚至灾难性的结果。例如，"高考失败＝穷途末路＝一切都完了""失业＝天塌下来＝活不下去了"的想法会让人陷入极端不良的情绪中。

### 重塑合理认知

负性自动化思维有时比积极自动化思维来得更容易。认知心理学家简妮斯（Jennice）希望弄明白，人们为什么很难自如地将大脑切换到积极的思维状态？她发现，有关积极思维的文章通常看起来非常简单，但是"理解与认知"并不等于"做到"，要想自如切换到积极思维模式，必须应用所学知识，采取行动才能实现变化。她告诫人们："如果想保持'正确'，尽可以去选择任意一种思维方式，因为我们正是依赖着思维去诠释世界和创造经验。然而，如果想保持'幸福'，就需要谨慎选择一种能够导致积极情绪的思维模式，并且不去为你所面对的限制而争论。"

如何重新塑造合理认知呢？第一步，觉察自己的情绪或者行为（C），不掩饰、不加工地呈现出最真实的感受。第二步，找出使自己产生异常情绪的诱发事件（A），例如当众讲话、考试、工作压力、人际关系等。第三步，挖掘自己对诱发事件的解释、评价和看法，即所持的信念（B）。从理性角度去审视这些信念，并且探讨信念（B）与情绪（C）之间的关系，从而辨识出导致不良情绪的不合理信念。第四步，进行真实性检验，验证你的负性思维不那么正确。例如，你觉得每次不化妆出门，别人会觉得你很丑。如果去问问其他人，他们甚至没注意你到底化没化妆。第五步，打开思路，与不合理信念进行辩论，打破不合理信念。可以尝试与身边人讨论，不断强化合理信念，减少不合理信念反复出现的频率。如果自己无法完成，可以求助专业的心理咨询。第六步，随着不合理信念的消除，负面情绪开始减少或消除，由此产生出更为合理、积极的行为方式。行为所带来的积极效果，又反过来强化合理信念。第七步，通过情绪与行为的成功转变，从根本上树立起合理的思维方式，产生新的积极情绪和行为。

## 重新解读——叙事疗法

曾国藩多次率领湘军与太平天国作战，可总是打一仗败一仗。特别是在鄱阳湖口一役中，连自己的老命也险些送掉。他在上书朝廷时表示了自责之意，其中写道："臣屡战屡败，请求处罚。"此时，一个手下建议他把"屡战屡败"改为"屡败屡战"。这一改，果然成效显著，皇上不但没惩罚他，反而表扬他的努力和坚持。这也许是中国历史上最著名的叙事故事吧！

### 叙述你的故事

哲学家萨特（Sutter）说过："人类一直是一个说故事者，他总是活在他自身与他人的故事中。他也总是透过这些故事来看一切的事物，并且以好像在不断地重新述说这些故事的方式生活下去。"为了创造生活的意义必须把过去、现在和未来的经验连成线性顺序，建立自己和周遭世界前后一致的一份记录，这份记录可以称之为"自我叙事"，这并非传统意义上的故事，而是在表达内容和表达方法更具有多样性和复杂性。

怀特（White）和爱普斯顿（Epston）在 20 世纪 80 年代提出叙事疗法，其背景是后现代思潮。后现代与传统观点的最大区别在于两者对"真实"的看法不同。传统观点推崇客观事实真相，因为它们能够被观察、统计、测验以及系统化研究。他们认为，真相就是真相，不会因为观察者或研究方法的不同而不同。后现代主义则更加注重个体主观地对生命历程的发现与解读，认为个体体验到的事实会随主观意志而改变。如同日本电影《罗生门》一样，同一个故事，不同的人可以叙述出不同的故事版本。

叙事疗法受到后现代主义、社会建构主义和结构主义叙事论的影响，认为心理咨询是咨询师倾听来访者的问题故事，运用适当的方法，帮助他们寻找故事的遗漏片段，从中找出"闪光事件"，来唤醒来访者被封存的内在积极力量，重构人生故事，促使认知改变。叙事疗法非常重视通过建构自己的故事和倾听他人的故事来处理经验，通过重新诠释这些经验来"重写"人生。

## 叙事的方法

### 人不等于问题

传统心理学往往将"问题"作为解决的方向，叙事疗法则认为"人并不等于问题本身"，将"人"与"问题"看成相互独立的实体，提倡通过"外化"把贴在人身上的问题标签撕掉。当人的内在本质被重新看见与认可时，就能变得有能力正视问题和解决问题。如果把问题和人看成是一体的，那么，想要改变就会相当棘手。例如，认为自己很焦虑时，可以把焦虑当成朋友，它可以来也可以走，还可以暂时坐到身边的椅子上。通过观察和对话，逐步将焦虑这个朋友与自身分离。既然能够分开，那么不一定总是要与焦虑相伴相随。

我们来看看两个人的不同说法。A 说：我是个没有自制力的胖子。B 说：我现在的体重比理想体重高了一些。A 说：我是个不会赚钱的笨蛋。B 说：我所从事的行业平均收入水平比较低。A 说：经历了这么多事，我已经伤痕累累。B 说：这些坎坷的经历是人生的财富，删除我一生中的任何一个瞬间，我都不能成为今天的自己。

A 的说法和 B 的说法有什么区别呢？A 将"我"与"问题"混为一谈，而 B 将两者进行了分离。因此，B 所遭遇的难题不再是"包含着问题的我"，而是被独立分开的"问题"本身。于是，难题从"没有自制力的我""不会赚钱的我"和"伤痕累累的我"变成了"体重数值高""平均收入低的行业"和"人生的经历"。通过这样的叙事，感受也随之改变。

### 寻找例外

在理解故事的过程中，我们往往会重视问题，忽略例外事件。例如，家长对于孩子隔三差五逃学着急上火时，不如问一问，哪天他愿意去上学，或者关注一下，他愿意上学的那天，家里和学校是什么状况。当我们看到一对夫妻吵架时，也可以问问，他们在什么情况下不吵架，而当时又发生了什么？

怀特认为，可以从过去、现在和将来三个时间层面上寻找例外。从过去找，是指在叙说问题故事过程中发现例外事件。我们可以问："你有过不受问题影响的经历吗？它发生在什么时候？当时你是怎样做的呢？"有的例外事件是发生在当下。例如，面对一个好动的儿子，爸爸可以问："刚刚咱们聊了五分钟，你坐得挺好的，儿子你是如何做到的？"在将来层面上寻找例外，主要是通过想象。例如，可以问自己："如果有一天，现在的问题都不是问题了，我将会是怎样的？"不要小看这些微小的例外事件，它们是新故事的素材，将之点点滴滴收集起来，可以逐渐替代"问题故事"，从而书写出一个全新的故事。

## 重写故事

### 故事的不同面

生活中每天上演着喜怒哀乐的故事，如同人生画板上的一个个的"点"。一段时间过去，"点"便连成了"线"，也就形成了独特的人生故事。

我们先看看两个故事。

第一个故事：某君，男。母亲18岁生下他，没满1岁，父亲便抛妻弃子远走高飞了。母亲不得不改嫁，后来生了一个妹妹。6岁那年，他被母亲和继父带到一个穷乡僻壤的乡镇，在那里读完了小学。小学时，他经常结伴逃课跑出去玩。后来母亲与继父离婚，母亲选择留在乡镇，把他送到了城市的外公外婆家。虽然他在这个城市最好的中学读书，但他非常迷茫，不愿读书，经常和女孩子厮混。高中毕业勉强考上大学，后来费尽周折才转入重点大学。

第二个故事：某君，男。从小生长在一个混合家庭，有母亲、继父和同父异母的妹妹，他觉得自己的家还是挺不错的。小学时代，他经常和朋友一起踢球、爬树摘果子，有时候还逃学出去玩。虽然母亲和继父最后离婚，但因为家里经济条件不错，所以他读的是最好的中学。高中时，他是一个叛逆的孩子，好玩、会玩，很多女孩子青睐他。高中毕业后，他考上了一所一般的大学，后来转学到一所重点大学修读一个不错的专业。

我们不难发现，第一个主人公的命运似乎比较悲惨，经历了诸多人生之不幸。第二个主人公看起来比较顺利，轻松快乐。但实际上，他们就是同一个人！两个故事从不同视角进行描述，对同样的人生进行了不同的解读，塑造了不同的心理现实。

### 主线故事与支线故事

在叙事疗法中，主线故事是指"带着问题的故事"，支线故事是指"有力量但未被察觉到的故事"，两种故事都有自己的线索，被称为"主线故事线"和"支线故事线"。

我们再来看一个故事。

一个 15 岁的少年，正处于叛逆期，学习不努力，和父母关系紧张，在学校喜欢惹事，老师不喜欢他，同学也不愿意与他交往。他经常在事情不如意时大发脾气、砸坏东西、打伤旁人，导致人际关系更差，他的情绪也更糟糕。

此处，把"学习不努力""人际关系紧张""发脾气、砸东西"这些点连成线，就形成了"主线故事"。如果要取个名字，可以叫做《问题少年》。很多时候，当事人陷入困境、感到无望，是因为关注的只有这个单薄的主线故事。其实，还有很多故事没有被觉察和呈现出来，这正是我们所寻找的支线故事。

**寻找支线故事**

在主线故事之外寻找支线故事，是从单薄到丰盈的探索过程。

第一步，寻找独特事件。独特事件是难以被主线故事线预测到的事件，即主线故事线之外的一个点。这个 15 岁的少年，某一次又出现了事不如意的情况，本来很可能又是一场大闹，可他并没有这样做，反而冷静地走开了，避免了一场可能的争吵。此处，"冷静地走开"就是一个例外事件，因为"他遇到不如意就大肆破坏"的主线故事线难以预测到"冷静地走开"这个独特的事件。

第二步，按图索骥。在成功发现一个独特事件以后，我们应一步步追本溯源，从最熟悉的经验着手，由近及远地分析当事人的想法、做法和其中的价值。例如，这个 15 岁的少年在"冷静地走开"这个独特事件上反映出来的意图是"我想掌控自己的生活"。那么，我们就可以按图索骥，往更早之前寻找相似主题的事件，并一步步将同类独特事件连成故事，也就是将点连成线，形成"支线故事"。若给它取个名字，我们可以称其为《我的生活我做主》。

第三步，寻找多个支线故事。生命的长河中，主线故事线也许不止一条，同样，支线故事线也远不止一条。值得注意的是，整个过程中，我们并不是抹掉主线故事线，而是画了很多条线之后，最初很醒目、很扎眼的主线故事线变得不再那么明显。相较于原来单一的主线故事线，生命也呈现更多元化的状态，拥有了更多的可能性。

借用叙事的方法，对自己可以多一些不同的理解：每个人都拥有资源和解决办法，只是这些资源或解决办法暂时没有被发掘。我们是自己生命的主人，是解决自己问题的专家。如果过于认同主线故事，而忽略支线故事，思维就难以松动。通过寻找丰富的支线故事，对故事进行重新编排，我们将更灵活、更富有力量和更积极主动。

# 关注当下——正念疗法

仔细观察一下正在用餐的人群，你会发现极少有人能专注地用餐，或者兴奋地聊着刚才的游戏，或者焦虑地想着下周的考试结果，或者自娱自乐地玩着手机。即便有人安安静静地吃饭，却在嘴中的食物还没下咽之前，迫不及待地又夹起来一块肉塞进了嘴里。我们总是迫不及待地进入下一刻，或者无法自拔地陷入过去的思绪，而无法做到"看就只是看，听就只是听，嗅就只是嗅，尝就只是尝"。

## 正念的来源

正念是源于东方禅修的一种观察当前状态的方法，也是一种意识状态或心理过程。正念的概念源于佛教，作为八正道之一，属于佛法戒定慧三学中的"定"。巴利文称为 Sati，意为"觉知"。1921 年"正念"首次被译作英文"mindfulness"。1979 年，卡巴金（Kabat-Zinn）博士在麻省医学中心提出了正念减压疗法（MBSR），将正念定义为"有意地对此时此刻不加评判的关注"。多位研究者认同，正念的内涵包括觉知、注意和记住。"觉知"是对自身和外部环境的意识。"注意"是对这种意识的定向关注。通过定向的觉知，个体可以全面了解内外部世界而不是局限于某种偏见，并更好地调控自己的身心状态。"记住"是指记住每时每刻都要保持觉知和注意。撇去宗教色彩，正念包含着诸如接纳、不评价和同理心等心理因素。因此，正念疗法也发展成为风靡全球的心理疗法。

## 正念的对象

正念疗法主要应用在三个群体上，即临床患者群体、心理障碍群体和普通人群。

### 临床患者群体

研究发现，正念可以帮助慢性疾病患者改善身体状况，并有效应对许多临床问题，例如针对癌症患者的抑郁情绪、艾滋病患者药物治疗引发的副作用、神经症患者的睡眠问题等多种临床疾病都有良好的辅助治疗作用。

### 心理障碍群体

正念对于广泛性焦虑、社交恐惧、抑郁症、强迫症、物质滥用、进食障碍、边缘性人格障碍等心理障碍的治疗都有积极作用。

### 普通人群

对于普通人群来说，通过一系列的正念训练，可以缓解抑郁和焦虑情绪，体验更多的正性情绪，提高注意力和工作效率，增强自我效能感和主观幸福感。近30年来，正念训练在西方逐渐发展。积极心理学创始人塞利格曼将正念作为增进身心愉悦的三大要素之一。随着正念疗法从治疗领域走入日常生活，越来越多的人开始接受此疗法。

## 正念疗法的功效

正念疗法的目标是达到身心的全面健康，而不仅是消除疾病；是主动的自我指导与自我疗愈，而不是被动接受式的治疗方式。目前以正念基本理念为基础的心理疗法包括正念减压疗法、正念认知疗法、辩证行为疗法、接纳承诺疗法等。在干预效果方面得到了广泛的实证支持。

以正念减压疗法为例，经过30多年的发展，仅在美国就有500多家正规医院开设 MBSR 课程，该疗法被广泛应用于焦虑、抑郁、高血压、癌症、慢性疼痛、慢性病康复、免疫系统失调失眠、心脏病等身心疾病的辅助治疗，同时也应用于普通人群的自我保健和压力管理。2014年2月出版的美国《时代周刊》以《正念的革命》作为封面文章，标志着正念在西方社会的影响达到了新高度，练习正念成为一种越来越普及的自我保健方式。

## 正念练习

正念练习包括正式训练和非正式训练。正式训练，有正念呼吸、躯体扫描、正念行走、正念伸展及瑜伽等。非正式训练则可以选择我们的感官当下正在经历的一项或几项活动作为专注对象而展开，甚至在洗澡、倒垃圾的过程中都可以进行非正式训练。正式训练培养我们"安住于当下"的能力，非正式训练则有助于把这种能力迁移到生活中。

### 正念呼吸

正念呼吸宜采用自然舒适的坐姿，把自然呼吸作为观察对象。练习者可以选择鼻端人中的位置或者腹部作为注意区域，将注意力集中于人中（上唇以上和鼻端以下的中间位置），观察呼吸的出入或者把注意力集中于腹部，观察腹部的起伏。在这个过程中，练习者要尽最大的努力，对呼吸的每一次出入或腹部的每一次起伏保持觉知，同时在意识到自己分心之后，再次把注意力拉回到鼻端的呼吸或腹部的起伏上来。令我们分心的事物多种多样，或者与过去有关，或者与未来有关，往往似真实假，并非当下的事实。在这个练习中，分心是常态，练习者需要始终抱持温柔和善意，在意识到分心之后，持续不断地重新开始。

### 身体扫描

身体扫描是正念训练的核心技法之一。在这个练习中，练习者可以选择躺姿来练习。它要求练习者按照一定顺序（从头到脚或从脚到头）将注意力在身体的各个部位移动，并以不评判的态度，对各个身体部位及那个部位即时升起的感受保持觉察。这是一个与当下的身体建立链接的过程，身体觉知能力的增强可以帮助我们较快地从负面情绪和思绪中脱离出来，安住于当下。

### 正念行走

正念行走是将行走过程作为观察对象的训练方法，初学者觉察力不足，宜将自然行走的动作和过程放慢。练习者可以选择一条安静的小路，手臂自然下垂，目光收回来，自然地注视前下方，将注意力集中在走路的每一个动作和姿势中，觉察脚的抬起、移动、放下，注意脚部、小腿等部位的动作过程和身体感受。当意识到分心之后，及时把注意力收回来，持续不断地重新开始观察。

### 正念进食

正念吃葡萄干是正念类课程中常见的第一堂课。它带给我们对于正念最初的体验。要放慢速度，带着好奇、开放的态度，去看、触、嗅、尝、吞咽，以纯粹的体验全身心投入去吃我们常见的葡萄干。这种经验也可以运用在任何进食过程中，吃就只是吃，将所有的注意力专注于食物的味道，嘴与食物的接触以及咀嚼过程中。

### 正念聆听

正念聆听要求练习者用耳朵如实地怀着开放、好奇的心态觉察周围的任何声音。不用刻意去寻找声音，也无需判断声音来自哪里或谁发出了这些声音，只是试着去接受它们，觉知声音本来的样子。通过这个练习，如实地、一刻接一刻地不加判断地觉知其身所处的环境，使我们以一种全新的方式与每天听到的声音乃至每天身处其中的环境相处。

### 正念想法

正念想法即把自己的想法作为觉察对象，包括在脑中思考所浮现的景象与画面。不必控制心中的想法和念头，只是觉察它是如何发生、发展、变化、消失的。在这个过程中要时刻保持清醒，不让其他想法和念头卷入其中。当体验到某种强烈的想法和念头时，不管它是什么，不必着急去改变或是拒绝，也不必想方设法地转移注意力，仍然试着用观察者的心态，带着开放和好奇的态度温柔地去觉察它的出现和变化。

### 正念生活

正念生活指把每时每刻的、非批判的觉察带入我们的日常活动中，随时随地回到当下。正念生活可以从每天醒来的那一刻开始，到晚上睡着时结束。早上睁开眼睛，我们可以先花点时间感受一下自己的呼吸，观察和体会自己躺在床上时身体的感受、被子包裹在身上的感受、窗外传来的鸟叫声或是起风的声音。之后，可以有觉察地起身、穿衣。刷牙时，专注于身体动作和牙膏的味道。洗脸时，专注于水流划过脸部的感受以及双手与脸部摩擦的体验。接着做饭、洗碗、聊天，开始其他活动等。在日常生活的每一个小动作里融入你对此时此刻的体验，你会变得更为专注与放松。

# 第三节　做一个幸福的人

我问心：什么是幸福？

心　说：身心安顿即幸福。

我问心：如何能安顿？

心　说：不为形所役。

我问心：如何能自由？

心　说：得失若天平，得之又患，失之又盼。

　　　　若成粘泥絮，怎追东风上下狂？

　　　　心在，则世界在。

## 你幸福吗？

生命长河中，是什么让我们感受到幸福？是金钱、名望，抑或是成就感？每个人都想知道答案。如果现在开始着手规划未来，你会把时间和精力花在哪里呢？回答有很多种，光是想想就已经被不计其数的愿景轰炸了。媒体上大肆宣传着各行各业事业成功人士的传奇，受众对这些故事坚信不疑，并不断被其激励着。

### 基因与幸福

《幸福研究杂志》（*Journal of Happiness Studies*）刊载了关于幸福与基因的最新研究，那些认为自己最幸福的公民，他们的 DNA 更可能包含涉及感官愉悦和减少痛苦的特定的等位基因。另一项迄今为止关于基因与人类行为的最大研究，有 17 个国家 140 所研究中心的 190 位科学家参与，他们利用先进的统计学工具对 298000 个人的基因组进行分析，首次确定了与幸福和其他特征相关的基因变异，相关结果发表在《自然》杂志上。该研究发现了与幸福感相关的 3 个遗传变异，还发现了与抑郁症相关的 2 个遗传变异，以及与神经过敏相关的 11 个遗传变异。此外，研究小组还发现变异的基因主要在中枢神经系统和肾上腺或胰腺组织中。可见，幸不幸福，基因也参与其中。

是不是基因能决定人的幸福感呢？不是！这项研究的参与者警告说："基因并不能完全说明一个人对其生活的感悟，环境及其与基因之间的相关作用同样重要。"可见，幸福是多维度的，是由多要素决定的。

## 物质＝幸福？

物质与幸福的关系已有很多研究，也存在很多争论。从需要层次理论来看，金钱能给我们提供坚实的物质基础。一旦基本物质需求被满足了，在生理需要、安全需要、归属与爱的需要、尊重的需要以及自我实现的需要中，随着需要层次越高，财富发挥的作用就越小。也就是说，当人们的基本物质需求被满足，感受到的幸福并不会因为钱多钱少发生显著变化。迪纳（Diener）的研究证明，发达国家人民的幸福感水平高于贫穷国家，但发达国家的财富增加并没有导致人民幸福感水平的提升。在国家内部，个人收入水平与幸福感只有微弱相关。从宏观角度来说，国家的富裕程度越高，国民收入水平和幸福感的关系越小。

## 人际关系与幸福

哈佛大学开展了一项被称为精神医学领域最负盛名的"人生全程心理健康研究"。从1938年开始，至今78年间，他们跟踪记录了724位男性，从少年到老年，年复一年地询问和记录他们的工作、生活和健康状况。TED演讲人瓦尔丁格（Waldinger）教授是负责此项目的第四任主管。在TED演讲中，他谈到了所有人都关心的问题——"什么是美好人生？"他说："我们从这项纵向研究中得到一个清晰的结论：良好的关系让我们更幸福、更健康。就这样！"他强调，构成美好生活的最重要因素并非富有、成功，而是良好的身心健康，以及温暖、和谐、亲密的人际关系。从他的结论中，我们学到了三条。

### 社会联结有助于提高幸福感

事实证明：和家庭、朋友以及周围人联结更紧密的人更幸福，身体更健康，比联结不甚紧密的人活得更长。孤单是有害的，人到中年时健康状况退化更快，大脑功能衰退更早，寿命也更短。该演讲同时提到：任何一个时刻，每5个美国人中就有超过1人说自己感到孤独。这与周围是否有人无关，在人群中可能感到孤独，在婚姻中也可能感到孤独。孤独的感受还是以主观体验为主。

### 亲密关系的质量决定幸福感

对幸福起决定作用的不是拥有朋友的数量，不是是否处在一段稳定的亲密关系中，而是亲密关系的质量。事实证明，人际冲突对健康非常有害。那些充满冲突而没有感情的婚姻，对健康的副作用，甚至可能比离婚还糟糕。而良好温暖的关系对我们有着保护作用。

在追踪研究对象到 80 岁之后，研究者希望回顾他们的中年生活，看看能否根据当时的情况来预测谁会享有幸福的晚年。在将研究对象 50 岁时所有的信息整合起来后，研究者发现，能够预测晚年生活的不是中年的胆固醇水平，而是对所处亲密关系的满意程度。50 岁时对自己的亲密关系最满意的人，80 岁时最健康。良好、亲密的关系能够缓冲人们在衰老过程中遭遇的各种困难和坎坷。生活中最幸福的伴侣，无论男女，在他们 80 岁之后几乎都说，虽然时常感到躯体疼痛，但心情依然快乐。而那些处于不幸关系中的人则说，当他们感受到躯体疼痛时，躯体的疼痛感会被情感痛苦所放大。

### 良好的关系有利于大脑

演讲还提到，良好的关系不仅保护我们的身体，还能保护大脑。研究表明，在 80 岁之后依然处于安全依恋关系中是健康的保护性因素。如果真切地感到在需要时可以依赖另一个人，那么他们保持清晰记忆的时间会更长，反之将较早地出现记忆力衰退。所谓良好的关系，并不意味着关系一直保持平顺，没有冲突和争吵。一些 80 多岁的老年夫妇可能一天到晚都在吵架，但是，只要他们感到自己在困难时能依赖老伴儿，就根本不会在意这些争吵了。所以，良好和亲密的关系有利于健康。瓦尔丁格说道："任何时候开始拥有幸福的童年，都不算晚。"最后，他手写马克·吐温的名言来结束该演讲："生命如此短暂，我们没有时间争吵、道歉和伤心。我们只有时间去爱。"

## 幸福的公式

积极心理学家赛里格曼（Seligman）曾提出一个著名的幸福公式：$H = S + C + V$。

### H——幸福

Happiness is a state of mind or feeling characterized by contentment, love, satisfaction, pleasure, and joy. 幸福是一种心理状态，是以满足、满意、爱、愉悦、快乐为特征的一种感觉。"幸福度"可以通过短期的刺激改变，然而"幸福的持久度"很难通过短期刺激获得。

### S——幸福感受的固定指数

幸福部分由基因决定，每个人天生就有一个幸福感的感觉范围，被称为"幸福感受的固定指数"。研究者以同卵双胞胎为样本进行研究，发现即使在不同的家庭长大，他们的幸福感也有50%的关联度。每个人都会维持一个积极或消极情绪的比例，这个比例决定整体幸福程度。当外界环境发生变化时，幸福感会慢慢回到之前的感知范围。它使人们能很快适应好的事情或坏的事情，然后认为那是理所当然的。然而好的事情和坏的事情带来的影响并不一样，特别好的事情虽然带来更高的幸福感，但并不会长期维持，例如，中奖时让人狂喜，但过一段时间也就没那么兴奋了。但是，特别坏的事情却可以明显降低幸福感，而且维持的时间比较长，例如极度贫穷、丧偶等。

### C——个人生活状态

"个人生活状态"是指生活中无法改变的事实（如种族、性别、年龄）和可以改变的事实（如经济状况、婚姻状况、健康状况、居住地）。我们来看看几个基本要素。经济状况：对金钱的看法比金钱本身更影响幸福感。健康：与经济状况类似，主观上的健康更影响幸福感。当病痛很严重又拖了很久时，幸福感才会下降。婚姻：婚姻与幸福的相关性并没有定论。婚姻更像是幸福感的结果而非原因。宗教：宗教会给信徒带来希望，因为对未来有希望，使得现在的生活充满幸福感。情绪：积极情绪和消极情绪之间只有一点负相关，并不是一种反向关系。消极情绪对幸福感的影响还没有定论。智慧、教育、种族和性别都不会强烈影响幸福感。

### V——个人主观选择

"个人主观选择"是指一个人自主选择做的事情，比如冥想、锻炼、度假等。35%~40%的幸福是由此因素调节的。也就说，当我们坚持锻炼、享受假期、四处旅游、不时进行冥想时，幸福感会跟着提高。"折腾折腾更健康！"这也充分说明，幸福可以掌握在自己手中，幸福很大程度上取决于自己选择何种生活方式。

## 不同文化观下的幸福

英国哲学家罗素曾在《幸福之路》一书中指出："幸福是可能的，主要在于热情、爱、家庭、工作、非个人兴趣、努力与放弃。"

2015年，我国一项国民黄金二十年幸福力指数研究将25岁至45岁定义为"国民黄金二十年"。这20年中，人们可能会经历单身、恋爱、新婚、婚后四个阶段。研究通过分层抽样来调查不同人群的幸福力。结果显示，我国国民幸福力呈现分阶段、分性别、分年龄、分地域等特征。例如，新婚燕尔的30岁以下的女性幸福指数最高。

经济文化水平更为发达地区的居民幸福力指数明显高于其他地区。进一步研究发现，在影响幸福力的众多因子中，健康、家庭、社会、居住环境和人际关系指数可以在总体上提升幸福力，而收入水平、个人发展对幸福力则有消极影响。不难发现，罗素解读的"幸福"在中国似乎不完全符合，这或许可以归结于文化对于幸福体验的影响。

随着文化心理学和跨文化心理学的兴起，人们越来越重视不同文化模式对幸福感的影响。文化模式可以分为个体主义文化模式、集体主义文化模式和中介者三类。"个体主义文化模式"是从个体的视角出发，强调个体的独特性、独立性、自主性和发展性，西方文化是这一模式的代表。"集体主义文化模式"将注意焦点放在群体或社会上，强调人与人之间的和睦相处、相互依赖，提倡义务、责任、忠诚和依赖，东方文化是这一模式的代表。"以和为贵""众志成城""同呼吸，共命运"等无不体现着这种文化基因。"中介者"包含上述两种模式之外的所有文化模式，两种文化模式的特色兼而有之。研究发现，在体验积极情绪时，个体主义文化中的成员更多地感受到"骄傲"这类脱离型情绪，而集体主义文化中的成员则体验到"友爱"这类卷入型情绪。因此，在集体主义中，幸福更多的是一种关系的幸福。

## 幸福路上的藩篱

### 对幸福的适应性

人类和其他生物一样，遵循着大自然的生存规律：物竞天择，适者生存。原始社会时期，在猎取到食物后，那些迅速开始下一次猎捕的人更容易在恶劣的自然条件中生存下来。一代一代的自然筛选和基因遗传，使得我们对愉快的情境具有非凡的适应能力。例如，当你收到了一件梦寐以求的生日礼物时，生日当天你非常激动，第二天，你想想这件礼物就觉得开心，第三天、第四天还是会有一种淡淡的幸福感，但是过了一两周，你的心情定然不似当时。这便是对愉快情境的适应性。

### 收益和损失的不对等反应

收益和损失的不对等反应在日常生活中很常见。例如，有一天你发现自己在回家路上丢了20元钱，虽然20元钱买不了多少东西，但懊恼的感受挥之不去。后来的某一天单位发了20元钱加班费，你有点开心，但程度远不如丢20元钱的感受那么强烈。此时的收益和之前的损失就是那么不对等。因为，我们对损失感受到的情绪体验往往强于同等大小收益所带来的情绪体验，这种倾向由进化所决定。

# 享受生命之美

人是生物属性与社会属性的高度统一，从呱呱落地到撒手人寰的过程是每个人都必经的一场修行，这就是"生命"。享受生命之美，需要理解生命的意义，发现生命的价值，寻求生命之美。

## 选择生命的意义

苏格拉底曾说："未经考量的生活是没有意义的。"阿德勒曾说："人们并不是命运的牺牲品，而是自主的、有选择权和创造力的人，人们的行为是有目标、有意义的。"弗兰克（Frank）主要致力于生命意义的研究。依据他的观点，作为人类的一个重要特征就是寻求生命的意义，这成为我们生存的主要动力。弗兰克曾经写道："人的任何东西都可以被剥夺，除了一样，就是人类最终的自由——在任意情境中决定自己的观点，选择自己的生活方式。"

思考是人类作为高级灵长类动物的一种特权，我们有自我意识，能够思考自我存在，可以选择自己的生活方式。若能够理解并接受"生活的意义是个体自己选择的结果"，那么同样能理解"生活的空虚亦是我们选择的结果"。然而，选择就意味着承担责任，得失之间导致了焦虑。为了避免这种焦虑，有些人可能害怕反思当下的生活，逃避内心真正的自我，也有些人可能随波逐流，任社会主流价值观左右自己的生活。然而，扪心自问，我们都知道"To be or not to be, that is a choice"。

在纳粹大屠杀中的幸存者最恰当地注解了"选择与人生意义的关系"。他们虽然没有办法选择所处的困境，但至少可以选择面对困境的态度。作为纳粹集中营的幸存者之一，埃格尔（Eger）曾接受采访。她在集中营中曾一度体重只有18公斤，然而仍然拒绝参与到食人行为中。她说："我宁愿选择吃草。我坐在地上，挑选一片一片的草叶，并告诉自己即便在这种情况下，我仍然可以选择我要吃哪一片草叶。"

## 尊重生命的多样性

世界观、人生观和价值观这"三观"决定着我们的行为。当今社会如此开放和多元，各人有着不同的成长经历，拥有各式各样的选择，自然对生命有着不同的理解，因此也形成不同的三观。但是，有些人总是将自己的三观强加于他人，似乎只有自己的才是正确的。正所谓"我不一定同意你的观点，但是我尊重你说话的权利"。

我们对生命独特的理解，来源于过去的岁月的沉淀，反观他人也是一样。我们不需要成为他人，但是要尊重他人。一起来看看《不去打扰别人的幸福》里的小故事。

　　一个中年妇女在路边摆地摊，一个中年男人骑着自行车过来送饭。他一下车，就歉意的笑道："对不起，来迟了，饿了吧?"女人抬起头，看到男人，眼睛里闪过一丝笑容，笑道："不急，还早呢。"男人憨憨地笑着，从自行车车篓里拿出饭盒，坐在女人身边，说道："快吃吧，不要凉了，我陪你一起吃。"这时，地摊前走来了一个中年大嫂，她将头伸向女人的饭盒里，发出了惊讶的叫声："哎呀，我的大妹子啊，你可真苦啊，你这吃的是什么菜啊，一点油水也没有，这怎么能吃得下去啊!"说罢，嘴里还不住地发出啧啧的叹息声，脸上露出讥讽的神色，扭着肥胖的身子走开了。女人端着手中的盒饭，愣愣地望着胖女人的背影，眼睛里噙满了泪花，那眼泪哗啦啦地落到手中的饭盒里了。周围的气氛仿佛顿时凝固了似的，让人透不过气来。

　　每个人有着各自的幸福，也都有各自幸福的方式。幸福如鱼饮水，冷暖自知。对于每个人而言，尊重，就是最好的态度。

## 面对生命的结算

　　死亡，与其说是生命的结束不如说是"生命的结算"。死亡是生命历程中唯一的也是必经的一次结算。对待生命的逝去，人都会感到悲伤。在中国的传统文化中，对待死亡比较避讳和恐惧。在西方文化中，从古希腊开始，悲剧就一直是戏剧的主流。通过悲剧来直面灾难、直面死亡，能获得对待生命的热情和勇气，能够帮助人们诚恳地理解和接受死亡。唯有坦然接受生命有限的事实，我们才会做出充分利用自己时间的选择。

　　李宗仁说："如果一个人不是从1岁活到80岁而是从80岁活到1岁，那么世界上三分之二的人都能成为伟人。"直面死亡就是对生命终结的直观体验，面死而生的海德格尔(Heidegger)的"死亡哲学"对其理解颇深。他认为，直面死亡，直面人生的结局，可以让人生活得更有意义。用尼采的话说，"如果没有死亡，人活着就会变成一种毫无意义的事情"。所以，凯恩斯说："不要总是从长远看，从长远看，人都是要死的。既然人生是一份逾期作废的权力，就要求我们对人生做出妥善经营和管理，勇敢地活在当下。"

## 追寻生命的"四美"

　　行走在人生的道路上，我们会遭遇许多挫折，发现许多惊喜，也会努力寻找自己的梦想。我们会发现生命赋予我们独特但又平凡的人生，生命是如此的绚烂多彩。

### 生命"独特"之美

每个人的生命是独一无二的，起源于几亿精子的搏杀。父母赋予你名字独一无二的含义，过去的经历打造出今天独特的你，你的所思、所想、所做、所为造就了未来的你。正是这种生命独特性的展现才让整个世界变得丰富多彩、生机焕发。青松之壮美、杨柳之潇洒、翠竹之秀丽，都是在各自一片土地上展现生命的辉煌。每个人的特性都是自己宝贵的资源和财富，我们要善于去发现属于自己的独特之美，走出自己的人生轨迹，每个人都是一道独特靓丽的风景。

### 生命"梦想"之美

人的生命相对于沧茫宇宙来说是那么的短暂，简直是沧海之一粟。无论科技如何发达，也很难无限延伸人类生命的长度，但是可以充实生命的内涵、拓展生命的宽度。马活驰骋，人活梦想。一个人要有梦想才有前进的动力，只有追逐梦想生命才会更加精彩。有人说过：我们每一个人从小到老、到死，都朝着一个方向走，这就是人生之目标，不管我们会不会走，或者我们中途走入了迷径，看错了方向，而那人生之目标就是这丰富横溢的不分成败的生命。

### 生命"坚韧"之美

生命本是一种美，一种大美，而坚韧则是生命之美的精髓。生活中难免遇到挫折和困难，拥有坚强而不轻言放弃的力量，往往能帮助我们克服困难，渡过难关。尼克胡哲面对自己残缺不全的躯体仍然精彩地活着，李安遭遇事业低谷时不放弃心中的理想，都让我们感受到了生命的坚韧。风雨过后，眼前会是鸥翔鱼游的天水一色；走出荆棘，前面就是铺满鲜花的康庄大道。在人生的旅途中，尽管会有坎坷，会有遗憾，却不能失去生的希望。相信自己，善待自己，生活总会好的。让我们记住那句话："错过了太阳，不要哭泣，否则，将会错过星星和月亮。"

### 生命"平凡"之美

我们生而平凡，或许只是大千世界中毫不起眼的一员。平凡的人安于平凡的生活，却在做着不平凡的努力。平凡的人以平常心待人，懂得收敛自己身上的锋芒，知道自己做人的良知和责任。平凡不是平庸，我们要学会接纳平凡，但是也要学会拒绝平庸。柏拉图说："征服自己是最大的胜利。积累平凡，就是积累卓越。"在平凡的生活中也可以有着自己不平凡的人生价值。也许，你不是浩瀚的大海，只是一条平凡的小溪，你也可以在山涧跌宕欢歌，滋润沿岸的花草，让平凡的生命变得精彩。

# 悦纳进取

"悦纳进取"是在 2013 年由邓云龙和戴吉共同提出，被定义为"个体在积极接纳自我的人格特质、内在感受和社会经历的基础上，主动采取具体行动并积极投入"。

## 解读悦纳进取

"悦纳"含有愉快喜悦的意思，表达了一种不抵抗、不否定，全然接受、笑对自己、笑对挫折的意味，有着拈花一笑的禅意。悦纳意味着愉快地接受事物本来的面目，对象可以是自己、他人、社会，也可以是主观体验和个人经历。"进取"是中国人使用频率很高的词语，指的是在悦纳基础上进行的积极改变和超越。中国文化提倡的"悦纳进取"既鼓励采取接受现实的态度，愉快地接受现实、积极地看待人生，同时也提倡"刚健有为，自强不息"的精神特质；既有接受现实的智慧，又要有突破现实的力量。

## 中国文化中的悦纳进取

悦纳进取理念蕴含在博大精深的中国文化中，并被认为代表了较高层次的心理健康水平。生存、发展或自我完善是人类的基本本能，接受意味着积极的改变和超越。

### 儒家视角

儒家以"修身、齐家、治国、平天下"为己任，秉承"天行健，君子以自强不息"的人生态度，认同"天下兴亡，匹夫有责"。"士不可以不弘毅，任重而道远"体现了儒家的社会责任，"遵道而行、积善不止"则提示人需要一个求索不息的过程。儒家虽然以进取著称，但同样蕴含了丰富的悦纳思想。遭遇挫折失败时，"用之则行，舍之则藏，惟我与尔有是夫"，要坦然接受，而不要愤愤不平、耿耿于怀。"不怨天，不尤人，下学而上达"，提示在面对坎坷的际遇时，不怨天尤人，而是冷静面对，通过不断学习来充实自身。遭遇人际冲突时，"夫子之道，忠恕而已矣"，提倡接纳他人，宽容待之。

### 道家视角

道家思想根植于本土，以"出世"为特点，尤其推崇顺应自然，接纳本真。"清静无为，顺其自然"，"天之道，利而不害；圣人之道，为而不争"等道家名言充分体现了悦纳的思想。道家提倡的是蕴含智慧的、辩证的悦纳，从中体现了进取的意味。"大道无为""为而不争"，道家核心思想"无为"绝不是放任自由、什么都不做，而是顺应客观规律去做事，做该做的、不做不该做的，表达了一种智慧的进取。"顺其自然"不将人为粗暴地加于自然之上，而是顺自然规律而行，因势利导，循序渐进，从而达到事半功倍的效果，体现了智慧的进取精神。

### 佛家视角

佛家既讲究随缘顺应的悦纳观，又提倡慎勿放逸、勤修不懈的进取观。"是非憎爱世偏多，仔细思量奈我何。宽却肚肠须忍辱，豁开心地任纵他。若逢知己须一分，纵遇冤家也共和"，是提倡对社会和他人的接纳。禅宗认为"识得不为怨"，是要时时觉察到自己的负面想法，不排斥、不打击，是对负面情绪的接纳。佛家尤其是禅宗，主张佛法贴近生活，不脱离实际，"坐卧行住皆是道，日应万机即佛心""饥来吃饭，困来即眠"，是亲自实践和体验中"开悟"，使得佛法与生命、生活紧密结合在一起，成为积极向上的人生观和世界观。佛家树立的是"慎勿放逸、勤修不懈"的进取观，提倡进取而不执著。

从儒释道三家可以看出，与西方人不同，中国人提倡的"进取"并不意味着不断的索取和对结果的终极追求，而是强调精神层面上提升自我、追求自我实现的过程。进取是建立在正确认知的基础上的，不会超越自身能力而盲目追求，讲究的是"为而不争"。对于自身达不到的目标，中国人往往会"顺其自然"，学会"放下"与"悦纳"现实，体会看庭前花开花落、望天外云卷云舒的自在心境。

## 悦纳进取与心理健康

悦纳进取与知己知彼、反应适当、真实和谐一并成为中国文化背景下的十六字心理健康标准。"知己知彼"是判定正常和异常心理的重要标准之一，是自知力是否完整，即个人对自我心理状态和生理状态是否能够体察和了解。"反应适当"是指反应有效、不过分、与环境和角色协调。"真实和谐"是指真切地体验、确切地把握和踏实地行动，达到各方面的和谐统一。而"悦纳进取"则意味着愉快地接受事物本来的面目，又在悦纳基础上进行积极的改变和超越。

总的来说："知己知彼，反应适当"是心理健康的"相"；"真实和谐"是心理健康的"体"；"悦纳进取"是心理健康的"用"。它们层层递进，描述了一个普通人可以通过努力去达到的心理健康状态，体现了心理健康的标准，又蕴含着维护和促进心理健康的原则。

# 第五章
# 人际中的你我他

你是否听说过世界上最孤独的鲸鱼？这只鲸 1989 年被发现，1992 年开始被追踪录音，此后 20 多年中人们发现它如此孤单，歌唱的声音从未被听见，周围也从未聚集同类。原来，普通鲸鱼发出声音的频率是 15 ~ 25 赫兹，而它的声音频率是 52 赫兹。频率一直是错的，因此它也一直被错过。生命是一场遇见，你我他相遇在这浩瀚的人生长河里，我们也渴望发出正确的频率，寻找契合的同伴。

# 第一节　人际交往的基础课

生活中，我们会遇到无数人，却只有一小部分人成为朋友，结下奇妙的缘分。这些缘分，也就是我们常说的人际交往，就像水一般承载着人生这艘大船向远方驶去。

## 初识人际交往

### 何谓人际交往？

人际交往是指人与人之间通过一定的方式进行接触，交流思想、沟通情感、传递信息，并在心理上和行为上相互产生影响的互动过程。人在交流中生活，在交往中满足需要。交往中双方需要满足的程度，直接影响人际关系的好坏。

现实中的人际交往之外的网络社交席卷全球，人际交往的模式变得更为多元化、即时化和数据化。在国外，Facebook 于 2004 年上线，目前已经成为全球第一大社交网，也是全球最佳价值品牌的社交网络平台。在我国，2012 年 1 月腾讯推出的聊天软件微信，以其灵活、便捷等特点，迅速吸引了众多使用客户，成为中国最大的社交网络平台。很多用户通过微信认识了新的朋友，或联系上多年未联系的老朋友。

### 人的交往需求

总会有这样的时刻，我们希望一个人在家，听着音乐、刷着手机、吃着零食，想看书的时候读几页书，想看电影就一个人去电影院。你说这很孤独？不，这独处的一刻要多美妙就有多美妙。可又有另外一些时刻，特别不想一个人待着，拿起手机要召唤小伙伴时，却发现身边的朋友们不是在旅行的路上，就是在约会中，还有一种就是工作忙到热火朝天没空理你。这一刻，失落也好，寂寞也罢，心里空空的感觉特别不好受。生活中，独处的需要和与人交往的需要常常交替出现。没有人能全然独处，与世隔绝。而每天都有很多聚会的那些人似乎也不如想象中那么快乐。独处常常让我们体验到自由、平静，可以寻找内心的自己，但是，我们同样也需要与人交往。

### 本能与依恋

小到蚂蚁，大到大象，很多动物都是以群居形式存在，群居让它们更容易存活。同样，人类祖先通过集体活动方式才能更有效地应对自然灾害和其他生物的攻击，确保种族的生存和繁衍。这种群体性一代代留传下来，成为一种本能，让人天生就想与他人交往，在交往中满足安全、生存的需要。依恋理论认为，人需要联结感和与人相处中的安全感。安全的母婴依恋是日后人际关系建立的基础。安全型依恋的人，更倾向于建立积极的人际关系。

### 恐惧与亲和

心理学家沙赫特（Schachter）曾经做过这样的实验。他招募一批被试，告诉他们本次实验目的是测查电击后人的生理反应。其中一组被告知，电击可能很疼，但不会有永久性伤害（高恐惧组），另一组则被告知，电击不会产生疼痛（低恐惧组）。然后告诉他们 10 分钟后开始实验，允许他们单独等待或与其他被试一起等待。实验结果发现，被唤起高度恐惧的被试组，有更多人、也更为强烈地希望和其他人一起等待实验开始。而低恐惧组希望与其他人在一起的人数和程度明显不如高恐惧组。由此证明，恐惧是影响人类社会性欲望的一个重要因素。

这也可以说明，为什么在面临自然灾害、疾病伤痛、困境挫折的时候，我们更需要有人和自己在一起。恐惧，常常让我们不知所措，与人在一起时，他人会成为我们的信息来源，也会成为彼此依靠的肩膀，有他人的陪伴可以减少我们的恐惧，所以此时更渴望交往和归属。

### 出生次序

出生次序会决定一个人的亲和程度吗？沙赫特的研究还发现了一个有趣的现象，出生次序会影响一个人亲和程度的高低。长子、长女和独生子女在恐惧时会比非长子长女更希望和他人待在一起，即社会亲和度更高。为什么会这样呢？原因在于，长子长女或独生子女是父母的第一个孩子，受到的关注和爱特别多，孩子从这种照料中接收到一种信息——害怕时可以找父母，伤心时可以找父母，各种不舒适时也可以找父母，明白求助他人是缓解自己不舒服的有效途径。当第二个或第三个孩子出生后，父母没有更多时间来关注两个孩子的需要，这样，他们学到和其他人在一起的倾向就不如第一个孩子多。

## 交往的意义

### 满足心理需要

从马斯洛需要层次来讲，人际交往首先满足了爱与归属的需要。如果这一需要得不到满足，人们将会产生到强烈的孤独感、异化感和疏离感，内心体验非常痛苦。人们在交往的过程中相互沟通、彼此理解，双方都从对方的付出中获得认同与支持，能够满足自尊的需求，并产生自信、有价值、有能力的感觉。同时，与别人相处中能够发现自己的优势与不足，在社会中保存自己的位置。

### 促进身心健康

当代公认的健康标准和心理健康标准都强调人际关系的重要性。世界卫生组织对健康的定义包括生理、心理和对社会的适应，其中第17条标准就是人际关系和谐。美国心理学家马斯洛和米特尔曼（Mittleman）提出的心理健康十条标准中包含"能保持良好的人际关系"。第三届国际心理卫生大会提出心理健康应该包括"人际关系中彼此能谦让"。积极心理学认为心理健康包括"有能力形成和维持良好的人际关系"。和谐的人际交往，能增加支持和帮助的机会，满足人类的归属感、友谊和爱的情感需求。尤其是遭遇困难挫折，产生烦恼困惑时，人际交往能够帮助个体宣泄和化解负面情绪，恢复积极心态，促进身心健康。

### 利于个人发展

古人曰"独学而无友，孤陋者寡闻。"美国心理学家费斯廷格（Festinger）认为，人际交往具有传达信息的功能，有助于分享社会资源，学习知识，掌握技能，更新观念并进行正确的决策，与他人建立更深层次的关系。人际关系中，他人是自己的镜子，与人相处能够促进自我了解和自我觉察，更好地控制情绪，做到合作互惠，相互促进。

## 变得更受欢迎——人际吸引因素

同一个群体，有些人魅力无限，大家乐意与之交往，有些人形单影只，人人避之唯恐不及。到底是什么因素造成了这样的差别呢？让我们一起探寻人际吸引因素，让你变得更受欢迎。

## 外貌

外貌一直以来是人际吸引的重要影响因素。在人际交往时，人们对外貌总会特别关注。外貌美的人，理所当然地被认为也具有其他好品质，容易形成好印象，造成"以貌取人"的效果。一个联合国儿童基金会的实验在网络上热传，实验安排一位名叫 Anano 的六岁小姑娘，分别穿上干净整洁和邋遢的衣服，独自站在同一条街的同一个位置。结果发现，衣着干净时，有不少路过的人对她表示关心与帮助，可衣衫褴褛时，却没有人过问。同一个小姑娘，只因外表形象不同就受到了完全不同的待遇。可见，外貌的重要性。当然，外貌不仅指容貌，还包括身材、服饰、妆容等。容貌是天生的，但身材可以后天锻炼塑造，服饰妆容更能显露审美能力和搭配功底。外貌体现的是一个人的素质和涵养。有这样一种说法，一个人连自己的外在形象都管理不好，还能做好其他事吗？

诚然，外貌在形成第一印象时起到重要作用，但其影响也往往停留在交往之初。随着彼此了解的深入，人们会更为关注内在的性格、品质、能力等要素。过分看重外貌，也是不够理智的行为。"外貌协会""颜值担当"一度成为热门词汇，"网红脸""小鲜肉"大行其道，外貌因素被推崇的现象似乎有越演越烈之势，这值得引起注意。

## 邻近性

读书时代，大多数人与同桌的关系比较密切，生活中也有"远亲不如近邻"的说法。一项关于住宅交往模式的研究发现，41%的人选择与同一层最近的邻居成为朋友，22%的人选择了隔壁的住户，只有10%的人选择了距离很远的邻居，这表明距离越近的住户关系越密切。由此可见，空间距离能够影响人际交往。但是，也有相反的情况。每天同时等公交车的人，天天见面却不交流；同乘电梯的上班族，目不斜视、眼神虚化；一起上班的同事，君子之交淡如水。研究者发现，距离对于人际交往的影响非常复杂，能够增加人际吸引，却不能起到决定性作用。

现在，许多通信软件开发了寻找和联络附近人的功能，无疑增加了人与人交往的机会。但是，虚拟平台上的交往往往成本比较低、风险比较大，带来的隐患不可小觑。

## 相似性

俗话说："物以类聚，人以群分。"这就是相似性产生的吸引。相似性是指人们倾向于与自己某方面或多方面相似的人交往，比如信念、价值观、社会条件等方面。

越是能找到共同点，越是容易产生"自己是对的"的支持效果，促使双方相互接纳和认同。正如巴氏吸引律所言："我们对他人的吸引力，直接依据双方相似的比例而定，相似越多，吸引力越大。"

美国心理学家纽科姆（Newcomb）做过一项心理学实验。他招募了十七名大学生，为他们免费提供住宿四个月。在入住宿舍之前，先测定他们关于政治、经济、审美等方面的态度和价值观，评定他们的人格特征，然后将这些方面相似和不相似的学生混合安排在几个房间里。生活四个月之后，让他们相互评定一起居住的同学，喜欢哪些，不喜欢哪些。结果表明，随着交往的深入，彼此间的态度和价值观越相似，相互间的吸引力就越强，评价就越高。进一步研究还发现，只要对方和自己的态度相似，哪怕在其他方面有缺陷，同样也会产生很强的人际吸引力。

## 互补性

有时我们会感到很奇怪，能言善道的人与沉默寡言的人成为莫逆之交，精明能干的男人娶了一个老实本分的妻子。看上去，他们之间差异很大，实则在需要、能力、人格特质、思想等方面存在互补关系，满足了对方的某些需求，形成人际吸引。不少关于爱情、婚姻的心理学研究都能佐证这一点。科霍夫（Kerckhoff）关于大学情侣研究发现，互补性是发展亲密关系的重要因素。有人研究已婚或未婚的伴侣，同样发现，人们往往选择能够补充自己人格的人。

到底是选择相似还是互补的人做朋友或谈恋爱，可能要考虑的因素之一是，在这段关系中对方所扮演的角色。当角色作用相同时，例如同为团队成员，相似能让彼此更容易沟通与合作。当角色作用不同时，例如，恋人、夫妻或者处在不同序列的子女，互补可能起到更重要的作用。这种互补，基于双方对他们之间人际交往模式的认同。例如，在婚姻中，占支配地位的一方与服从的一方皆认同这种模式，那么婚姻就会比较稳定。

## 熟悉性

熟悉也是人际交往的要素之一。熟悉能增加相互间沟通交流的机会，一旦明白对方的喜好、性格和行为方式，更能投其所好，增进彼此的感情。研究发现，研究对象看到某张人像照片的次数越多，就越喜欢这个人。异性关系中，经常出现在女孩身边的男孩，更有可能得到女孩的青睐。职场关系中，总是在领导面前露脸的职员，受到重用的概率更大。

## 相互性

社会交换理论认为，人际交往是一个社会交换过程。有些人会因为被某人喜欢而喜欢某人，一来一往中又促进了彼此的感情。可以说："我们喜欢喜欢我们的人，尊重尊重我们的人，支持支持我们的人。"同样，"讨厌讨厌我们的人，鄙视鄙视我们的人"。当他人表示出恶意时，大多数人都避之不及不愿与其接触。而当我们主动表达善意、认可和喜欢时，他人也更容易表达善意、认可和喜爱。

## 品质吸引

个人品质是影响人际吸引的最稳定因素之一。心理学家安德森（Anderson）向100名大学生展现555个形容个人品质的词汇，让大家判断喜爱的程度。最后，令人喜爱的个人品质排名前几分别是：真诚、诚实、正直、通情达理、忠诚、耿直、可信、聪明、可喜、开朗等。一个人的品质将成为人际交往中最显眼的一张名片，也是其个人魅力最重要的组成部分。金马影帝黄渤，虽然其貌不扬，却拥有自己独特的个人魅力，让他备受欢迎。有次他在飞机上遇到一位号称"铁杆粉丝"的观众，对方表示对其特别喜爱，看了许多他的电影。待到黄渤问及哪些电影时，才惊觉人家是将他错认成了王宝强。兴奋的粉丝还要他签名留念，一般明星可能甚觉尴尬，有的可能会愤然离去，不过黄渤依然敬业地扮演了王宝强，还和气地为他的"铁杆粉丝"签上了"王宝强"的名字。

## 黄金法则与反黄金法则

有些人会抱怨"我对他这么好，他却不能同样对待我"。这种抱怨背后有一个深层的信念（belief），就是理所当然地认为"我怎么对别人，别人就应该怎样对我"。这被称为人际交往的反黄金法则。所谓付出，只是我们自己的事情。如果将付出视为要挟、交换或期待，那么，当别人没有按照我们期望的方式进行反应时，就容易产生失望和痛苦，这是诸多人际矛盾产生的原因。而人际交往的黄金法则认为："你希望别人如何对待你，你就先这样去对待别人。"希望同学真诚相待，自己先敞开心扉；回家时想要妻子笑脸相迎，自己先给妻子一个笑脸；期待孩子能体谅自己，试着先去理解体谅孩子。"我们不能给别人自己没有的"，只有被温柔、和善、友好、真诚地对待过，才知道如何对待别人。

## 人际交往的心理效应

人际交往似乎存在一些"魔咒"，一些人轻而易举获得他人的认同，一些人费劲心思也难以博得好感，其中到底存在什么差别呢？人际交往的心理效应也许可以击破社交难题。

### 皮格马利翁效应

皮格马利翁(Pygmalion)是古希腊塞浦路斯一位善于雕刻的国王，有一次，他完成了一座非常美丽的少女雕像。国王爱不释手，每天都以深情的目光注视着这座雕像。日复一日，年复一年，他的爱感动了天神，雕像活了过来，成为了一位真正的少女。这就是著名的"皮格马利翁效应"，这种人们基于对某种情境的知觉而形成的期望或预言，会使该情境产生适应这一期望或预言的效应，也被称为"罗森塔尔效应"或"期望效应"。人际交往中，当你希望他人以特定方式对待你时，完全可以运用此效应。聪明的丈夫懂得不断夸奖自己不会做饭的妻子，帮她建立做饭的信心，妻子越来越会做饭。贤惠的妻子懂得不断肯定自己的丈夫，丈夫事业越来越发展。某些方面有些特长的孩子，会在周围人的肯定中变得越来越擅长，甚至成为所在领域的专家。

### 首因效应

你和好友的第一次见面，彼此留下了不错的印象，成为日后友谊的起点。喜欢一门课程，可能只是因为老师第一次上课就让我们感到亲切。因为面试时留下的好印象，老板决定为你提供入职机会。不少的爱情故事也是从"一见钟情"开始。生活中，因为第一印象造成的影响比比皆是。首因效应是指"个体在社会认知的过程中，最先输入的信息对客体以后认知产生的显著影响"。本质上是一种优先效应。在短暂时间内依据少量信息，尤其是外貌、言谈举止来进行判断，虽然存在片面性，但留下的印象却非常鲜明，并极大程度上影响着双方今后的交往，甚至决定了今后有没有交往的可能性。我们完全可以利用首因效应进行形象管理，在初次见面时给他人留下一个良好印象。当然，也要警惕形成偏颇的印象。"人不可貌相，海水不可斗量"，多渠道、多方面、多次交往所获得的信息，更有助于形成全面中肯的评价。

## 近因效应

近因效应，是指最新了解到的情况和信息往往更占优势，从而否定或部分否定对他人过去的印象和评价，例如"士别三日当刮目相待"。多年后的见面往往让人感慨"相见不如怀念"——曾经难以忘怀之人，再见时已是臀肥腰圆或者大腹便便，完全让你忘记了以前青涩的模样，留下的只有这次见面的强大心理冲击。在印象形成过程中，当新信息不断输入或者原有印象逐渐淡忘时，新近获得的信息就会发生较大作用，刷新了以往的印象。

近因效应或首因效应都受到个性特点的影响。相对而言，心理上开放、灵活的人容易受到近因效应影响，而心理上保持高度一致，具有稳定倾向的人，容易受到首因效应影响。

## 刻板印象

电影《疯狂动物城》的主角 Judy 是一只小兔子，却成为了一名勇敢机智的警察。肉食动物狮子市长被当做一名坏人，实则是考虑市民安全，将疯狂的动物囚禁起来。黑帮老大是一个只有拳头大小的北极鼩，而终极幕后黑手居然是看起来温柔善良的绵羊，她策划了一系列阴谋，搅乱了动物城的秩序，以期获得自己最想要的权势。所有这些形象的设置，颠覆了以往对于这些动物的刻板印象，即对于某一类型的事物或人所具有的概括而笼统的看法和期望。

现实生活中，我们与人交往时常常会持有这样或者那样的刻板印象。例如，认为商人是奸诈、唯利是图的，男人是勇猛、刚强的，女人是温柔、弱小的，南方人精明能干、北方人豪爽大方等。这些刻板印象能帮助我们通过有限的信息，在短时间内对他人形成大致认识，节省了认知资源。但是如此简单的思维模式，容易产生认知偏差，做出错误的判断。"奥巴马效应"则是反其道而行，是指之前对黑人印象不好，但是联想到奥巴马总统的正面形象之后，对黑人的刻板印象会减少。我们在交往中要全面多样地收集信息，还原真实的客体形象，减少刻板印象的影响。

## 光环效应

光环效应又称为晕轮效应，是指根据别人身上一种或几种特征形成或好或坏的印象之后，以此推论概括这个人其他一些未曾了解的特征。就像月亮的光芒在云雾作用下，扩大到四周，形成的一种光环，弥散和掩盖了其他真实情况。生活中，光环效应随处可见。老师可能因为学习成绩优异，而相信学生本人品行良好。一个名不见经传的小企业因为请到著名影星拍广告，让广大民众迅速记住了企业产品，产生了巨大的商业效应。这种名人效应也是一种典型的光环效应。

光环效应源自于知觉具有的整体性，即知觉一个物体的个别属性或者单一部分时，不由自主地扩散到整体，达到"借一斑而窥全豹"的效果。这也提示我们，依据单一特征而下结论，往往容易造成认知偏差，造成片面错误的判断。

## 投射效应

投射效应是指个体认知他人时，把自己的特性归属到他人身上。简而言之，就是你心里怎么想的，就认为别人也如此想。这既是一种心理定势，也是一种心理防御机制。

投射效应有三种表现形式，相同投射、愿望投射和情感投射。相同投射认为别人和自己是一样的。比如：善良的人认为别人都是善良的；爱吃肉的人常常会点很多的肉来款待朋友；老师认为知识点简单没有讲解，事实上学生认为很难。愿望投射是把自己的主观愿望投射到他人身上。你喜欢的人多看你一眼，会认为这是对方喜欢你的举动；自己追求的东西，往往认为别人同样在意，如工作机会、金钱和权利等。情感投射，根据自己的好恶来看待人和事，如"情人眼里出西施"等。

虽然绝对客观很难保证，但我们应该有意识进行自我觉察，保持冷静和理智，避免投射效应，逐步完善对人对事的客观认识。

# 第二节　学会人际觉察

人际交往中，你是那个该拒绝时绝不心软，该帮忙时毫不含糊的人吗？还是经常因为边界不清楚，被卷入一些关系中呢？每个人都有一套自己的人际交往模式，你属于哪一种呢？觉察人际交往模式，明晰沟通方式，是改善人际交往的第一步。

## 发现你的人际交往模式

### "朋友圈"大小

数过你的朋友到底有多少吗？与现实生活中的朋友还是网络上的朋友联系得更多呢？我们一起来好好清理一下"朋友圈"吧！

#### 现实社交圈

20世纪90年代，英国进化人类学家邓巴（Dunbar）提出社交圈理论，认为人的大脑所提供的认知能力只能使一个人维持与大约150人的稳定关系，超过这个数量，仅能记住一些人的相貌和名字，其他方面的了解将变得极为有限。

现实社交圈包括与所有人的交往，如父母、兄弟姐妹、亲戚朋友、领导同事等。现实生活中建立社交圈，不仅能减少孤独之感，还能在需要时及时获得身边人的帮助。在中国这样的人情社会中，很多人会积极打造和扩大自己的社交圈，认为社交圈越大，越能为自己带来机会。事实上，过大的社交圈既损耗时间和精力，又无法保持高质量的交往。所以，一味地追求朋友的数量和努力扩大社交圈并不明智。

#### 虚拟社交圈

当前，基于网络的社交活动全方位影响着我们的生活，随着人与人之间的联系变得频繁且便捷，虚拟社交圈也在冲击着现实社交圈，有些人甚至已经不再需要现实中的朋友。在最流行的社交平台中记录自己的生活，通过一键分享，同样可以获得关注。人们的关系从线下拓展至线上，实时的生活动态和信息的分享，加固并丰富了朋友间的联系，使人们拥有更广泛的信息来源、支持资源、兴趣和利益。应该说，虚拟的社交圈没有大小限制，只要愿意，可以关注到任何想要认识的人。

## 沟通类型

生活中很多时候需要表达自己的想法和感受。朋友问新买的裙子是否好看，而你觉得颜色难看至极，此时你是言不由衷地说好看，还是直接表达不喜欢裙子的颜色呢？新来的同事能力不足，拖了团队后腿，在上司询问意见时，你为了息事宁人说他表现不错，还是直接指出他的不足呢？这里呈现出了我们不同的交往模式。

家庭治疗大师萨提亚（Satir）曾经描述过这样一个现象：无论自己真实的感受和想法如何，总有50%的人回答"是"，30%的人回答"不是"，15%的人既不回答"是"也不回答"不是"，更不会透露出关于他真实想法的蛛丝马迹，还有0.5%的人会表现得若无其事，最后只有4.5%的人会如实表达。这些隐藏在习惯性行为背后的沟通类型，可以分为讨好型、指责型、超理智型、打岔型、表里如一型五类。

### 讨好型

讨好型的人在人际互动中倾向于让步，把问题归咎于自己，习惯取悦对方。面对家庭，面对生活，往往会说："我有什么办法呢？我还能怎么办？"他们认为自己没有权力反抗，也没有资格说不，只有在不停付出和谋求他人认可的过程中获得自我价值。生活中我们常常看到的那些无条件付出的奉献者，往往就是讨好型。讨好在大部分文化中被高度认可，然而讨好意味着以牺牲自我价值、否定自尊为代价，并且传递给周围的人这样一个信息"我不重要"，很容易引发压抑沉闷、消化不良、偏头痛等身心症状。

### 指责型

指责型是与讨好截然相反的类型。指责型的人总觉得是别人的错，爱把责任推到对方身上，容易愤怒，易于攻击、批判和批评别人。对于这类经常回答"no"的人群来说，指责他人可以带给他们自主独立的感觉，以此来维持自己的权威。他们最常说："都是你的错""全都怪你，怎么一件事都做不好""你到底怎么回事"。这样的人内心往往孤独和脆弱，恰恰为了表现不被外界所打倒的坚强，才显示出一副与世界为敌的"强悍"姿态。指责型的人容易出现偏执、肌肉紧张和背部问题等身心症状。

### 超理智型

超理智型的人在人际相处中喜欢用理论和论据来证明自己，缺乏情感，像机器一样充满理性，比较顽固、刻板和一丝不苟。他们的沟通模式是保持着一种"非人性的客观"，表现出独裁、权威和冷漠，甚至被称为"冷血动物"。人们在和他们打交道时，听到的都是秩序、规则，没有人情味，他们认为"人必须冷静和理智，这些是最重要的"。总是说"应该这样""不应该那样"。电视剧中常有的高冷的"霸道总裁"就是这种类型。事实上，他们不仅隔离了自己的情感，也不允许他人关注自己的感受，容易出现紧张和退缩。

### 打岔型

打岔型是超理智型的对立面。打岔型的人似乎一刻也不能保持安静，总是将正在进行的话题引开，在对话当中也常离题千里，问东答西。他们不断变化想法，打岔行为往往是不稳定、无目标的和不自觉的。他们内心真实的体验其实是没有真正属于自己的地方，只有通过打断别人来获得关注，容易出现焦虑、迷惑、头痛、肠胃疾病和中枢神经系统疾病。

以上四种沟通方式都涉及一个重要的概念，即自我价值。这四类人往往自我价值感低，用掩饰、压抑或扭曲自己情感的方式来进行表达。讨好型的人在不断取悦别人的过程中感到被认可和被接纳；指责型的人特别在意别人是否同意自己的观点或行为，一旦别人持相反意见就会觉得被否定，因此强烈攻击和指责对方；超理性型的人害怕犯错，墨守成规，只有在规则和秩序里面，他们才是安全的，因为不会有人说规则和秩序不对；打岔型的人通过打岔来寻找存在感，因为如果正儿八经地表达自己往往会被忽略，而插科打诨才能吸引大家。

### 表里如一型

当然，还有一种在人际沟通中让彼此都感到舒适的方式，就是第五种类型——表里如一型。表里如一型的人了解自己，接纳自己，以自己的本来面目示人，不用卑躬屈膝，也不用张牙舞爪。他们拥有自尊，承担责任，在沟通时能很好地表达自己的想法，也能够顾及他人的感受，并且考虑到环境因素。因此这种沟通类型也叫"一致性沟通"。在一致性沟通中，自我、他人和情境都被涵盖进来，没有任何部分被阻碍或抹灭，做真实的自己，同时也考虑他人和当下的情境。

## 沟通误会

很多人际问题起始于沟通中的误会，无论是信息发出者、接收者都有可能出现错觉。

### 透明度错觉

以为表情会清楚地表现出自己的情绪，并会被在场其他人注意，被称为"透明度错觉"。信息发出者常常以为，接收者能清楚地知道自己的感觉和想法，甚至不需要"说"，一切就尽在不言中。正是这种"想当然"，信息发出者不会想着去求证对方是否真的理解自己所表达的意思。有点类似于短信沟通，发短信者觉得自己发了短信，所以对方一定清楚了，却没想到对方可能没收到，也可能没及时看到短信，导致在非常有限的信息量中做出判断，往往造成判断失误。如同哈沃森（Halvorson）说的："人们往往意识不到，他人眼中的自己和真实的自己存在着误差。"

### 认知吝啬者

信息接收者也容易出现问题，主要是将收到信息简单化。在对他人进行认知的过程中，我们会倾向于节省时间精力，只挑出自己认为必要的那部分信息，而忽略其他信息。卡内曼（Kahneman）发现大脑处理信息的方式有两种：第一种是快速、凭直觉、不假思索处理信息的"毫不费力方式"；第二种是理性、慎重、有意识地处理信息的"需要付出努力方式"。如果信息接收者在沟通时总是采取前一种方式，造成误会就在所难免。

### 猜心游戏

"好朋友不应该心意相通吗""在意我，就知道我要什么""爱我就应该懂我"这样的内部语言导致了人际关系中最大的误会和最常犯的错误——不愿主动表达自己的需要。嘴里说着"随便""都可以"，行为表现得随和、无欲无求，其实，内心非常期待别人关注自己的需求，猜测自己想要什么，最后主动给自己想要的。可是，这种游戏又累又无效，大多数人是没有意识、没有能力和没有精力去"猜心"的。

## 交往中的隐形攻击

工作中有位同事很健忘，总是耽误重要的事情。让他写一个计划，他不拒绝也不承诺，等到提交期限时，却一脸茫然好像不知道有这回事。一对严格的父母，对孩子要求很高。孩子嘴上不敢反抗，可是总是会出大大小小的状况，要么做事变得很慢，要么考试考得很差，要么犯了很多错误。这些情况在生活中经常遇到。稍微弱的那方通过表面顺从、懒散、拖延、失误、失约等方式，让对方暴跳如雷，这就是被动攻击的心理防御机制，常被比喻为"隐形攻击"。

中国人往往不习惯于表达自己的情绪，人际交往中的被动攻击比较常见，发生

第五章 人际中的你我他

143

最多的地方是家庭。家庭中，父母和孩子的关系以及丈夫与妻子的关系容易失去平衡，父母最喜欢以爱的名义"攻击"孩子，同时还不准孩子进行"还击"。被攻击的孩子产生愤怒，又不能正常表达，只能用被动攻击的方式宣泄愤怒和偷偷还击。如果家庭氛围比较民主，成员之间比较均衡，每个人都可以自由表达情绪和想法，那么，心中就不会郁积愤怒，可以减少"隐形攻击"的发生。

推而广之，人际相处中需要自我觉察并且寻求关系的平衡。在出现违背自己意愿的情况时，大胆地将自己的想法表达出来，同时也不将自己的意愿强加于他人身上，这样可以避免攻击和被动攻击。

# 非语言交流传递的信息

人际交往中凡是语言交流之外的，都属于非语言交流，非语言交流的内容非常广泛。可以说，身体所传达出的所有信息都包含在内，穿着、神情、气场、站立的位置等等。通过这些信息，我们能够把握他人真实的意思。

## 社交距离

请你想象一个场景，在图书馆中有着很多长方形的大桌子，一般可以坐 6 个人。现在已经有一个人坐在了两人座的其中一个位置上，周围的座位都是空的，你会选择哪个位置坐下呢？心理学家发现，选择不同的座位表达出不同的心理，也代表不同的人际距离。比如，选择与他肩并肩最近的那个座位，意味着想进一步亲近和沟通。选择正对面的座位，表达了迫切想接近的意味，因为一抬头两人就眼对眼。选择远远离开的座位，表示连一点沟通都不想要，处于回避状态。选择斜对面的位置，在双方不认识的情况下，或许比较恰当，因为既不会因为距离过近引起警觉与反感，也可以在想要沟通时，与对方目光对视进行交流。

### 身体距离

美国人类学家霍尔(Hall)认为，身体距离是交际双方的身体在空间上物理距离，它的远近可以表示人际关系的亲疏远近。每个生物体都有一个身体的边界，借以与外界分离，他将这种边界称为"有机体的领域"，种种捍卫领地的行为被称为"领地欲"。领地欲可能是出于安全感的需要，也可能出于社交的需要。不同民族由于历史背景、传统文化、宗教信仰、价值观的不同，形成了不同的距离。不同行业、不同个性和不同性别等因素也会影响距离的远近。例如，性格活泼外向、好交朋友之人，他们的人际距离比生性冷淡、人际疏离之人更近。两位女性之间的距离一般比两位男性之间的距离要近。拉丁美洲人交往的距离要比美国人近得多，商务交谈中，拉美人靠近一点，美国人就后退一点，因此美国人经常被误认为没有诚意和故意疏远。

人际交往距离可以分为四种。

**亲密距离**。亲密距离一般是指从直接接触到相距约50厘米之间的距离。这种距离适于最为密切的人之间，比如父母与孩子、夫妻或恋人、要好的朋友等。这个距离内，双方可以感受到全然的信任。

**个人距离**。个人距离0.5～1.2米，适用于朋友、熟人或亲戚之间。

**社会距离**。社会距离1.2～3.7米，适用于具有公开关系而不是私人关系的个体之间中，如同事或师生。

**公众距离**。公众距离3.7～7.6米，适用于正式交往的个体或陌生人之间，如在公共场所听演讲。

### 心理距离

心理距离的概念最早源于20世纪初对美学的研究，美学家布洛（Bullough）认为，"心理距离是美感的起源，是欣赏和创造美的一个基本原则"。齐美尔（Simmel）将距离分成三种类型：一是近距离，指彼此非常了解，知己知彼；二是中距离，指彼此不是特别了解和熟悉、互相之间还不是完全信任的关系；三是远距离，指萍水相逢或素不相识的关系。古语"海内存知己，天涯若比邻""咫尺天涯"反映的多是超越物理距离的心理距离。

与人交往时，保持一定的身体距离和心理距离，既是审美和艺术活动的基本原则，同样可应用于生活的方方面面。过分亲近容易引发他人的反感，距离太远又显得比较疏离，不远不近刚刚好。值得注意的是，当人们感到放松时，会接受较为靠近的距离，比如聚会或者运动中。感到生气或紧张时，可能需要更多的空间，比如生气的伴侣往往拒绝对方靠近。因此，应该根据当下的情境来恰当把握人际距离。

## 人际边界

孩提时代，是否在课桌上画过一条泾渭分明的三八线？当同桌把胳膊肘伸过来时，你会很明确地告诉他："你过界了！"父母子女之间经常会爆发这一幕，一个人喊着："我不要你管！"另一个喊着："我是为你好。"似乎一句为你好就可越界，替代对方做出决定。国亦有国界，如果国界线不明确不清晰，也容易引发两个相邻国家之间的冲突，甚至爆发战争。这就是我们所说的"边界"。

### 解读人际边界

一个人能做什么、不能做什么是在人际关系中设立一个范围，让每个人清楚自己和他人的责任和权利，保护个人空间不受侵犯，也不去侵犯别人的空间，这就是人际边界。常见的边界包括以下内容。

财物边界：关于你的财物，包括钱、车、衣服等，你是否愿意出借或者给予他人？

物理边界：关于你的个人空间、隐私和身体，你是否能够允许别人与你身体接触？

思想边界：关于你的想法、世界观、人生观和价值观，你是否捍卫你的主张？

情绪边界：关于区分你和别人的情绪及责任，你是否会为别人的错误而自责？

自我边界决定了人际边界。我们先看看孩子与母亲的关系。在婴幼儿时期，婴儿不能区分自己与母亲，饿了有奶喝，冷了有怀抱，似乎母亲就是我，我就是母亲。慢慢长大的过程中，孩子发展出一种模糊界限，明白我和母亲不同，学会区分哪些是我的，哪些是她的。青春期的孩子进入第二个分离个体化期间，与父母分化得更好了，在自我同一性建立过程中，慢慢知道自己的边界在哪里。孩子与妈妈分离得越好，越独立自主，就越清楚自我边界，也越能理解自己与他人的人际边界，更容易获得满意的人际关系。

### 人际边界不清

我们来看看一个例子：小远结交了一些死党，其中晓静对她的关心简直事无巨细。和男朋友吵架了，晓静为她打抱不平，声称要去揍他一顿。工作不顺利，正在犹豫未来怎么发展，晓静第一时间帮她联系新的工作岗位，让她马上去面试。和其他朋友闹矛盾，即使还没搞清楚状况，晓静也会马上来做和事佬。身边有这样义无反顾对自己好的朋友，是不是听上去很美好？可是，为什么总感觉哪里有点不对劲。也许小远和男友只是发生了小小口角，工作出现问题并不代表马上要跳槽，和朋友的矛盾似乎因为晓静的介入变得更深了。到底哪里不对呢？简单来说，就是晓静超出了朋友的界限。一旦跨界，她们的交往会让小远越来越不舒服。

人际边界不清有多种类型，其中拯救、控制和秘密比较常见。

**拯救**。最典型的表现就是把别人的事当成自己的事，过分热心，过度干涉，过度保护，深度卷入对方的生活中。把帮助别人当成自己的责任和义务，即使在对方没有求助意愿的情况下，也硬去拖曳人家一把，好让人家从"生活的泥潭里"爬出来。这时候，似乎在充当母亲照顾婴儿。

控制。也许很多人小时候听父母说过这样一句话："你如果再不听话，我就不喜欢你了。"这就是以爱为名的控制。批评、命令、指责是一种硬性控制。如若有人凡事依赖你，离开你就什么都做不成，你即使精疲力竭也不得不扮演一个拯救者的角色，一方面有着被需要的满足，但另一方面也不得不疲于奔命，这便是一种软控制。此外，有些人在社交中似乎总能揣摩别人心思，迎合别人的心理，做出让对方满意开心的事情，这种讨好也是一种控制。讨好、利诱、撒娇、胡闹属于软性控制。承诺、保护、恩赐、以身作则、威望属于无形控制。

秘密。有些人认为朋友之间应该没有秘密，更没有隐私可言。如果对方没有把秘密、感受、想法和自己分享，就算不上朋友。但是，即使是最好的朋友，最亲密的爱人之间，仍然会有秘密存在。每个人都是独立的个体，没有秘密不意味着关系亲密，而关系亲密也不意味着要分享所有秘密。过度要求分享秘密正是人际边界不清楚的表现。

### 如何保持边界？

保持人际边界，是修炼人际交往能力非常重要的课题，无论是处理亲密关系，还是处理职场关系，抑或只是普通的人际交往，都需要掌握几点原则，设立好边界。

第一，随时觉察，区分哪些是自己的，哪些是别人的，并采取相应的态度。确立人际边界必须明确：我们不能为别人负责，只能为自己负责。克劳德（Cloud）在《边界》一书中提出设置健康边界的三条准则：为了解自己的需要而负责，为满足自己的需要而负责，为做让自己开心的选择而负责。曾有一个小段子说得好："世上有三件事，即自己的事、别人的事和老天爷的事。烦恼来自忘了自己的事、爱管别人的事、担心老天爷的事。要开心很简单，做好自己的事、不管别人的事、别想老天爷的事。"

第二，当界限被打破时，能清醒地认识，又坚持原则勇敢向对方表达"你过界了"的信号。例如，对方经常晚上 11 点打电话向你倾诉烦恼，如果不表达自己的意愿进行制止，这样越界的事情会变成理所当然，最终难受的是自己。不必担心设置边界会影响人际关系，克劳德发现，最健康的关系是在设置边界后还能延续的关系。设立边界是对自我的尊重，只有尊重自己，才能获得他人的尊重和支持，实现与他人关系的对等。如果因为设置边界而导致关系被损坏，只能说一开始这段关系就存在问题。

## 泄露你秘密的身体语言

人际交往频繁的环境中，人们常常会不经意地运用身体语言来传情达意。一项权威研究表明，仅有35%的沟通信息是来自语言内容，其余都来自对身体语言的感知。相对于语言，身体语言更为诚实地表达了真实意图。

## 表情

面部表情是情绪表达最重要的部位，人脸能做出大约250000种不同的表情。哪怕一个不懂事的小婴儿也能读懂开心和难过。

**快乐**。快乐是一种正面情绪，可能是因为摆脱了痛苦而快乐，也可能是因为心满意足而快乐。快乐的程度不尽相同，或微微一笑，或兴高采烈，都会表现出嘴角上翘，眼角皱起，露出"鼻唇沟"。

**惊奇**。惊奇是一种中性情绪，有两种情况能够诱发惊奇：一种是对发生的状况未能预见；另一种是对状况的预测失误。惊奇是一种相对比较短暂的情绪，往往在一瞬间之后转为其他的情绪。惊奇发生时，眉毛上扬、眼睛睁圆、嘴张开、下巴下垂，呼吸中断片刻。

**悲伤**。悲伤是一种无声的痛苦，最常见的原因是丧失。当悲伤发生时，眉毛内角向上抬，唇角下压，或者嘴唇发抖，痉挛式呼吸。

**恐惧**。面对无法抵御的伤害时，人的恐惧就会产生。这是一种相对持久、指向将要发生的事情的情绪。恐惧发生时，眉毛上扬并拉直摆正、上眼睑提升、眼睛睁大、嘴巴张开、双唇紧张甚至回缩，快速吸气。

**愤怒**。愤怒是比较强烈的情绪，如果失控，可能会发生过激行为。愤怒发生时，血压升高，人的面部会变红，眉毛下压挤作一团，内角拉近，眼皮紧张，目光强硬，嘴巴抿紧或者张开伴随吼声。

**厌恶**。厌恶的本质是否定。味道、气味、人的行为、外貌等都可能引起厌恶。厌恶的程度有高低之分，严重的恶心呕吐，轻微的有点反感，不予理会。厌恶发生时，皱眉、眼睑闭合、嘴唇与脸颊上抬、鼻子皱起。

## 体态

好久不见说一定要好好聊天的朋友，不断在看表，说很爱自己的那个人，在一起却眼神游离心不在焉。这些与言语矛盾的体态，不小心泄漏了真实的情感和想法——急于离开或是言不由衷。和表情一样，体态也能传情达意。遇到自己感兴趣的事情，一般人会身体前倾，头部向前。对话题缺乏兴趣，则头部后仰，或者用手托着头歪向一边。果断点头表示同意或者表示明白。摇头表示不同意，震惊或不相信。双肩耸起表示无可奈何。坐立不安表示紧张。整理衣着或者整理头发，是为了在心仪对象面前保持形象。抬头挺胸展现个人自信，垂头丧气表示失败了。

### 手势

手在人类的生活中，扮演着至关重要的角色。语言无法交流或者距离太远时，手势能让别人明白你的意思，像交警叔叔、聋哑人都通过手势与别人进行交流沟通。常见手势包括：手指表示数字；手臂向前伸直、手掌摊开向下表示禁止；摆手表示不同意；双手环抱，表示对所发生的事情非常不满或持有反对意见；双手抱头表示懊恼；拍脑袋表示自责；说谎时手摸鼻子；用手搔头表示困惑或急躁；打呵欠表示厌烦、无聊等。

身体语言如此有趣又如此重要，因此心理学有专门的分支来研究身体语言和微表情，很多影视作品也有所介绍，美剧《*Lie to me*》和港剧《读心神探》讲的就是微表情。我国作家雷米、丁墨和周浩晖的作品中也有很多关于犯罪者身体语言的描述。

# 第三节　提升人际交往能力

拥有和谐的人际关系，被人喜欢被人爱被人善待，是大多数人的理想。虽然难以完全实现，但是至少可以尝试学习人际交往技巧。人际交往也是一门艺术，既需要用心，也需要掌握要诀，才能在生活中如鱼得水。

提升人际交往能力

## 人际交往的技巧

### 懂得倾听——用心去听

不要以为"倾听"就是"听"，倾听是在接纳基础上的听，是认真、有兴趣、设身处地地听，是不带偏见、不做价值评判地听。倾听可配合非语言行为，通过全身姿势传达关切和陪伴。

#### 有效倾听

少说多听是个不会犯错的原则。对方在说的时候，我们表现出聆听的兴趣，用点头、语助词"嗯""啊""这样啊"等方式鼓励他继续讲下去。同时观察他的动作和表情，耳眼并用听出弦外之音。如果对方边说父母对他很好，边攥紧拳头轻轻摇摇头，那么，你听出了什么呢？不做评判、不轻易下结论、不错误地先入为主应该是倾听的原则，否则很容易让对方感到不舒服或反感，产生抵触，变得沉默。此外，倾听还需要适应说话者的风格，有些人不善言辞，我们可以引导对方来表达，有些人滔滔不绝却缺乏重点，则需适当把话题收拢一下。

#### 配合身体语言

良好的倾听者，能够通过一些身体语言表达关注。例如，身体前倾，保持一定角度面对着对方，视线水平保持一致，保持适当的距离。对方悲伤流泪时，递张纸巾，也可以拍拍对方的肩膀。对方有所迟疑时，目光柔和又坚定地投向他，鼓励其继续。偶尔将目光从面部转移到身体其他部位，捕捉躯体信息，随之又再次与其目光交流，来表达你是真的"听懂"了。

### 恰当回应

对方倒豆子一样地把家长里短告诉我们，必然期待听者的反应。可以直接鼓励他继续说下去，也可以说出自己感受来进行回应。如何"不把话谈死"呢？答案是——多提开放式问题。开放式问题也就是英语中的 wh-question，即不以"是"或者"否"回答的问题。例如"你是怎么想的？当时发生了什么？你如何应对的呢？"这些提问可以把谈话往深处引导，慢慢打开对方的心扉，让他有更多空间表达观点，就可以避免双方相对无言的状况了。谈话一段时间后，可以试试总结一下对方的话，简单概括说的内容和表达的情绪，帮助其梳理思路。对方从你的反馈可以获得不同的观点，从而加深对自己和对事件的理解。

## 共情是链接的开始——我懂你

"共情"翻译自德语 einfuhlung，字面意思是"感觉进入"。共情是心理咨询的技巧之一，能使倾听变得极为有力。

### 解读共情

共情由人本主义创始人罗杰斯提出，是指体验别人内心世界的能力，属于人际互动过程中对他人的知觉和理解。随着脑成像技术的发展，近年来，在人类和灵长类大脑中发现"镜像神经元"。研究发现，不论是自己做出动作，还是看到别人做出同样的动作，镜像神经元都会被激活，从而产生理解和模仿。镜像神经元系统拥有一种内隐的、映射他人动作与情态的功能，被认为是人类共情能力的神经基础。情绪共享理论认为，个体与他人之间的情绪共享是共情的基础。情绪共享是指个体知觉到他人的动作、表情或声音等外部信息时，会自动地、同步地模仿，此时大脑中相应动作或情感部位也会被激活，从而使个体产生同形的表征共享。研究发现，共情能力强的人，其情绪共享能力也较强。

### 恰当进行共情

张海音在《共情的各种传说》的演讲中提到，共情意味着一个人去分享或去体验另外一个人的情感。要有很好的共情能力，需要走入自己的潜意识，对自身潜意识的欲望、防御、幻想以及防御在意识层面得到理解。这对于专业的心理咨询师都不容易。

对于普通人，我们如何去做呢？最重要的是要走出自己的框架，从对方的角度去理解。可以尝试着去问："你好像觉得_____（给表达者的情感命名），因为_____

（指出唤起这种情绪的体验和行为）。"例如："你好像觉得很气愤，因为被老师冤枉了""你似乎觉得有点嫉妒，当看到男朋友和其他女孩那么亲密"。此时，在谈话中注重感受而不去推测意图。也就是说，当听到对方的说话时，不去追寻背后的意图、分析造成的原因、提出解决的方案，而是细细感受对方的需要和感受，然后进行反馈。对方才能感觉"自己被看到、被听到、被理解到"。

下面这首诗可以充分表达什么是共情。

> 两个人的相遇，
>
> 两人目光相接、面与面相聚，
>
> 就在你靠近我的刹那，
>
> 我将穿戴上你的眼睛；
>
> 就如同你穿戴上我的眼睛一样。
>
> 那么，
>
> 我将能用你的目光来认识你；
>
> 如同，
>
> 你亦用我的目光看着我。

——莫雷诺（Moreno）（1946）

## 资源取向——凡事都有积极一面

何谓资源取向？简单来说，就是"积极关注，探究资源，寻找例外"。罗杰斯认为，积极关注可以让人产生被人爱、被人喜欢和被人认可的感觉。具体如何做呢？对于显而易见的优点，我们可以直接表达出来。例如："你做的饭菜做得太好吃，舌头都吞进去了"，"Good Job！你这么努力真是让我汗颜啊"。对于自我评价比较低的人，可以通过提问来探寻对方的积极资源，或者在当前存在问题中找到例外，也可以重新解释一些看上去不那么好的事情。例如，当一个人经历了各种悲惨的生活事件时，可以请对方回想一下过去走出困境的成功经历，帮助他从过去的积极资源中获得力量。也可以问问，在这些悲惨事件发生的同时，有没有发生什么好事，哪怕只有一件。还可以问问，这些悲惨的事件有没有一些好处，哪怕只有一点。

## 自我开放——共享一个秘密

自我开放也叫做自我暴露，是指"把自己的情感、思想、经验与对方共同分享，或开放对对方的态度和评价，或者开放与自己有关的经历、体验和情感"。也就是，和对方谈谈自己。

### 自我开放的层次

从开放程度上看，自我开放由浅至深分为四个层次。

一是兴趣爱好。如饮食习惯、特长爱好等。这一等级的内容，一般人不介意别人知道，甚至愿意与他人分享，从中感受快乐。暴露出来也不会感到焦虑，哪怕是陌生人之间，这部分话题也是合适的。

二是态度。如对某人或某事的看法。当两个人关系由陌生人向熟悉之人发展，建立了一定安全感后，自然就会聊起对人对事的看法。这种开放程度也是一般人可以接受的。

三是人际关系状况。如自己与恋人的关系，与家人的关系等。在谈话之间聊起自己与第三人的关系，说明在心理上已经接纳谈话者，是信任对方的。

四是隐私。例如，自己不为人知的秘密，不被社会或他人接受的想法，曾经错误的行为等。谈论这些内容需要非一般的信任，因此一般只与关系极其密切的人谈及，或者完全相反，与非常陌生、和自己没交集的人谈论，其中最安全的就是心理咨询师。这种暴露属于最高层次，也是心理压力最大的一种。

### 适当进行自我开放

自我开放要讲究时机。当两个人的关系还没有稳固，聊天的话题还没那么深入时，谈及自己的兴趣爱好比较安全。如果冷不丁透露出自己的隐私，容易让对方诧异和反感。同时，自我开放有一定的环境要求，休闲时选择轻松愉快的话题，在安全舒适的环境中可以讲讲自己的感受和私事。其实我们都有体会，大学中的卧谈会赚了多少眼泪，又结下了多少深厚的友谊啊。

说什么、说多少、谈多深都应该依据亲密程度来进行，一股脑掏心掏肺并非明智的做法。不对等的开放层次会让人觉得不真诚和有防备。试想一下，一方把自己祖宗八代都说得清清楚楚，而另一方藏着掖着，那么双方都会觉得不是滋味。因为家庭背景和成长经历有所不同，不是每个人都愿意谈及自己的私事，也不是每个人都能谈到同等深度。因此，愿意说出来是自己的选择，但不可以强行要求别人同等开放。站在道德制高点上进行要求，会让我们失去朋友。无论多么亲密的关系，每个人都有维护隐私的权利。因此，不随意地询问他人的隐私、不要求别人完全地敞开、不侵入别人的领域，保持一定的人际边界，是比较成熟的人际交往模式。

# 打造独特人际吸引力

每个人都是一个独特的人，有着不同的气质，表现出不一样的行为。打造自己独特的人际吸引力，会像磁铁一般，把周围的人牢牢吸引过来。

## 积极情绪感染人

### 积极乐观的魔力

积极的人就像太阳，散发出来的积极情绪就像太阳的光芒，照到哪里亮哪里，总让人心里暖暖的。

美国心理学家赛利格曼测试过 70 个心脏病人。其中 17 个测试结果为最悲观病人，他们之中有 16 个没有经受住第二次心脏病发作而去世。而 19 个测试结果为最乐观病人中，只有 1 个人被第二次心脏病的发作夺去了生命。如此看来，乐观是抵抗疾病的第一道防线，乐观的人寿命会更长。积极心理学的研究已经证实，与一般人相比，"那些具有积极观念的人具有更良好的社会道德和更佳的社会适应能力，他们能更轻松地面对压力、逆境和损失，即使面临最不利的社会环境，他们也能应付自如"。

积极乐观的人容易产生"接纳预期"，即相信别人一定会喜欢自己。所以他们更喜欢与别人交朋友，更主动地接触陌生人，更关心周围的人，更具有利他主义精神，更自然地释放正能量去影响他人。他们满满的幸福感总会感染到身边的人，相处时感到心情愉悦，不知不觉中被他积极、主动、乐观的态度所吸引，成为了一辈子的朋友。

### 快乐情绪的辐射

我们来看一个例子。你和朋友一起出去游玩，行程走到一半发现他带错了路。这时你很生气，一直带有怨气地嘀嘀咕咕，朋友很委屈，可一下子也找不到正确的路，最后两人决定放弃，不快而归。换一种方式试试？当发现迷路时，你安慰朋友："没关系，这里的风景挺好，出来玩本就是到处走走。我们边走边欣赏边找路吧。"相信这样说的结果，使你们愉快地继续前行，好奇地探索着，享受这段旅程。同样的困境，不一样的选择，不一样的结局。生活中，很多事情本身并不可怕，是我们的情绪带来了更为严重的后果，自己不愉快，也让身边的人不愉快。

情绪带有传染性。在快乐和悲伤中，我们自然更愿意接近快乐。快乐犹如一块磁铁，能够吸引人靠近，也能给予身边的人能量，排解烦恼，改善心情，积极面对问题。所以，那些善于将自己的快乐情绪传递给他人的人，一定是人脉圈内最闪亮的中心。

## 真诚关心打动人

阿德勒在《人生对你的意义》一书中说道："对别人不感兴趣的人，不仅一生中困难最多，对别人的伤害也最大。人类的所有失败，都出自这种人。"要想受人欢迎，我们可以谨遵这条规则：真心诚意地关心别人。当然，关心人的方式多种多样，不在于方式，而在于真心和用心的态度。

### "雪中送炭"的安慰

人的一生不可能总是一帆风顺，每个人都有遇到难题与苦难之时。或许是高考失利，去了一所不理想的大学；或许是与恋爱多年的女朋友分手了，变得孤单落寞；或许是投资失败，所有的钱财散落一空，变得一无所有；或许是至亲之人生病了，感到悲伤绝望。意外和明天，我们不知道哪个会先来临，当生命中发生大大小小意外时，再强的人也难以经受，此时恰当及时的安慰就犹如"雪中送炭"，让人倍感温暖。

安慰既包括精神安慰也包括物质支持。精神安慰可以通过言语进行表达，也可以用默默陪伴来进行安慰。需要强调的是，当我们安慰他人时，是不是走出了自己的框架，走进了别人的世界？是不是足够共情，真的可以理解到别人的痛苦？否则，安慰就是苍白和无效的。比如，一个人违反工作规定犯了错误，他感到很难过，跑过来向你诉苦。如果在你的价值观中，这种行为必定受到批评，你会如何做呢？会不会话都没听完，就忍不住臭骂他一顿呢？仔细听听他说的话，理解他的行为动机，错误行为背后也有原因。等他情绪发泄完心情平复时，再告诉他错在何处，和他讨论有效弥补措施，也许比单纯进行指责更好。

无论是精神安慰还是物质支持，都要注意分寸。过分热心和过分同情会让对方感到被怜悯和被施舍，有些人就会直接进行拒绝。不如发掘对方的积极面和可用的资源，比如，问问他："如果要解决当下的问题，有什么人可以帮忙，有什么资源可以利用"，"如果问题在两年后解决了，你是如何做到的"。这种积极看待问题的方式，有助于他走出思维的盲区，发掘被自己忽略的资源，启动内在的动力。关于物质支持，对有些人，"借"可能比"送"更能维护他的自尊。

### 记住他人的喜好

《射雕英雄传》中，郭靖和黄蓉遇到了"九指神丐"洪七公，黄蓉特别想要洪七公收郭靖为徒传授武功，可是洪七公认为郭靖天资一般，不想收他。黄蓉可不会放弃，她知道洪七公好吃，天天做好吃的给他，最后洪七公经不住美食的诱惑，同意收郭靖为徒弟。很多人说："我不知道怎么与别人打交道。"其实，像黄蓉这样记住别人的喜好，投其所好，未尝不是方法。因为，打动洪七公的不是天天有吃的，而是这份心意。陪伴着一起做她喜欢的事，谈论感兴趣的话题，会给人温暖的感觉，这也是追女孩子的利器之一。每个人都是自己兴趣所在领域的专家，自己喜爱和感兴趣的事物被人提及时，会引起被重视的感觉，自然是滔滔不绝，关系就在我们对别人感兴趣，别人也对我们感兴趣中逐渐深厚。

## 明确表达促沟通

很多时候，当沟通出现了透明度错觉、认知吝啬者和猜心游戏等诸多问题时，如何改善呢？首先，直接表达。不要期待他人能够按照自己的意愿主动关注、充分理解和正确反应，去掉对他人的理想化，直接地表达自己的想法、感受和要求，事情会变得简单得多。其次，清晰表达。不用模棱两可的态度，发出模糊不定的信号，还指望着对方经过复杂演算后正确理解。既然这种"加十分"的可能性很小，还不如清晰地进行表达。最后，不揣测。对于信息接收者来说，一旦有模糊不清楚的地方，应该及时反馈，马上求证，而不要想当然进行揣测。在沟通受阻造成后果时，"我以为""我觉得"的话毫无力量。

## 勇敢说出"不"

这个世界上什么词是最难说出口呢？对，就是"不"！中国传统讲究人际和谐，为人友善，不鼓励情绪表达。朋友来找你帮忙，想都不想就说"好"，结果委托的事让你左右为难。同事找你借钱，你想想这是小事，慷慨解囊，可是等到还的时候却不见人影。同学让你考试帮他作弊，明知道不对，却怎么无法将拒绝说出口……不少人都有"取悦病"，不懂得拒绝。

### 为什么难以说"不"？

除了文化背景，难以说"不"的原因各异。有人担心如果不接受委托之事，别人会认为自己能力不行。有人碍于情面不好当面拒绝。有人认为说"不"会引发别人不悦，产生人际冲突。有人受困于自己的责任心，认为做了才是负责的表现，不愿做时也要尽力而为。有人认为拒绝意味着以后会失去更多机会。有人是因为自己曾经被拒绝过，留下很深的印象，不愿意让其他人品尝这种被拒绝的难受劲儿。有人是因为周围环境中存在太多的"不"和太多的受限，导致对拒绝高度敏感，对其他人也说不出"不"。

童年时，如果父母教导孩子不要拒绝别人，这会传递出一个信息，因为没办法设立人际界限，所以别人可以对他们为所欲为。不敢说"不"是会蔓延的，不仅仅无法拒绝做好事，还常常不能辨认出坏事。这样的孩子长大后毫无防卫地进入成人世界时，依然像缺乏力量的孩子一样，不敢拒绝、不敢说出"不""我反对""我不要""停止"等话语，他们内心有着被抛弃的恐惧。

不管出于何种原因，我们要清楚的是——拒绝未必造成后果！对于别人的请求，不考虑客观情况和自身能力就不假思索接受，最后却无法完成所托，不但不能帮助别人，还让别人失去了处理事情的最佳时机，这恰恰是最不负责任的做法。我们笃定的是，只有自己尊重自己，敢接受也敢拒绝，身边的人才会尊重你。对于长大成人的我们，不需要通过妥协、付出和讨好来换取他人的认可，无论他人怎样评价，我们的价值都不会因为拒绝而发生改变。

### 巧妙地拒绝

说"不"，首先要弄明白生活中到底什么最重要，当我们越关注生活中的重点，说"不"就会越简单。回应别人的需求，前提是不违背自己的意愿，当一些请求确实违背了原则，该拒绝就绝不能含糊。虽然拒绝并一定代表伤害，但是拒绝方式确实会影响到人际关系。威廉·尤里(Ury)在《积极说"不"的力量》一书中写道："我们必须使用'不'这个字来进行自我保护，并捍卫那些我们在乎的事和人。但是众所周知，不恰当的拒绝可能会疏远和激怒他人，进而毁掉我们最珍视的东西。"所以，采取一些巧妙的拒绝方式，更能让人理解与接受。

拒绝他人的"四步走"。第一步：理解对方的需求。我们可以重复对方的话，表示听懂了他的要求。例如："哦，你希望我帮你完成这个任务。"第二步：表达你的拒绝，态度友善但语气坚决。例如："不好意思，我没办法帮你完成。"第三步：简明扼要地说明拒绝的理由。例如："这个任务是对前段工作的综合考察，由本人完成会比较好。"简单告诉对方你的理由就好了，不需要一个劲儿地为说"不"而向别人道歉。第四步：提出一个肯定性的新的替代方案。可以适当给予一些代替性的帮助，或者帮他一起想想是否还有其他方法。例如："我这里有一些相关资料，你可以参考一下。"这样，既能为他人提供解决之道，也能增加他人心理上对你的认可。如果被拒绝后，对方勃然大怒或者情绪冲动，也不需要妥协，保持冷静，认真听取对方的意见，然后坚定和友善地重申自己的立场，该拒绝时就拒绝，做到态度坚定，不要退缩。

# 面对人际冲突

孩子和小伙伴相处时经常吵吵闹闹，前一分钟还在大打出手，后一分钟又嬉闹在一起。可是，成人社会中，人与人的关系复杂多了。在不可避免发生矛盾和冲突时，我们应该如何做呢？

## 接纳冲突

人际交往中难免有冲突。话虽这样说，要真正认识和接纳这点却并不容易。艾利斯提出的十一种不合理信念中，其中有一条"每个人都要绝对地获得周围环境尤其是生活中每一位重要人物的喜爱和赞许。"对人际矛盾和冲突特别介意的人，秉承的正是这样的不合理信念。但是，这是一个伪命题，永远不可能实现。即便是父母等骨肉至亲，也不可能对自己永远持一种绝对喜爱和赞许的态度。若希望自己被所有人喜欢，就可能千辛万苦委曲求全来取悦他人，以获得每个人的欣赏，但结果必然是失望、沮丧和受挫。

因此，有人际交往就有人际冲突，冲突是关系中必不可少的组成部分。再往深处想，没有两个人是完全相同的，因此也没有两个人在同一件事情上的想法完全一致，感受完全相同。这种差异性正需要通过冲突来体现，也为解决问题提供了一个机会。

## 处理冲突

### 面对冲突而不是逃避

不要做鸵鸟，不要当做什么事情都没发生。一旦心知肚明但又成了忌讳，情绪就容易滋生增长，矛盾也愈会加深。

### 理解和处理自我情绪

冲突发生时，每个人都会有情绪，但不要急于为自己辩护或者很快指责对方。

此时，要及时觉察情绪，一旦发现自己有情绪波动，首先要反观自我，通过为情绪命名逼迫大脑进行理性思考，例如"我很生气""我特别委屈""我非常失望"，这样能恢复部分理智而不是全然被情绪控制。

### 把指向别人的食指收回来

变"指责"模式为"表达"模式。此时，可以用"我"开头来进行表达，而不是用"你"开头，"你太让我失望了"可以变为"我感到非常失望"，"你一直都这么不负责任"变为"我希望你能对我更好"。我们会发现，一旦用"我"开头而不是"你"，情绪会慢慢缓和。如果嘴里说着"你、你、你"，手上伸着食指指着对方，情绪就会越来越高涨。

### 暂停进行冷处理

一旦当时的环境没办法好好沟通，最好离开一段，等情绪平复后再进行讨论。讨论时要尽量客观地陈述事实，不要掺杂自己的判断，尤其不要进行评价。例如，面对迟到扣分的同事，可以说"你今天迟到了"，而不是"我最讨厌你每天迟到"。然后说明事件给你的感受，例如，"迟到给团队扣分，我们都很不舒服"，而不是"你又给团队扣分了，你知不知道"。最后提出解决方案，例如，"希望你下次能提前点出门，或是将早上的时间安排得宽松些"。

## 接受无法处理的冲突

"和而不同"是我们理想化的人际交往状态，但是更多时候是"沟而不通"。生活在"不同次元"的人，"脑沟回"不同的人，三观差异大的人，也许就是没办法相互理解融洽相处。此时，也只能接受确实有无法处理的人际冲突的现实。

# 第六章
## 修满你的爱情学分

"没有爱情的人生是什么？是没有黎明的黑夜。"从古至今，爱情都是文学作品的永恒主题，也是普通人所向往之处。陷入爱情中，除了甜蜜、幸福，还有愁绪、冲突与泪水。

# 第一节　关于爱情，你知道多少？

爱情是什么，一千个人有一千种答案。可能是你我相遇时的那抹夕阳，可能是无助时你给我的一点希望，可能是情侣间肉体的契合，可能是热辣如火后携手同行的平淡时光……但是，爱情远不如我们认知中的那么简单，从最开始的"来电""暧昧"到"心心相印""难舍难分"，都受到个人生理、心理以及社会文化等多方面因素的影响，对人类社会的发展和繁衍具有重要意义。

## 📖　爱情是什么？

### 解读爱情

爱情是建立在希腊文渴望（eros）和敞开（agape）的概念之上，包括因为另外一个人而获得自我完善（eros）和为了另外一个人而自我放弃（agape）。狭义的爱情是指男女之间产生的爱情，不包括同性恋。但随着同性婚姻被美国等多个国家的法律所认可，现代人也慢慢接受了同性之爱。心理学家将爱情定义为："心理成熟达到一定程度的人，对异性产生的具有浪漫色彩的高级情感。"

#### 情爱成分

恩格斯指出："爱情是人们彼此之间以互相倾慕为基础的关系。"这一观点强调了情感基础在爱情发展中的重要作用。实质上，人们对爱情的向往并不是随意的情绪爆发，而是包括认知成分在内的、情侣间灵魂吸引而产生的精神相依。情爱更多包含彼此间的精神依赖，是道德感、责任感和理智感的结合。在情爱中，双方将情感置于首位，对恋人表现出爱慕、尊重和忠诚。只有真正的精神链接，才能推动恋爱双方走过困难与艰险、拥有激情和甜蜜、共度富贵与荣华。

### 性爱成分

爱情包括性欲和性感的成分，不等于纯粹的精神之爱。性爱是人生而具有的本能，对人类社会的繁衍生息具有重要作用。性爱可分为有爱之性和无爱之性，前者是双方在一定情感基础上产生的彼此吸引的性行为，是"情之所至"的自然结果。后者多为发泄生理冲动而导致的性行为，"一夜情"便属于此种情况。由于传统观念的影响，一部分中国人羞于谈性，对性行为存在一些偏见和误解。其实，性爱本就是爱情的一部分。走入婚姻殿堂后，性爱更是婚姻生活中不可忽视的重要部分。融洽的性爱对双方感情将产生积极作用，同样，性生活存在问题和出现性障碍，将会给婚姻带来巨大考验。

## 多棱镜看爱情

### 生理因素

弗兰切斯卡（Francesca）曾说："相爱是生命中最奇特而又最惊心动魄的经历，这是与中枢神经系统的复杂生化反应相联系的一次情感和身体上的爆发。"随着科学的发展，人们发现，恋爱时伴随的悸动和其他情绪是因为大脑中连串的神经化学作用造成的。在大脑的众多区域中，多个分区与爱情有关，对爱情的产生和发展具有重要作用。

**意乱情迷之时的秘密。**都说恋爱中的男女智商为零，坠入爱河的男女似乎处在一种疯狂的状态，"情人眼里出西施"让我们对对方的缺点视而不见，爱情的甜蜜让我们意乱情迷。大脑会分泌多种神经递质，比如多巴胺、肾上腺素、苯乙胺和后叶催产素等"爱情分子"。当爱情降临时，这些爱情分子大量分泌，让情侣们的注意力集中，让大脑中的奖赏回路兴奋，于是陷入甜蜜幸福、如痴如醉的爱情中无法自拔。培根（Bacon）曾说："就是神，在爱情中也难保智慧。"但是，这些爱情物质不可能永远维持较高水平，人体的自我调节功能会将其调回正常状态。情侣们也就从这样的迷醉状态中恢复过来。如同很多人说的，时间久了，那种让我们神魂颠倒的感觉似乎随之消失了。

**从激情到享受温馨宁静的爱。**爱情从轰轰烈烈到逐步消退，有人会感到焦虑、惶恐，甚至开始怀疑爱情。这时有一种物质可以帮助我们填补激情，它就是内啡肽。内啡肽被称为"婚姻递质"，是在爱情激素下降后开始起作用，其效果类似于镇定剂，可以降低我们的焦虑感，从而体会与激情不同的宁静、温馨的感觉，而这种感觉也会让人上瘾。婚姻存在的时间越长，夫妻双方也就慢慢地习惯了这种激素带给我们的宁静，婚姻也就日趋牢固。

**想和你永远在一起的动力。**费舍尔（Fisher）提出的爱情中的依恋，是指从长期伴侣身上感觉到平静和安全感，以及想和对方长相厮守的愿望。这种感受受到催产素和血管加压素两种激素的驱动。跟自己所爱的人发生关系时，会有合二为一的感觉，那是因为体内分泌了大量的催产素，让情侣产生依恋的感觉。另外一种让情侣长相厮守的物质是血管加压素，它的分泌能刺激大脑的"奖赏中心"，形成对这个性伴侣的美好记忆，从而使他们配成一对。

**失恋时的不舍。**失恋却无法放下，有时是大脑舍不得。费舍尔对一群刚刚失恋人群进行大脑功能核磁共振成像，结果发现，当他们看到前任照片时，腹侧被盖区和下丘脑均处于激活状态。这可以解释为什么在失恋后，依然忘记不了前任。因为腹侧被盖区属于大脑奖赏系统的一部分，能释放多巴胺等神经递质。看到前任照片时，腹侧被盖区被激活，意味着将"快乐"和"前任"联系在了一起，想忘记也就不容易了。也能解释为什么在失恋后试图与前任复合。因为下丘脑是负责释放催产素、产生深层依恋的区域。

### 心理因素

**获得亲密感，避免孤独感。**埃里克森人格发展理论中的第六阶段是青年期，这个阶段的主要发展任务是获得亲密感，避免孤独感。对异性爱的萌芽从懵懂少年开始，但那时只是青春的调味品。进入青年期后，寻找爱情，步入婚姻和建立家庭慢慢成为这个阶段的主旋律。年轻人开始寻求亲密关系，发展亲密感，并在爱情的滋养中得到成长。

**潜意识的契合。**成长过程中，每个人会接触和认识不同的异性，并形成了一份"爱的地图"，上面罗列着心目中理想异性形象的特点。我们最先接触的是父母，精神分析认为爱情是一次童年客体关系的重演，成年之后会爱上的那个人，往往是童年之时父亲与母亲的某种混合体。青春期是性偶像集中形成时期，随着性意识的发展，青年男女将生活中和媒体中接触到的零散异性形象组合起来，依据记忆、经验还有自身特点，在心中形成一个模糊的、理想中的伴侣形象。当遇到一个让自己怦然心动的异性时，我们会觉得似曾相识，惊呼终于遇到了意中人，很有可能是对方的某一方面唤醒了潜意识中构建的理想异性形象。

**追求完整之我。**"完整之我"（The quest to be whole）被认为是恋人间强烈吸引的原因之一。按照荣格的理论，每个人除了外在表现的"人格面具"外，还有藏于心底相反的"阴影"或称为"影子人格"。例如，一位分析型的男士一贯注重逻辑思考与客观评断，当他表现自己理性的一面时，便不知不觉地把细腻入微的情感部分压抑到潜意识深处，变成阴影。而爱情的获得，让他从女友身上体会到了温柔细腻的感受，似乎寻找到了自己缺失的那部分，形成了完整之我。

### 社会文化因素

**婚姻制度**。每个国家所推行的婚姻制度对于公民恋爱观会产生重要影响。例如，中国推行"一夫一妻"婚姻制度，中国公民就难以接受"一夫多妻"等其他婚姻思想，很少与这类国家公民结成伴侣。允许同性结婚的国家对于同性爱持有较为宽容的态度，而禁止同性恋结婚的国家则恰恰相反。各国的婚姻制度和本国文化传统有着密不可分的关系，大部分公民对于完全相悖的外来思想会持有抵触态度，由此形成并保护具有民族特色的爱情观和婚姻观。

**男女地位**。社会文化中对于男女社会地位的界定会对爱情观产生重要影响。例如，在男权社会，由于女子地位过低，缺乏经济来源，故而在恋爱和婚姻中难以维护自己的权益，只能依附于男性伴侣生存。"父母之命、媒妁之言""出嫁从夫"的传统思想使她们在遭受伤害后也多选择隐忍不言。随着时代的发展，女性的经济地位和社会地位大幅提高，恋爱中男女平等思想日益彰显，女性在择偶过程中也更少受到外界因素的干扰，可以根据自己的心意选择适合的伴侣，她们对于恋爱和婚姻秉承宁缺毋滥的态度，更为自主和自由。

## 逃不开命运？——被什么吸引

"我和你，男和女，都逃不过爱情。"什么促使爱情的来临？什么牢牢吸引了爱慕的眼光呢？

### 外在形象

虽然各种书籍都告诫我们，应该更注重心灵美而不是外表美，但是心理学家的实验却证明：在爱情萌发过程中，外貌起到很大作用。哈特菲尔德（Hatfield）安排了一个计算机选择情侣的舞会，事先对于参与学生的人格特征和身体吸引力做了评估。他们想考证，智力、社交能力、性格、身体中，哪个因素更吸引异性。结果证明，只有"身体吸引"因素与男女学生是否继续约会相关。

外在形象之所以有如此大的吸引力，一方面是因为相貌美的人具有美学价值，看上去心情愉快。另一方面，与相貌美丽的人在一起可以提升自我价值感。研究发现，当一位男性与漂亮女性在一起时，会被评价为具有自信、和善等品质。此外，从生理角度来看，"性感女性"和"强健体魄的男性"都意味着繁殖概率更高。

### 互惠的好感

日常生活中，我们很少能够无视别人传递的爱和赞美。因为在他人的好感和赞美中，我们的自尊心和自信心得到强化，满足了被喜欢、被接纳的需要。心理学家肯尼（Kenny）说："一个人喜欢他人的程度，可以反过来预测对方喜欢他的程度。"对自己有好感的人，我们倾向于给予正性评价。这种寻求好感的平衡被称为"好感的互惠性"。简单来说，就是"我们喜欢喜欢我们的人，我们讨厌讨厌我们的人"。这是亲密关系产生的基础之一。正如某演员说的："一般来说，男性会对对自己感兴趣的女性感兴趣，而不是对拥有颀长大腿的女人感兴趣。"

### 三观契合

所谓三观，是指世界观、人生观和价值观。家庭环境以及成长经历会对一个人的性格以及三观产生重要影响。从古至今，寻找伴侣都看重"门当户对"。当代社会则更加注重精神层面上的"门当户对"，也就是三观一致。作为一个独特的人，我们不可能找到与自己完全相同的人，只能寻找思想上与自己高度一致的恋人。精神上门当户对的恋人，更容易理解对方的处境和立场，能够在一段爱情关系中最大限度地彼此尊重和谅解，由此产生心理上的和谐与互补。这对爱情的产生和维系起到了重要作用。例如，有位姑娘曾说："我要嫁的那个人，一定是和我有同样的理想、同样的价值观，同样想去看世界风光，同样爱吃某种口味的冰淇淋。"

### 匹配现象

如果问大家什么样的人最适合做情侣？大多数人会回答："适合自己的就是最好的。"确实，并非人人都能与一位魅力非凡的人厮守终生，大多数人选择的是和自己差不多的伴侣，这被称为"匹配现象"。我们倾向于选择那些无论在智力、能力，还是在外表吸引力等方面都和自己匹配的人。如果某对情侣在表面不那么般配但又很幸福，那么有可能是，吸引力较差的一方用其他方面的品质作为了补偿。例如，一个外表不那么出色的女性，有着外柔内刚的性格，把家里打理得井井有条，对丈夫尊重和包容，他们的爱情依然可以很甜蜜美好。匹配的另一层意思是心理需求的匹配。例如，一个喜欢大包大揽还带点霸道总裁范儿的男性，与一个希望得到关爱呵护、小鸟依人的女性更为匹配，但是如果他碰到一个凡事有主张的御姐范儿的女性，也许就是天雷地火争吵不断了。

### 特长与幽默

普遍来说，有能力、有特长的人更能吸引异性的目光。例如，一个男孩，"动"时，引来运动场上声声尖叫，"静"时，引起书法室中暗生的情愫，"炫"时，弹得一手好吉他时时激发荷尔蒙。女生普遍认为，有所专长的男生拥有更大的专注力和韧性，更愿意与他一起度过未知的时光。对于女生的小崇拜，男生非常受用，这是很多爱情的起源，而持久的崇拜感会促使双方感情更为稳固。一个风趣幽默甚至逗比的情侣，男生女生都会喜欢。尤其是当彼此之间相处趋于平淡时，幽默的恋人会让生活充满乐趣，不会出现"无话可言"的尴尬境遇。心理学上的幽默是一种成熟的防御机制，代表这个人内心强大，能够分出一部分能量来处理生活中的不愉快，这样，带给恋人的除了轻松的氛围，更有心理的安全。

## 爱情效应

## 吊桥效应——心动就是爱情的来临？

人们每每感觉爱情来临时，会心跳加速、呼吸急促、面红耳赤。心动就是爱情来临了吗？我们先来看一个实验。

达顿（Dutton）和阿伦（Aron）做了一个经典的吊桥实验。他们找到一位漂亮女性作为研究助手，由她在一些大学男生中做一个调查。第一组大学生的调查地点是一座悬在峡谷之上230英尺高的吊桥，桥身狭窄并且很不稳当，不时左右摇晃。第二组大学生的调查地点是一座悬挂在小溪上10英尺高的木桥，桥身宽大而且坚固稳定。她希望大学生们根据一张图片编一个小故事，并留下自己的电话，要他们实验后可以随时联系。研究者想知道：这些大学生会编出什么样的故事，谁会在实验后给漂亮的女助手打电话？结果发现，在危险吊桥上参加实验的第一组大学生，打电话给漂亮女助手的人数超过50%，所编撰的故事中也包含更多的情爱成分。而第二组只有12.5%的人给女助手打了电话，所编撰的故事平淡无奇。

为什么会出现这种情况呢？阿伦给出这样的解释：我们的情绪体验，更多取决于对自身生理唤醒做出的解释，而不一定来源于我们的真实遭遇。当人们身处危险动荡的吊桥时，会不由自主地心跳加速、呼吸急促，人们需要为这种生理现象寻求一个合理的解释。比如，是吊桥的危险让自己产生了恐惧情绪，还是漂亮的女助手让自己意乱神迷、怦然心动。大部分人选择了后者，即归因于女助手。在心理学上，这被称为生理唤醒的错误归因。

该研究给恋爱中的人提供了启示，危险或刺激性的情境可以激发类似爱情的感觉。如果你心中已有心仪的对象，想增进彼此的感情，在了解了爱情与生理唤醒的关系后，或许你会巧妙地选择下一次约会的地点吧！

## 罗密欧与朱丽叶效应——受阻挠的爱情更坚不可摧？

心理学家德里斯科尔（Driscoll）对91对夫妇和相恋已达8个月的41对情侣进行了调查，试图了解他们父母的干涉是否改变了相爱水平。调查发现，在一定范围内，父母干涉程度越高，外界阻力越大，越能加深情侣之间的相爱程度。这种现象被冠以莎士比亚名著的名字，称为"罗密欧与朱丽叶效应"。

人们做选择时：如果选择是自愿的，会增加对所选择对象喜欢的程度；如果选择是强迫的，会降低对所选择对象的好感。因此，当外在压力强迫人们放弃自己选择的恋人时，人们对这种选择会产生强烈的抗拒心理，引发强烈的对立情绪，并促使人们做出相反选择，同时增加对自己所选对象的喜欢。另外，人们更愿意自由进行选择，越被禁止的东西，越显得神秘、有趣和充满诱惑，越能激发人的叛逆心、反抗性和尝试欲望。对于处于热恋期的恋人来说，父母越想棒打鸳鸯，结果却"越搅越热"。

## 契可尼效应——为什么初恋最难忘？

"爱情虐你千万遍，始终难忘是初恋。"初恋是爱情交响乐的第一篇章，面对第一个所爱之人，第一份青涩的甜蜜，个中滋味只有自己才能细细体味。对于大多数人而言，初恋毕竟带有实验性质，来得快也去得快，难以维系。也许得不到的总让人回味无穷，初恋对象总是难以忘怀，甚至会影响到之后的恋爱行为。

心理学家契可尼（Zeigarnik）做了许多有趣的实验。他发现普通人对已完成的或者已有结果的事情极易忘记，却对中断了的、未完成的、未达到目标的事情念念不忘且记忆深刻，这种现象被称为"契可尼效应"，属于一种记忆效应。人天生有一种办事有始有终的驱动力，因为想完成的动机已经得到满足，所以人们会忘记已完成的事情。如果事情尚未了结，这种驱动力会给他留下深刻印象，形成"未完成情结"。因此，没有结果的初恋自然而然被看成"未能完成的、不成功的"事件，留下刻骨铭心的印象。

正如张爱玲在小说《红玫瑰与白玫瑰》中所写："也许每一个男子全都有过这样的两个女人，至少两个。娶了红玫瑰，久而久之，红的变了墙上的一抹蚊子血，白的还是床前明月光。娶了白玫瑰，白的便是衣服上沾的一粒饭黏子，红的却是心口上一颗朱砂痣。"

# 爱情理论

## 爱情三角理论

爱情三角理论是美国心理学家斯滕伯格（Sternberg）提出的，是目前一个非常重要且为人熟知的爱情理论。斯滕伯格认为爱情包括三种成分：亲密（intimacy）、激情（passion）和承诺（commitment）。因此，爱情三角理论又称爱情成分理论。

亲密（intimacy）指的是两个人心理上互相喜欢，心灵相近，互相归属的感觉，包括对恋人的赞赏、照顾恋人的愿望、自我展露和内心沟通，属于爱情的情感成分。亲密产生于人与人之间强有力的、频繁的和方式多样的联系中，自我表露和亲密交流尤为重要。激情（passion）是指强烈地渴望跟对方在一起的状态，是与"性"相关的动机驱力，是促使关系产生浪漫和外在吸引力的动机，属于爱情的动机成分。承诺（commitment）是指自己愿意与所爱之人保持并主动维持情感。它包括短期和长期两个部分，短期部分是指"决定"去爱一个人，长期部分是指对两人之间亲密关系所作的持久性承诺，属于爱情的认知成分。斯滕伯格认为不同的爱情可以表示为不同大小的三角形。三角形的形状代表爱情三种成分之间的关系，三角形面积的大小代表爱情的质与量，"三角形面积越大，爱情就越丰富"。

根据亲密、激情和承诺三大要素，可以组成八种不同类型的爱情。

**无爱**（nonlove）

亲密、激情、承诺三个因素都不具备。

**喜欢**（liking）

只有亲密成分。在一起很温馨也很舒服，但是没有激情，也没有厮守终生的承诺，例如友谊。

**迷恋之爱**（infatuated love）

只有激情成分。对方对自己强烈的吸引力更多来自性的吸引，没有亲密和承诺。

一见钟情的刹那就是激情占主导地位，是一种本能的反应。

**空洞之爱**（empty love）

只有承诺成分。我们常说的"父母之命，媒妁之言"就是这类爱情，只有一纸婚约，却缺乏心灵契合和必要的激情。

**浪漫之爱**（romantic love）

有亲密成分和激情成分，没有承诺成分。这种爱情崇尚过程，不在乎结果。就像我们说的"只在乎曾经拥有，不在乎天长地久"。

**伴侣之爱**（companionate love）

有亲密成分和承诺成分，缺乏激情成分。这样的爱情因责任而维持，双方心灵契合，缺乏激情四射。多年夫妻"左手握右手"的平淡爱情就属于这类。

**愚昧之爱**（fatuous love）

只有激情成分和承诺成分，没有亲密成分。没有亲密的承诺是空头支票，没有亲密的激情是纯生理的冲动。

**完美之爱**（consummate love）

同时具备三要素，包含激情、承诺和亲密。这一类爱情堪称完美。

随后，斯滕伯格还提出了"行动三角形"的概念，认为应该将"爱情三角形"转化成"行动三角形"，用相应的行动来表达三种成分。他意味深长地指出："Without expression, even the greatest of loves can die."若没有了表达，则爱情的最伟大之处将不复存在。

## 爱情依恋理论

### 爱如依恋

依恋产生于婴儿和母亲之间，是一种特殊的情感关系，表现为婴儿对妈妈的一种追随、依附和亲密行为以及由此带来的归属感和安全感。

研究者将爱情关系与母婴依恋相联系进行研究，表明情侣间能形成类似于早期母子间存在的依恋关系，也会出现接近维持、分离焦虑、安全庇护以及将对方作为安全基地等依恋行为。无论是母婴依恋还是情侣依恋，在一起时有两个基本心理需求可以得到满足：一是"被无条件接纳"；二是"最被重视"。他们都期望得到关注和爱抚，在身体和心理上都很紧密，都有着身体上的接触。同时，无论是母婴依恋还是情侣依恋，分离时都会感到难过和沮丧，出现分离焦虑，再见时则表现出强烈的情感，会因为对方的注意和支持而欢喜。当然，母婴依恋和情侣依恋在表现形式还是有所不同。比如，如果婴儿发现母亲不理自己或者离开时，会用哭闹来引起母亲的注意，抗拒与母亲分离，期望母亲产生内疚来更好地满足自己。恋人则会用依依不舍的表情、撒娇的话语来表示自己的需求。恋人和婴儿一样，也会进行 baby talk，即用孩子的方式对话，例如频繁使用叠词，如"吃饭饭""睡觉觉"等，自己还不觉得肉麻。所以，有人戏称相爱的人心理年龄都会降到 3 岁以下。

### 爱情的依恋类型

哈桑（Hazan）和谢武（Shaver）认为，成人伴侣间出现的情感纽带，以及在婴儿和照料者之间出现的情感纽带，都是依恋行为这个动机系统所导致的。成人依恋也有三种类型，分布与在婴儿中所观察到的相一致，即安全型占 60% 左右、回避型占 20% 左右、焦虑型占 20% 左右。后来，巴塞洛缪（Bartholomew）以焦虑感和回避感为维度，将成人依恋分为四个区间。我们来看看三类主要的成人依恋。

**安全型依恋**。安全型依恋被描述为："我发现接近别人比较容易，对于依赖他们和让他们依赖我，我都不反感。我不担心被抛弃，也不担心某人跟我过于亲近。"安全依恋型的人有浪漫和热情的爱，而较少有极端的、无我的、完全奉献式的爱。他们具有高安全感和人际信任，乐于享受情侣之间的亲密，不会为恋情是否安全过分担心，对恋人满怀爱意并能准确表达自己的情感，善于发现和了解对方的情绪变化。他们喜欢与恋人分享自己的成功和所遇到的问题，在对方需要时在他们身边提供帮助，善于与伴侣沟通。在发生争吵时，他们会选择适当的妥协。他们愿意奉献，不担心自己依附对方，不喜欢隐藏自己的真实想法。与恋人的关系稳定且相互支持。

**焦虑型依恋**。焦虑型依恋被描述为："我发现别人并不愿意像我希望的那样亲近我。我经常担心，我的情侣并不真正爱我，或者不想跟我在一起。我想要跟他十分亲近，而这有时会把他吓跑。"这种类型有着占有、依赖式的爱，渴望与对方亲密，但又担心被抛弃、担心对方的不忠。他们因对方情绪的微小波动而变得非常敏感，用自己的想法去揣测和分析对方。会因为对方不在自己的视线范围内而焦虑，通过不断确认，如频繁地打电话、发信息等行为来表达焦虑。表现出一种爱恨交织、相爱相杀的状态。尽管可能在恋爱关系中陷得很深，却较难建立长久稳定的亲密关系。

**回避型依恋**。回避型依恋被描述为："我对于亲近别人觉得有些不舒服。我发现很难完全信任他们，很难让自己依赖他们。有人对我过于亲近时我会紧张，并且别人总是想要跟我更加亲近，这让我觉得不舒服。"这种类型的人认为在亲密关系中保持独立非常重要，对独立的重视程度超出了情侣间的亲密程度。他们与身边重要人物难以建立亲密和信任关系，在爱情关系中过度的亲密会让他们感到不舒服，因而选择与恋人保持一定距离，不允许自己依附恋人。交往中不愿意付出，失去时也极少悲伤，不会明确表达自己的想法和意图，总担心被拒绝，往往不愿意敞开心扉，显得比较冷漠和隔离，难以与人建立亲密关系。

不同的成人依恋类型在描述他们与家庭成员的关系时，安全型比另外两种类型更倾向于描述他们与父母之间的积极关系以及一个温暖、信任的家庭环境；焦虑型很少回忆起父母的支持；回避型所描述家庭成员的关系是不信任的和情感淡漠的。这也再次表明，母婴关系延续下来的依恋模式对成人亲密关系有重要影响。

### 依恋如何影响恋爱？

通常来说，在挑选恋人时我们应该会选择对自己需求特别关注、回应特别及时的异性。但1997年一个研究证明，不是所有的成年人都会选择安全型依恋关系的恋爱对象。微信公众号KnowYourself的一篇文章提出："我们往往会选择这样的人：这些人能够再一次确认我们已存在的、对亲密关系的信念。我们会不由自主地寻求我们已经熟悉的依恋模式。在婴儿时期因为父母的照顾方式培养出不安全的依恋类型的人，总是会下意识地找到那些会让他们重复体验不安全依恋感觉的人。"所以，糟糕的恋爱经历往往会一再重复，也就是强迫性重复。

固有的依恋模式不会永远不变，将被新的经历和体验慢慢更新和改写，某种情况下甚至会被完全"重写"。即使是焦虑型依恋类型的人，如果遇到安全型的伴侣，也会慢慢获得安全感，所以有人说"伴侣是最好的心理咨询师"。确实，恋人在重塑安全感、重塑依恋关系中起到重要作用，尤其是持续五年以上稳定的情侣或夫妻关系。虽然大多数情况下，最初的依恋模式在我们一生中或多或少发挥着作用，但如果有一个合适的恋人或伴侣，确实也能重新形成安全型的依恋。一句话，什么时候都不会太晚。

# 第二节　爱与成长

每一个人都渴望谈一场不分手的恋爱，希望将爱情进行到底。但现实中相爱容易相守难，相遇太美相处难。弗洛姆在《爱的艺术》中这样写道："世界上没有任何一项行动或行为像爱情那样以如此巨大的希望和期望开始，又会以如此高比例的失败而告终。"爱情没那么简单，爱情也是一门学问，让人在其中获得成长。

## 接受绚烂至极归于平淡

无论是一见钟情还是日久生情，恋爱的旅程总是有迹可循。一路走来，从如胶似漆、密不可分，到相知相守、云淡风轻，爱情不会永远如初见般甜蜜，爱情也不总是"执子之手与子偕老"。

在爱情的甜蜜期，无论何时何地，心里总是牵挂着对方，每时每刻都渴望腻在一起。食堂里你侬我侬的喂饭党，一遍一遍"压马路"不嫌累的小情侣，一个"电话粥"煲上几个小时后电话还在发微信的，都是正处在甜蜜期的情侣们。鲁滨（Rubin）对热恋和非热恋情侣目光接触时间的研究表明，热恋的情侣会长时间注视对方的眼睛，自然地微笑，或是轻轻倚在对方身上。

爱情会随着感情的逐步稳定而趋于平淡。对于爱不再那么浪漫的现实，研究者弗德利克森（Fredrickson）提出一个新的观点——爱的本质是一个个不连续的瞬间，也就说，持续不断的爱是不存在的，只存在一瞬间的爱，她称之为"发生了积极共鸣的微小瞬间"（micro-moment of positivity resonance）。如果把爱想得太宏伟和太长久，往往难以实现，如果理解爱是发生在一个个的瞬间里，我们就可以接受绚烂的爱情归于平淡的规律，从而把一个个瞬间过好。

爱情经过起起伏伏，最后恋爱双方会形成新的相处之道，对彼此的情感更加笃定信任，对彼此的需求更为理解和尊重，对彼此的缺点更加包容和体谅。有了属于双方合适的相处模式，爱情也将慢慢沉淀为内心更深层次的爱。

# 面对恋爱冲突

爱情如玫瑰，冲突如花刺，有些刺可能只是扎破手指，有些刺却可能刺向心房。学会巧妙化解爱情中的冲突，才能让爱情玫瑰绽放得更为灿烂。有人说，两个人的感情是否能够持久，并不在于有多喜欢对方，而是在于处理差异和冲突的能力。

## 冲突的意义

冲突是指发生在同一空间，两个或以上事物互相对抗的过程。爱情当中的两人有着不同生活经历和不同生活态度，必然使双方在思维模式、生活习惯、价值观等方面存在差异。差异就意味着冲突发生的必然性。关系走得越近，冲突越不可避免。但是，冲突可以打开彼此深入了解的大门，进入对方真实的内心世界，是理解差异的契机，更是学习沟通和互相谅解的开始。

冲突并不可怕的，比冲突可怕的是压抑。有冲突意味着情侣之间对彼此有所诉求，逃避和压抑容易断绝沟通，表面的平静潜伏着关系恶化的可能。危机就是"危险加转机"，冲突是一个危机，也意味着有机会去反省问题出在哪里，进而解决问题，化解危机，成为"转机"。冲突是一种"剧烈的沟通"，但剧烈带来的震动似乎更加"入味"，双方在这种强烈的互动中了解彼此，这也是很多情侣在大吵一架后反而更加幸福的原因。

## 冲突的类型

恋爱中的冲突涉及生活中的各领域，最常见的集中在个性问题、经济问题、事业选择、业余活动、突发事件、沟通方式、对待父母和朋友的态度、性关系等方面。彼得森（Peterson）将激发恋爱冲突的各类事件进行归类，形成了四个类别：批评、无理要求、拒绝和累积的烦恼。但是，不同情侣之间常有着不同的激发事件类型，引发冲突的几乎是任意一种可能的事件。

## 如何化解冲突？

萨提亚（Satir）说过："问题本身不是问题，如何应对问题才是问题。"冲突不可避免，冲突本身也不是问题，如何应对冲突才是关键。有的情侣在冲突中越来越亲密，有的却在冲突后走向分离。那么，具体该如何理解以及如何应对呢？

### 冲突本质——关系"合谋"

人际关系的形态是双方"合谋"而成的。每个人都有不同的个性，如善良、冷漠、成熟、幼稚等。在交往过程中，我们有意无意传递给对方的信号，会把对方的某种人格调动出来，然后以我们期望的方式来对待我们。例如，女孩埋怨男孩不懂得情调、不够温柔，于是各种抱怨。之前男孩听到唠叨后还能制造一点小情调，但学习和工作一忙起来又有所疏忽。如此时女孩继续抱怨，男孩就会"如她所愿"，越来越不愿花心思，于是冲突就产生。可见，恋爱冲突其实也是一种关系的合谋，或者说是"你教会对方如何对待你"。

### 尝试妥协，获得双赢

面对冲突，每个人关注的往往是自己的诉求能否得到满足、自己的观点是否被认可、自己的利益有无受损害。但恋爱中总有无法沟通之时，那么，向对方妥协也是一种平息冲突的有效方式。有研究指出，安全型依恋的人更可能采取妥协性的回应，而回避型依恋的人则较少做出妥协。退后一步做出妥协，会让恋人看到你的诚意和真心，对方也倾向于做出同样的行为；反过来，又增强了自己妥协的意愿。如此一来，就形成了良性循环。所以，不要认为妥协意味着没有原则或是软弱，恰恰相反，妥协是启动双方互惠、互利、互爱、互敬的金钥匙。

### 就事论事，人事分离

冲突发生的时候，切记要"就事论事"，这包括两个层面的意思。

首先，人事分离。冲突往往来源于双方对某件事的看法和态度不一致，因此，切忌上纲上线，将人和事一起否定。比如，女孩不小心打碎了一个玻璃杯，男孩指责道："你怎么连个杯子都拿不住呢？这么小的事情都做不好，你还能做什么？"此时，"事"是女孩打碎了杯子，而男孩上升到了对"人"的评判。"你这个人还能做什么"这一句将人和事一起否定了，可以预见，一场冲突即将来临。

其次，注重当下。两人讨论也好，对骂也罢，针对的应该是当下引发冲突的事情。分清楚哪些属于过去、哪些属于现在，不用以翻旧账、揭老底的方式来证明自己是正确的，少说类似"你上次也是……""你每次都这样……""我说过多少次了……"的话。爱翻旧账，是因为将平时的小问题累积起来，等到忍无可忍时新账老账一起算。这也提示我们，逃避问题和压抑不快并非解决之道。

### 设身处地，换位思考

在冲突将要发生之时，我们不妨设身处地想一想，对方为什么不开心？我身处同样境遇时会有何感受？学会换位思考，要突破自己的框架，站在对方的框架下去看问题。例如，一个从小被父母宠大的姑娘和一个有着留守经历的小伙子，两人对待亲人的方式会有所不同。在冲突时，坚持自己是对的、对方是错的其实并无意义。如果能站在对方角度思考问题，虽然不一定感同身受，但至少可以多点理解。

### 笑看冲突，资源取向

冲突归冲突，大可不必板着脸严肃讨论，而可以将其看成漫长爱情中的调味剂。爱情中有冲突不是问题，冲突都没有了才是问题。这张脸再怎么讨厌，这个脾气再怎么不好，吵过一架后，还是看着对方的好。资源取向地看待问题，积极搜索恋人身上那些值得欣赏的部分、值得感谢的做法，对恋人保持尊重和欣赏，将有助于抵抗下一次不期而遇的冲突。

冲突本身并不可以避免，因为差异会永远存在。如果将冲突视为情侣关系的羁绊继而指责对方不对，会将关系推向悬崖。成熟的处理方式是愿意面对冲突，进行讨论，把它当做了解自己和对方的机会，通过了解对方的想法，扩展自己的思考角度和视野。

# 面对失恋

失恋是恋爱过程的中断，在客观上表现为相爱者的分离，在主观上表现为失恋者体验到悲观、失望和忧郁等消极情绪。

## 失恋的感觉

### 丧失感

丧失，是我们从小到大不断经历的——心爱的玩具弄坏了，亲爱的小伙伴搬家了，精心饲养的小鸭夭折了，还有亲人们的离世。这些生活中司空见惯的事情，让我们感受到了丧失感。失恋的感受可能会更为强烈。首先，丧失的是活生生的恋人。她的一颦一笑和温柔体贴，他"手指淡淡的烟草味道"和关怀备至总是让人挥之不去。与"这个人"相联系的美好记忆让人痛苦、难过与怀念。其次，丧失的是依恋关系。越是爱得深，依恋就越深。此时的离开，如同妈妈对于孩子的决绝转身，必然是一种伤痛。再次，丧失的是自尊。有时舍不得一段感情，是舍不得其中那么美好的自己。因此，失去这段感情时，会对自己产生怀疑，感觉自己不那么可爱、不值得被爱，甚至失去了一部分的自我价值感和自我存在感。

### 空白感

哈里斯（Harries）的研究团队认为，情侣在长期稳定感情中会形成一套"人际认知系统"（interpersonal cognitive system）。这套系统可以作为彼此认知系统的补充。例如，你忘记了初恋时的细节，而她记得；她忘记了为你做的点点滴滴小事，而你却记得。失恋意味着这套人际认知系统的缺失，两人不再相互补充，会产生"认知不再完整"之感。而这段空白，需要一段时间才能填补。因此，有人会说："失恋后，心里都空了。"

### 挫折感

恋爱之初，双方都满怀对爱的美好愿景，对这份感情用心投入，甚至会理想化对方，对未来一起憧憬一起规划。一旦失恋，随之而来的是高期望的骤然落空，巨大的心理落差导致挫折感的产生，甚至很多时候会导致攻击行为。当我们的期望或目的无法被满足时，就会产生某种程度的愤怒心理，而攻击就是这种愤怒的表现形式。

### 未完成事件

看电影时，花好月圆的大结局是我们内心希望的，但是真正刻在脑海中的往往是男女主角没有在一起的充满遗憾的场景。失恋是一类未完成事件，不管是主动还是被迫，失恋都意味着情感发展过程被迫中断，伴随着当下的社会关系和未来都戛然而止，又无法单方面去修复，因此更容易念念不忘。

## 如何面对失恋？

### 接纳失恋事实，但不否认过去

有的人无法忘掉旧情，难以接受失恋的事实，心存重建关系的幻想，例如，"你肯定还是爱我的，只是被你父母的话影响了。我们会和好如初的"，"她只是一时生气，不是真的要分手，哄一哄就好了"。因此，面对失恋的第一步是接受现实。当然，彻底否认恋情带来的快乐幸福并不明智。与过去决裂、将旧恋人塑造成负心男或负心女，其实也否定了自己的那段生命和自我价值，造成更深的伤痛。暂时和偶尔使用"否认"的心理防御机制，让自己内心稍微好受点是正常现象。但是如果滥用，甚至长期沉溺于幻想和自责之中，将不利于日后的成长。

### 理解情绪意义，允许表达情绪

失恋后会遭遇各种情绪的侵袭，巨大的悲伤、无言的愤怒、不舍与无奈……

有的人出于自尊心，不想人家看笑话，可能会将各种负性情绪掩盖起来。对于他们而言，表达负性情绪似乎是一件羞耻的事情。其实，即使所谓负性情绪也是有意义的，悲伤让我们更加珍惜当下，抑郁让我们沉下心思考，愤怒让我们明白那个关键点。情绪不肯走时，允许它停留片刻，默默体味或用各种形式来表达。越是希望情绪尽早离开，越是在强化它的存在，就像给没油的汽车加油，反而促使其继续奔跑。理解情绪的意义，将情绪视为失恋带给我们的礼物，允许表达情绪，是个不错的应对方式。

### 创造树洞时间，用仪式来结束

给自己设定一个"树洞时间"，这个时间内只准想负面事情，让自己尽情地说，痛快地写，甚至歇斯底里地骂。但在树洞时间之外，就要努力专注于当下，积极生活。把所有的负面东西集中在树洞内，有助于区分界限，恢复正常生活。除此以外，为逝去的恋情做一个哀悼仪式也有必要，例如，把对方送的礼物处理掉，删除两个人的合影，取消对对方的网络社交平台的关注，让自己的视野内暂时不出现与其相关的一切事物……也许这些行为会使你柔肠寸断，但是无论多么痛苦，都要告诉自己："这件事情已经结束了。"

### 学会自我关怀，重设心理边界

分手与被分手，都不是一个人的错误。但有些人不会"自我关怀"，习惯内归因，将原因归结于自己的各种不好，难以从失恋中走出来。内夫(Neff)认为，自我关怀是以友爱的方式理解自己，而不是严厉地批评和指责，能感受到自己与他人之间在生命体验上的契合，而不是被自己的痛苦所孤立和隔离。学会自我关怀，不去苛责自己，才容易释怀和走出失恋。

重新设定心理边界，也是一个必经的过程。关系的实质是由边界决定的，曾经的恋爱给予对方充分进入我们生活的权力，允许对方参与我们的生活抉择。分手则意味着收回这些权力，重新设立适当的边界。有的人失恋后发布自己如何痛苦的言论和照片给对方看，或者伤害自己的身体甚至用自杀的方式来报复对方，其实，这种让对方看到自己痛苦和虐待自己来让对方难受的行为，是在继续放开边界，允许前任闯入和窥探。重设心理边界，意味着你的痛苦属于自己，你所做的事情不需要被对方看到，因此，你的生活由自己把握。

### 学会资源取向，投注有意义的事情

从灾难中看到积极的一面是我们需要学习的思维模式。失恋固然难过，然而

"挥别错的才能和对的相逢",也算是及时止损。从最亲密的关系中观照到自己的不足,从而有机会改正,也许哪天还能写出《失恋的三十条好处》。这些都是资源取向的结果。失恋后将精力投注于有意义的事情,是一种叫做"升华"的成熟的心理防御机制。《少年维特之烦恼》就是少年歌德在失恋后创作的名著。对于普通人而言,有时候失恋意味着重生,阅读、健身、旅游、投入公益事业或是学一门技艺,都是可以去做的有意义的事情。"既然失恋了,就不能白痛苦一场",也许是"做更好的自己"的最大动力。

## 爱的进阶

### 情感的品质

亲情、友情、爱情,是人与人之间最基本的情感联结。曾奇峰指出:"人没有情感,会被'饿死';情感太多,会被'撑死';不多不少,才是最好。"有些父母的爱快让孩子窒息,"我是为你好","不管怎样都无法改变我是你的亲人这一事实"成为了肆无忌惮去爱的理由。没有边界和规则约束的情感是可怕的,而更为可怕的是无法反驳。家庭关系的多项研究证明,家庭成员之间的高浓度的情感表达,会导致心理障碍发病率的显著增加。

在爱情中也有这样一种人,"我是这么爱你,我对你的爱超越了一切,我可以为你付出一切,你也必须同样为我付出一切"。这是以爱为名的占有,是禁锢所爱的牢笼。这样的爱,你会喜欢吗?能够接受吗?对比而言,友情比亲情和爱情要平淡一些,没有血缘的约束,也没有由爱情步入婚姻的社会学基础。维持友谊需要有条件,否则很容易终止。曾奇峰认为,"既可以浓如血也可以淡如水"的友情代表着最高品质的感情。这种观点对于爱情中的人们是否有所启示呢?要用心维系爱情但不过于控制,给爱一个适当的浓度和温度吧!

### 爱情账户

心理学家黄维仁曾经做过这样一个比喻,情侣之间有一个"爱情账户"。每一次做了让对方开心的事,就是在对方的账户里存款。每次让对方难受、痛苦、受挫折,就是在账户中提款。"以对方需要的方式来对待对方"是存款,如同在人家口渴时递上的一杯水。"以自己需要的方式来对待对方"是取款,如同在人家口渴时硬塞给一个馒头。如果爱情账户存款丰厚，那么很多小问题可以被原谅。如果爱情账户里已经赤字连篇、债台高筑，那么任何一些小事都可能变成大事。

## 爱的艺术

心理学家弗洛姆（Froome）在《爱的艺术》中指出："爱情是一门艺术，学习如何爱就像学习其他艺术一样，一要掌握理论，二要进行实践。"弗洛姆认为，很多人对爱情存在一些认识上的误区。

第一，多数人把"爱"当成"被爱"的问题。人们更多关注"我怎样才更可爱"，"我会被人所爱吗"，"如何才能让别人爱上我"。于是人们不断付出努力获得大众认可，无论是事业财富，还是外貌仪表，总致力于让自己更容易"被爱"。但显然，爱与被爱不是一回事。

第二，人们总是认为爱的问题是一个对象控制问题，而不是爱的能力问题。在商业高度发展的社会，在把取得物质成功看得高于一切的文化中，有些人将爱情简化成商品，将恋爱变成了一种供需关系。事实上，真正的爱情用钱买不到，也无须控制。

第三，很多人混淆了"坠入情网"和"持久的爱"两者的区别。人们经常把最初如痴如醉陷入情网的表现看作是爱情的持久状态，实际上往往是性的吸引力所引发，这种类型的爱情本质来说难以持久。

那么，何谓"爱的艺术"呢？下面是几个重要的因素。

### 爱是给予

爱情首先是给予而不是获得。"给予"比"获得"会带来更多快乐。如同《小王子》中小王子对玫瑰花的照顾，每天给她浇水，帮她晒太阳，跟她说好多的话。但是"给予"常常被曲解。有些人将"牺牲自我，成就对方"视为一种给予，例如，妻子放弃自己蒸蒸日上的事业去当家庭主妇，只为了让丈夫专心工作。有些人将"倾其所有"视为给予，例如，为了博红颜一笑，买名牌买包包送女友，结果信用卡负债累累。这样的给予显然不会带来快乐，只会让人觉得压抑、沉重和不堪负荷。

其实，弗洛姆说的"给予"更倾向于"分享"。分享彼此的喜怒哀乐，分享彼此的兴趣、知识、幽默，分享内心中有生命力的东西。在给予的同时，自然地唤醒对方的回应。因此，弗洛姆说："没有生命力就是没有创造爱情的能力。"

### 关心、责任、尊重

关心是寒冬里递过来的一杯热水，是熬夜工作时煮好的一碗面，是受挫难过时可以依靠的肩膀。爱情中的人们，总是传递着对对方的关心。爱是一种无微不至的关切，冷不冷、热不热、饿不饿、困不困，这些细枝末节的关怀都传递着爱的信息。

责任是一种完全自愿的行为，是对另一个生命已经表达出来或尚未表达出来愿望的答复。责任意味着有能力并准备对这些愿望给予回答。责任更多源于内心深处的爱与关心，因为这份责任，生命会更加丰富，能体验到一种能量，也更努力地工作，更认真地生活。

尊重是希望所爱之人以他自己或她自己喜欢的方式去成长和发展。尊重意味着不惧怕、不控制，也不强求别人变成你喜欢的样子，意味着包容对方本来的样子，保持其独有的个性。正如一首法国歌曲中所唱那样："爱情是自由之子，永远不会是控制的产物。"

## 爱的能力

如同武林高手一样，恋爱达人们也拥有深厚内功，这套内功修的就是"爱的能力"。

### 学会判断爱

学会判断爱，是能够辨别爱情与其他情感的区别。例如，判断是喜欢还是爱，判断是友情还是爱情等。正确地判断爱，将引导感情生活的走向。"爱情错觉"出现时，有些人会将异性交往中的正常接触误判为爱情，造成自作多情的局面。有些人将一时的感动、感恩误解为爱。还有些人将对过去某人的感情转移到现在具有类似特征的人身上，将这种"移情"视为爱。

### 学会靠近爱

有些人很难建立亲密关系，面对恋爱这朵娇艳的玫瑰花，即使心向往之，也会因为惧怕花刺而不敢靠近。亲密恐惧问题往往源于依恋关系不够安全，被父母拒绝和忽视次数多了，感觉靠得越近伤害越大，于是便止步不前。成年后，依然不相信自己值得被爱，为了不受伤于是不敢与他人靠得太近。觉得恋爱必然带来痛苦体验，对方迟早会像父母那样忽视和拒绝自己。跨越亲密恐惧需要自我觉察，也需要在安全和稳定的环境中进行自我探索，敞开自己的旧体验，修复过去的创伤。

### 学会表达爱

曾经的你是否有过说不出口的暗恋，在此去经年后懊恼自己当初的不勇敢？很多人的感情之所以出师未捷身先死，就是败在了告白这个环节。告白需要时机、条件和方法，外加一点勇气。当双方有一定接触和了解，此时出击的成功概率远胜于第一面吐露心声。若感觉对方关心、爱护你但又羞怯和内敛时，不妨换成你来大胆说爱，给彼此确定的信号。当对方遇到困难和挫折时，如果能始终如一地站他或她的身边，送上倾听的耳朵或是依靠的肩膀，那么此时的告白相当具有杀伤力。告白只是万里长征第一步。恋爱过程需要始终如一地表达爱。即使不像外国人一样常把"I love you"挂在嘴边，也可以采用其他方法让对方感受"爱的存在"。有人擅长说，有人擅长写，有人擅长"买买买"，还有人擅长无微不至地照顾。总之，表达爱的时候，对方喜欢和需要的方式就是最合适的。

### 学会拒绝爱

面对别人的告白，因为害怕伤害对方而犹豫不决，或者面对强大的追求攻势而勉强接受，这种拖泥带水的爱情往往难以收获好结果，勉强和将就终将变成刺向双方的利器。因此，果断地说"不"，敢于拒绝爱也是一种重要能力。拒绝的时候：一要态度坚定，不要造成欲拒还迎的暧昧假象；二要行事平和，不能冷嘲热讽，可以不接受感情但别践踏真心；三要直接拒绝，最好不要托人转告，避免产生不必要的麻烦。

### 学会发展爱

学会发展爱是指处理差异、化解矛盾，使爱情得以维护保持长久的能力。丹顿（Dainton）和泰勒（Aylor）提出五种维持关系的积极行为。

**肯定。** 肯定首先是对恋人情绪与感受进行积极回应。例如，恋人抱怨办公室同事对自己不公平，我们可以做出积极的回应，肯定和接纳恋人难过、愤怒的情绪，让其感到被支持，而不是否认和批评其不会处理办公室关系。肯定也包括认可对方在恋爱关系中所起到的作用，例如，不时表达"你对我来说很重要"，"感谢你对我的关心，对我们爱情的付出"。肯定还包括对恋人做出的成绩进行肯定。例如，对方通宵达旦完成了一个项目，或者坚持了一个月的晨跑，都可以及时给予赞美。

**坦诚。** 坦诚是恋爱的基石之一，有助于增进信任与亲密，但需根据双方感情的阶段来决定开放的程度。我们可以在适当的范围内袒露过去的经验和感受，但不可要求对方和我们一样，要他们绝对地袒露一切。例如，我们可以鼓起勇气谈论自己的上一段恋情或者过去发生的不那么光彩的事，但不可要求对方全盘托出他或她的过去，除非他们自己觉得可以谈论了。

**积极。** 积极是指用一种资源取向的眼光看待彼此的感情，勇于表达自己的感受，积极对待一起的生活。有些恋人非常擅长兴趣盎然地把平常的日子过得有滋有味，这其实是传递了一种积极信息：我愿意和你在一起，即使做普通的事也很愉快。

**共享社交**。有人说，判断是不是真爱，就看带不带对方去参加朋友聚会或者会不会在朋友圈秀恩爱。这确实有一定道理。与恋人一起"共享"自己线上、线下的社交网络，一同参加亲人朋友的聚会，其实是传递一种"认定你"的意思。当然，这并不意味着失去私人空间，而是通过参与彼此的社交圈，建立双方之间更紧密的联结。

**共担责任**。丹顿的研究发现，恋爱中一起承担生活的责任，在对方需要时给予适当的建议与协助，被认为是维系双方关系的重要方式。有人觉得自己的事情要自己承担，不应该给对方惹麻烦，这种带有隔离性质的处理，反而让对方感到不被接纳，没有真正融入这段关系中。正所谓，"人生路上甜苦和喜忧，愿与你分担所有"。爱，意味着放弃部分自我边界，让对方进入，也意味着共享烦恼、共对困难、共担责任。

# 第三节　爱的变奏曲

当今社会，同性恋已经不是一个新话题，部分国家同性婚姻的合法化也让人们更为了解同性恋。

## 同性恋的界定及其身份认同

### 同性恋的界定

"同性恋"（homosexuality）一词是法国医生贝科特（Benkert）于 1869 年创造的，是指个体只对同性产生爱情和性欲的现象。英国牛津大学精神病教科书作者格尔德（Gelder）等人认为："同性恋是指对同性产生性欲的意念和情感，而不论他们是否有明显的性行为。"沃克（Walker）在《牛津法律指南》中写道："同性恋是一个人和另一个同性产生的性吸引，并导致身体接触和性快感。"

1973 年，美国心理学协会和美国精神医学会将同性恋从疾病分类系统中去除。1980 年，《精神疾病诊断和统计手册（第 3 版）》（DSM－Ⅲ）不再视同性恋为精神疾病。1990 年，世界卫生组织（WHO）正式将同性恋从疾病名册中去除。2001 年，中华医学会精神科学会推出第三版《中国精神疾病诊断标准》（CCMD－3），将同性恋从精神疾病分类中删除，这意味着中华医学会不再将同性恋看作疾病，同性恋在中国大陆实现了"非病化"。

### 同性恋的身份认同

身份认同是判断同性恋者的基本标志，是指认同与同性恋性身份相关的角色和行为规范，能为其在社会中学习、工作和生活提供合理性解释。

建构主义认为同性恋身份认同的形成是"成为"同性恋者过程的一部分。普鲁玛（Plummer）总结，公开同性恋身份一般包括四个关键过程：第一，对自我公开身份，通过自我对话，向自己表明自己的身份；第二，在私人场合下公开身份，在有限的范围内告诉其他人，如亲人、朋友和同事；第三，在公众场合公开身份，被更多的人知道，成为自我无法控制的公开信息；最后，在政治的层面公开身份，讲述身份公开的故事。按照荣登(Troiden)提出的理想模型，同性恋身份认同的完成通常要经历四个阶段：身份感知、身份认同迷惑、身份认同预设和身份认同固定。需要指出的是，同性恋身份认同的形成不是线形发展、步步相随的，而是在不同阶段之间来回摆动，时快时慢。

# 同性恋的成因

目前，学术界对同性恋形成的观点分为"先天说"和"后天说"。先天说主要考察生理机制，从基因、激素水平、大脑结构等方面进行研究。后天说主要考察社会心理机制，从教养环境、社会经历等角度进行论证。

遗传学家哈默(Hammer)在研究"由母亲传递的 X 染色体"后提出了关于同性恋的起源理论。他在 44 对中的 33 对同性恋孪生兄弟中的 X 染色体上发现了一个特别的区域 Xq28，也就是常说的"gay"基因。研究证明，男同性恋比异性恋多 33% 的概率得到 X 染色体上的 Xq28。2015 年，哈默采用更大样本，对 409 对同性恋兄弟进行研究。结果进一步支持了"gay"基因的存在。哈默说："这是迄今为止有关性取向具有遗传基础的最有力证据。"此研究小组对女性同性恋者的研究也初步显示，女性的性取向也受基因影响。但是，各类针对兄弟姐妹和双胞胎的大量研究数据表明，虽然基因的作用真实存在，但其在性取向中所扮演的角色非常复杂，不能简单地进行解释。

关于激素水平的动物实验发现，向怀孕的母鼠子宫里注射激素，能够极大地改变其子代的性行为。因此，科学家进行推测，人类胎儿期的激素水平异常也会改变出生后的性心理及行为。对于同性恋者和异性恋者激素水平的测量表明，同性恋现象与激素水平有关，但难以确定激素水平和同性恋究竟谁是因、谁是果。

精神分析学说从性心理发展和潜意识的角度阐释了同性恋产生的原因。弗洛伊德认为，3~5 岁的儿童是性心理发展关键期。在此阶段，孩子对同性父母敌对排斥，对异性父母产生本能的性渴求。当儿童抑制这种性本能情结并对同性父母认同时，这一时期宣告结束。在此阶段，双亲采取既不过分抑制，又不过分刺激的合理态度，儿童就会顺利度过这一阶段。反之，如果儿童在此期间遭受心理创伤，那么恋母情结就会潜藏在意识里，并继续影响性心理发育，最终在性成熟后出现性心理异常。

行为主义认为，在个体性取向的形成中，学习具有重要作用，主要通过奖励和惩罚的方式对其加以塑造。如果一个人经历过失败的异性恋或是在同性恋中得到了满足，就有可能发展为同性恋，当然，也仅仅是有可能。行为主义学派还特别注重伙伴群体关系、偶然的机遇、以及特殊的性经历对同性恋产生的影响。

另外，女性化的教育环境、对母亲过分依赖、单性环境等也是同性恋形成的原因。有研究者提出，童年被性虐待、青春期遭受性骚扰等经历对同性恋形成具有一定影响。处在单性环境下可能会产生"情境性同性恋"，如监狱、军队、男校、女校等场所。在这样的环境下，性需求无法寻找异性疏解，就有可能选择同性性行为。

同性恋形成的原因至今众说纷纭，有待进一步探索。

# 走出对同性恋的认识误区

## 同性恋等同于异性化？

在很多影视作品中，但凡出现同性恋者，总是刻意把他们的形象塑造得很异性化。同性恋群体中确实存在异性化者和喜欢异性化者，但这类人数量很少，至多占同性恋总人数的3%。大部分同性恋看上去和异性恋并无很大区别。

## 同性恋等同于异装癖？

有一类人喜欢通过穿着异性服装，打扮成异性来获得心理的平衡和性的满足，这叫做"异装癖"。异装癖目前尚未发现有遗传因素，但幼年时期的家庭环境可能是影响因素之一。异装癖不等于同性恋，有异装癖的人不一定喜欢同性，很多时候他们的婚恋对象是异性。

## 同性恋等同于易性癖？

一个生物学上的男性或女性，尽管清楚地知道自己的生物学性别，却在心理上感觉到自己是异性，并渴望改变自己的生物学性别，叫做"易性癖"。这个概念由考德韦尔（Cauldwell）首先提出。易性癖与同性恋、异装癖和精神病行为有所不同。虽然易性癖和同性恋喜欢的对象皆为生理上的同性，但同性恋认可自己的性别，不存在变性的需求或者形象装扮异性化的倾向。

# 第七章
# 描绘家庭蓝图

描绘家庭蓝图

从浪漫的爱情步入婚姻，走过磨合期，迎来新生命，接受家庭结构的变化，顺应家庭周期的推进。从一个人的自由，到两个人的浪漫，再到三个人的牵绊，"家"就这样建立起来。

# 第一节　婚姻——上天赐予的礼物

"我能想到最浪漫的事，就是和你一起慢慢变老。"这也许是促使人们走入婚姻的原动力。婚姻到底是什么？有人认为婚姻是爱情的终结，是爱情的坟墓；有人认为婚姻是爱情的升华，是爱情的保险箱；也有人认为，婚姻就是婚姻，是大多数人必经的人生历程，无所谓好坏。

婚姻，上天赐予的礼物

## 给结婚一个理由

"不以结婚为目的的谈恋爱都是耍流氓。"但不是每段恋爱都会顺理成章走入婚姻。闪婚的固然有，恐婚的也不少。先了解一下婚姻的理论也许是不错的心理准备。

### 婚姻大家谈

婚姻是什么？《礼记》中认为"婿为婚，妻为姻"，婚姻既是嫁娶的礼仪，也是夫妻的称谓和姻亲关系。不同理论对于婚姻有着不同的解读。

#### 生物学家如是说

物种的行为以生殖为导向，基因传递是促使物种进化的核心力量，保持优良基因是种族延续的需要。对于早期的人类来说，性是实现基因传递的唯一手段。因此，人类的性行为必然要朝着有利于后代繁衍的方向发展。而婚姻正是这样一种制度，有着固定的性关系主体、恒定性行为，能确保通过稳定的男女关系来繁衍后代。因此，从生物学角度来看，选择婚姻是以人的本能、遗传和生物因素为基础的。从神经生化角度来看，在轰轰烈烈爱过之后，被称为"婚姻递质"的内啡呔可以填补激情，降低焦虑感，让人体会到一种安逸、温暖、亲密和平静的感觉，这就是婚姻的味道。

### 社会学家如是说

从社会学角度来看，婚姻是男女结成夫妻关系的行为，是家庭成立的标志。婚姻关系的本质在于它的社会性，夫妻关系是一种特定的人际关系和社会关系。婚姻的动机不仅是以社会认可的方式满足夫妻双方的性需要，继而生儿育女繁衍后代，而且还包含了经济方面的考虑。德国社会学家穆勒（Mill）认为婚姻的动机有三种，即经济、繁衍和爱情。有学者认为：上古时代，经济第一，繁衍第二，爱情第三；中古时代，繁衍第一，经济第二，爱情第三；现代社会，爱情第一，繁衍其次，经济第三。现代社会，由于女性地位发生了变化，个人自由成为社会生活的准则，爱情成为婚姻的主导动机，然后才是繁衍和经济。

### 心理学家如是说

从马斯洛（Maslow）的需要层次理论看婚姻，可以这么理解：性和繁衍是最低层次的生理需要，当这一层次需要被满足后，人们开始追求安全，也就是从法律和现实生活中确认自己对配偶的所有权。然后，婚姻的重心逐渐转向了亲密的需求，双方开始注重爱与陪伴，也就是追求爱和归属感。最后，人们越来越需要在婚姻中自我表现、感受到尊重和自身的成长，更多地将婚姻看做是实现自我价值的一种手段。到这个阶段，能满足上述几个层次所有需求的婚姻关系才基本符合现代社会婚姻的特点。

我国心理学家李子勋在多本著作中论述过婚姻。他认为婚姻有三个基本功能：互利、分享和并存。互利是双方都能从婚姻中得到需要；分享包含互助和归属感；并存是一种高度尊重，愿意保持一种边界，尊重双方差异。他说，婚姻从心理层面讲是一种归属，更是一种生存方式。婚姻不等于爱情，爱情就像我们把一颗种子撒到地里，辛勤浇灌，种子发芽了，结出来的果实就是婚姻，但婚姻只有爱情是不够的。李子勋还把婚姻比喻为下棋，因为婚姻也要讲道德棋风，除了棋思敏捷，棋路明了，还要做到落子不悔。

## 婚姻的进程

### 共生期

马勒分离个体化理论认为，2~6个月大的婴儿接受着妈妈无微不至的照顾，体会到无所不能之感，以为自己和母亲是一体的，这是母婴之间特殊的心理共生关系。热恋期或新婚燕尔的男女也会经历类似的共生关系，他们相互依恋、关心对方、照顾对方，"两个人好得像一个人似的"，形成类似于母婴共生的状态。伴侣似乎在重复婴儿对母亲的依恋，如果分开，会出现不安、无助等分离焦虑表现。但是人需要成长，婚姻也在不断发展。正常的婚姻度过了共生期，就开始向彼此尊重个性的个体化期发展。

### 个体化期

婚姻关系稳定下来后，婚姻从共生期向个体化期迈进。此时，双方不再形影不离，并且会不自觉地向对方显示真实的自我，希望对方能够完全地接纳"独特的自己"。对每个人而言，近距离的亲密关系考验的不是浪漫情怀，而是包容、信任。当然，婚姻中两人的成长速度会有差异，大多数夫妻步调不一，因此要懂得彼此帮助，相互进步，重新调整"亲密的距离感"。经历了个体化阶段的挑战和磨合，夫妻双方才会进入整合期阶段，享受丰盛甜蜜的婚姻生活。

### 整合期

整合并不意味着失去自己的性格，也不是隔离和漠不关心，而是真实地认知对方后，逐渐接纳对方和自己，让彼此都得到尊敬与支持。成熟的结合，允许两人都保有自我，同时遵守彼此对婚姻的承诺，合理建造一个夫妻共同体。这个时候，每天花一点时间分享自己的感受和想法，给予对方成长的心理空间，是件美妙的事情。整合期的特征是独立、有创造力、充实、因分享而充满活力以及对自我和对方有兴趣。

# 婚姻大不同——进入婚姻的准备

## 生理准备

婚前的生理准备主要是指对性生理和性心理知识应有所了解。结婚就意味着夫妻过性生活，性生活质量的好坏关系到婚姻和谐。一方面，要了解男女性差异、学习性知识、掌握性技巧，从而获得性满足，这需要双方的配合，不可能一夜成功，它将经历一个探索的过程；另一方面，要认识到婚姻不只有性的表达，还包含着比性欲丰富得多的内容。

## 心理准备

结婚后，很多夫妻有这样的抱怨："结婚前你不是这样的，你变了"，"追我的时候你那么耐心，怎么现在这么不耐烦？"这种反差也许源于没有做好结婚前的心理准备。

### 王子和公主的梦醒时分

单身男女在经历等待后遇到属于自己的意中人，像童话中的王子找到了公主。两个人如胶似漆，似乎只要有爱情就可以天荒地老，正所谓"有情饮水饱"。在盛大的婚礼后，"王子和公主从此幸福快乐地生活在一起"，可现实中的婚姻才刚刚开始。婚前对婚后的生活期望过高，过度脑补"对方的好"，进入婚姻后发现并非如此，两相对比之下容易产生心理落差。能否卸下华衣洗手做羹汤，能否放下手机和对方唠唠嗑，能否为了关照家庭而割舍一部分自我，能否把对对方 100% 的期望降低，都能影响婚姻的幸福程度。此时的王子和公主需要放弃不切实际的幻想，开始面对婚姻中点点滴滴的平实生活。

### 两性之好变成两姓之好

绚烂的爱情化为平淡的生活，相互适应是婚后相当长时间内的生活主题，所以婚前称作"谈恋爱"，婚后叫做"过日子"。请你思考一个问题：一张"婚床"上睡着几个人？是两个、六个、还是更多呢？这当然只是一个比喻，是为了说明恋爱是两个人的事，结婚是两个家庭的事；恋爱要处理的只有两个人的关系，婚后要处理的除了夫妻关系，还有婆媳关系、翁婿关系以及亲戚关系，或许还有更为复杂的大家族的关系。因此，恋爱阶段的"两性之好"变成了婚姻中的"两姓之好"。

### 面对权责之争

由于双方的家庭背景、生活习惯、世界观、价值观等不同，夫妻间可能会出现"权责之争"。家庭共同生活事务需要做出决定，谁做决定就是权力的问题。比如，丈夫想买车，妻子想买房，家中的财力却只能满足其中一件，那么，谁有权做决定呢？如果没有明确的权力划分，就会产生冲突。家庭中除了权力还有责任，夫妻双方都需要承担家庭的责任。例如，做饭是谁的责任？买菜呢？清扫呢？丈夫可能认为这些都是妻子的事情，而妻子则觉得丈夫至少应该帮着做点洗洗涮涮的事情。如果双方都推脱责任，就必然发生冲突。婚姻中权责界限模糊，夫妻双方就难以达成一致，容易导致矛盾和冲突。

### 理解男女差异

《男人来自火星，女人来自金星》一书将男女差异分析得淋漓尽致，脑科学研究的最新结果也证明了男女的差异。这对于婚姻中朝夕相处的夫妻颇有启发。

**思维方式的差异**。有人说，男女的思维差异隔了一条银河系。男女思维的差异首先表现在处理信息的宽度上。大脑左右半球的连接桥梁叫做胼胝体，它决定两个大脑半球间的交叉信息处理能力。男性胼胝体的体积小于女性，因此女性能同时高质量完成多项任务，而男性只能做一件事。例如，妻子能一边看电视一边聊天的同时还注意孩子玩耍是不是安全，而丈夫一旦看起足球来就听不到外界任何声音了。男女思维的差异还表现在处理问题方面。遇到问题的时候，男人擅长理性分析，可以不受事物细节和自身情绪的干扰，理性地分析问题和解决问题。女人往往会受到事物细节和自身情绪的牵绊，处理事情时会遵从内心感受，充满感性地思考问题。

**情绪需求的差异**。女性需要"被关怀"。在她撒娇示弱时，木讷的丈夫千万不要只回答"多喝热水"，还要有温情的话语和温暖的拥抱。女性需要"被认同"。当妻子回到家里有一些抱怨时，希望听到丈夫认同她的情绪，例如"听起来你今天感到很委屈"，而不是急忙帮她分析问题。女性需要"被听到""被看到"，如果感到丈夫忽略了自己，她就会捣鼓些小事吸引他的注意力。女性需要"被爱"，因此总喜欢问丈夫"你还爱我吗？"对比而言，男性的情绪需求有所不同。丈夫需要能力被肯定，才华被欣赏，为家庭的付出被感激。与其同情不如鼓励，与其帮他分析不足不如相信他能行。

**解压方式的差异**。女性擅长用语言来表达情绪，面对压力和不快时，会选择倾诉为主的方式。研究表明，女人每天的说话量是男人的三倍，这可以解释，她们为什么喜欢找人慢慢倾诉，在情绪得到缓解的同时，也在叙述事情细节中找到问题的解决之道。此时，丈夫要学会倾听，只要理解她的感受即可，不用教她怎么去做。咪蒙说得好："我们女生生气的时候，需要的是你同仇敌忾，而不是讲道理。"

男人就像穴居动物，面对压力和不快的时候，喜欢选择独处的方式来解压。压力大了、身体累了，就需要躲进洞穴中独处一阵子。比如，他们可能会选择一个人去跑步、独自抽烟、默默在黑暗中发呆。此时，聪明的妻子会给予他独处的空间，不去打扰。如果问题解决了，他自然会回归到两人的关系中来。如果总是形影不离跟着，或者不断问他的感受，只能适得其反，导致冲突。

### 婚前问自己

美国《纽约时报》的婚姻专家列出的婚前必问的十五个问题，可以在婚前检验我们是否真的做好了进入婚姻的准备。(1)我们要不要孩子？如果要，孩子主要由谁负责？(2)我们的赚钱能力及目标是什么？消费观及储蓄观会不会发生冲突？(3)我们的家庭如何维持？由谁来掌握可能出现的风险？(4)我们有没有详尽地交换过双方的疾病史(包括精神上的)？(5)我们父母的态度有没有达到我们的预期？他们会不会给予足够的祝福？如果没有，我们该如何面对？(6)我们有没有自然、坦诚地说出自己的性需求、性偏好及恐惧？(7)卧室能放电视机吗？(8)我们真的能倾听对方诉说，并公平对待对方的想法和抱怨吗？(9)我们清晰地了解对方的精神需求及信仰吗？我们讨论过孩子将来的教育模式和信仰问题吗？(10)我们喜欢并尊重对方的朋友吗？(11)我们能不能看重并尊敬对方的父母？我们有没有考虑到父母可能会干涉我们的关系？(12)我的家族最让你心烦的事情是什么？(13)我们永远不会因为婚姻放弃的东西是什么？(14)如果我们中的一人需要离开其家族所在地陪同另一人到外地工作，做得到吗？(15)我们是不是充满信心地面对任何挑战使婚姻一直往前走？

根据问题清单认真回答，也许很多想法能够得到澄清，这对于准备步入婚姻的男女大有裨益。

## 幸福婚姻的秘笈

### 从磨合期到七年之痒

新车上路时，高速运转的各个部件直接接触而造成的磨损，叫做"磨合"。磨合能够保证部件充分接触、摩擦、适应和定型，最终提升汽车适应环境的能力，使得驾驶渐入佳境。如同新车的磨合，夫妻双方带着各自的秉性、习惯和原生家庭的影响步入婚姻，同样会产生磨擦和争吵，甚至感到相处困难，这一段相互难以适应对方的特殊时期被称为"婚姻的磨合期"。

婚姻中另外一个著名阶段叫做"七年之痒"。从生物学角度来看，是指人的细胞平均七年会完成一次整体的新陈代谢。也有人说这是一个"舶来词"，来自1955年美国著名影星梦露(Monroe)主演影片《七年之痒》。这部影片讲述了一个结婚七年的男子，在妻子去乡间度假后，对刚搬来的女房客想入非非，但最后还是幡然省悟，悬崖勒马，回到妻子身边。后来就用"七年之痒"形容结婚久了彼此丧失新鲜感的现象。七年之痒，并不是指所有夫妻都要在第七年的时候会发生些什么，如果夫妻间真的有问题，也不仅仅是在第七年，或长或短。

"下雪了！如果不打伞一直走，是不是就可以一路到白头？"——这毕竟只是美好的愿景。从新婚燕尔到痛苦磨合，从平淡生活到七年之痒，想跨越婚姻的险滩，最终携手白头，还需要一番修炼。那么，如何提升婚姻的幸福指数呢？

# 提升婚姻的幸福指数

## 达成共识

美国婚姻问题专家朱丽（Julie）在《幸福婚姻法则》中提出，夫妻双方进入婚姻的时候应该要达成五大共识，分别是：爱情是把两个人拴在一起，婚姻是把一群人拴在一起；结婚意味着劫富济贫，在金钱的支配上不能搞平均主义，更不能斤斤计较；夫妻之间一旦发生矛盾，出面劝说的人越多，矛盾越是不容易解决，必须学会自我消化；婚姻是一部机器，故障在所难免，离不开日常的调试和维护；家庭既然是难言之隐的避难所，婚姻就应该具有藏污纳垢的能力。如果能达成这样的共识，很多所谓的婚姻问题就不是问题了。

## 提升自尊

心理学家科甘（Kegan）认为自尊有三个层次，这在婚姻中也同样适用。第一层是依赖性自尊。有高度依赖性自尊的人将自尊立足于别人的评价中，在婚姻中喜欢对比，特别需要伴侣的赞扬。如果哪天对方没有及时给予肯定，自尊指数立马下降。第二层是独立性自尊。这是一种内在产生的自尊。对自己的评价取决于自我感知，依赖于自己做得如何、是否有进步、潜力发挥了多少的评价，而不取决于他人的言论或想法。例如，这种类型的丈夫如果费心做了一桌子饭菜，妻子却觉得不好吃，他一定会觉得是她的胃口不好或者过于挑剔。第三层是无条件自尊，这是一种自然的状态，是一种自然的存在感和自我感。这样的人自尊高到对自己感觉良好，不在乎别人怎么看自己，甚至不在乎自己怎么看自己，也不会盲目地进行比较。可以看出，发展出高水平的自尊，将有助于婚姻幸福。

## 确保公平

研究发现，处于公平关系中的伴侣往往对婚姻的满意度较高。在九种被认为是成功婚姻象征的事物中，"分担家务活"排在第三位，可见干家务并不是鸡毛蒜皮的小事情，而是事关婚姻满意度的大问题。夫妻关系中，如果有一方觉得自己无论是在时间、精力、感情上，抑或是在洗碗做饭等家务以及照顾孩子上，都付出得更多，那么婚姻满意度就会下降。因为知觉到的不公平会导致婚姻紧张，而婚姻紧张又会强化不公平的感受。所以，当一个人无条件无保留投入婚姻时，如果对方不能给予同样的回报，那么这样的婚姻往往会让双方相爱相杀，最终爱侣变怨侣。

## 三种视角

布鲁克斯(Brooks)认为,人们需要从三种视角来考虑如何得到美满的婚姻。

**心理视角。**田代(Tashiro)认为能够预测婚姻稳定和幸福的最重要指标是伴侣的人格特质。因此,一个适合的伴侣应该是感受力高、共情能力强、情绪稳定的人。如果按照大五人格的标准来说,"宜人性"维度的分数一定不会低。

**浪漫视角。**婚姻本来已经如此现实,如果一开始没有储存足够多的浪漫感情,伴侣之间很容易缺乏应对未来生活种种挫折的基础。因为最初的浪漫爱情会成为一个保护因素,在婚姻遇到困难时,它成为可以回忆的资源,可能让伴侣重新黏合在一起,继续度过接下来的时光。

**道德视角。**"在这个自我实现的时代,能否实现一段美满的婚姻,道德的作用重新变得重要。"漫长的婚姻中难免有诱惑,很多时候,抵抗这些诱惑,依靠的是道德的力量。

## 学会沟通

静静地倾听对方的诉说,分享其忧愁与快乐;充分理解、细心感受对方的情绪变化;考虑对方的需求,适当调整自己的个性特点;及时主动地去表达,把心中的想法大胆直接地用语言传递给对方;学会用第一人称"我"表达自己的情绪;等等。这些都是不错的沟通方式。

**自我表露。**在婚姻中,"自我表露"是夫妻关系加深的重要因素。自我表露也就是向对方敞开心扉,展现自己的喜怒哀乐,而不是藏着、掖着、隔离着。一来一往之中,分享秘密、分担忧愁,两颗心越靠越近,亲密关系进一步得到提升。

**避开毒瘤。**黄维仁提出了"沟通的四大毒瘤",分别是批评、轻蔑、防卫和筑墙。在他看来,生活中的琐事会导致夫妻对彼此的失望与不满,因此会使双方时不时抱怨。如果是基于事实来表达自己的感受,那么抱怨其实是健康的。例如,"我真的好饿了,你迟到了三十分钟啊!"如果超越描述行为的层次去论断对方的"人格",则会恶化成"抨击"。例如,"你总是不守时,要别人等你,迁就你……"如果在论断对方人格之外,再加上蓄意伤害,这时抨击就变成"轻蔑"。例如,"就是因为你不守时,所以职位总得不到提升。"因此,一点点小矛盾千万不要上纲上线。

"防卫"和"筑墙"则是另外两种严重伤害家庭关系的行为。与女人渴望融合的特质不同,男人需要划定明确的自我边界,天然地反控制。因此,在夫妻意见不合或争吵之时,女人喜欢唠叨和责备,而男人会本能地竖起满身的刺,用沉默形成无声的抵抗,造成"一个追一个逃"的模式。往往妻子急着要把问题谈完，而丈夫却只顾着逃避不给回应，只想把大事化小、小事化无。这只能导致妻子更加气愤。如果实在逃不过，丈夫可能会一只耳朵进、一只耳朵出，有口无心地无条件赞同妻子的意见，或者干脆视而不见、听而不闻，其后果可想而言。

**重建沟通**。黄维仁提出了重建沟通的几个步骤。第一是"认识敌人"，尽量减少"四大毒瘤"在家庭互动中现身的机会。第二是积极培养家庭成员面对冲突时的修护能力。既然有了冲突，无法避免不争吵，那么就力图达到"吵得有水平、争论有效果、边吵边修护"的境界。第三是防止情绪泛滥，在情绪失控之前学会喊暂停，可以通过深呼吸、运动或者逼迫自己思考来自我抚慰，让自己安静下来。也可以使用一种"一方快快地听，一方慢慢地说"的修复式对话策略，让两人都可以表达，也都可以被听到。第四是学习沟通技术，明白双方需求。例如，女人期望男人的回应、称赞、关心、亲吻和拥抱，而男人希望得到鼓励，而且期待女人能清晰、有条理、有重点地说出感受，简单明了告诉自己应该怎么做。

### 共同成长

随着婚姻不断行进，作为独特个体的我们也在不断变化。夫妻双方可能会在事业、价值观和自我成长中步伐不同，导致差距越来越大。真正幸福的婚姻需要夫妻双方共同成长。当一方成长时，要主动拉对方一把，或者放慢脚步来适应对方，就像小时候父母陪着自己学会走路一样。除此之外，夫妻要有分享、耐心、感激、接纳和原谅的意识，为彼此带来新的知识、新的视野，帮助对方发掘潜力、不断超越。只有夫妻共同成长，才能给爱情注入新的力量，婚姻生活才能更加幸福。

家庭治疗大师萨提亚将最理想的婚姻状态描述为："有共同的时间、共同的话题，做共同的事，但要保留各自的空间。"她还用一段优美的话来详细描述："我爱你，但不抓住你；欣赏你，而不批判你；和你齐参，而不会伤害你；邀请你，而不必强求你；批评你，但并非责备你；帮助你，而不看低你——那么我们的关系就是真诚的，能够彼此滋润。"

# 第二节　家庭本是一个系统

对于大多数人来说，家是避风挡雨、团聚栖息的港湾，也有人觉得家庭如蜂蜜一样粘稠得窒息，还有人觉得家庭充满冲突和争吵令人想逃离。著名的文学家托尔斯泰在小说《安娜·卡列琳娜》开卷语中写道："幸福的家庭都是相似的，不幸的家庭却各有各的不幸。"我国家庭治疗界泰斗赵旭东教授则说："不幸的家庭都是相似的，幸福的家庭却各不相同。"

## 解读家庭

### 家庭

中国字的"家"，上半部"宀"代表房子，下半部"豕"代表猪。因为古代人们习惯在房子里面饲养猪，并将此作为家的象征。在心理学中，家庭被定义为："被婚姻、血缘或收养的纽带联合起来的人类群体，个人以其作为父母、夫妻和兄弟姐妹的社会身份相互作用和交往，创造一个共同的文化。"

家，不单是几间房子、几个人。首先，家是一个复杂的心理系统，是以情感为基础而构成的整体。每个家庭成员投入情感，大家有着直接的、面对面的频繁互动，有着强烈的情感认同。其次，家庭成员的身份是固定的。自出生那一刻开始，我们就形成了父母、孩子、兄弟姐妹的关系，这种身份是不可更改的。再次，家庭成员在资源上具有某种程度的共享，包括经济资源、情感资源、社会资源等。最后，家庭成员之间的关系会随着时间变迁而有所变化。新婚夫妇一旦有了孩子，就成了父母。孩子长大后建立一个新的家庭，则成为丈夫或妻子。

### 家庭类型

美国社会学家默多克（Murdock）依据家庭的代际数量和亲属关系将家庭分为核心家庭、主干家庭、联合家庭和其他家庭几种类型。"核心家庭"是指父母与未婚子女组成的家庭。例如，王小明、妻子和10岁的女儿组成的家庭。"主干家庭"指父母与一对已婚子女加其他亲属共同居住生活。例如，王小明的父母搬过来和他们一起住。"联合家庭"是指父母与多对已婚子女或加其他亲属共同居住生活。例如，王小明的父母与两个子女的小家庭住在一起，属于成年子女不分家的情况。"其他家庭"包括同居家庭、丁克家庭、单亲家庭、单身家庭、隔代家庭、同性恋家庭等。

不同的家庭类型，其关系、动力、任务和问题都有所不同。在过去，人们常用"儿孙满堂""四代同堂"来彰显长辈含饴弄孙的幸福，因此联合家庭尤为多见，现代社会则逐步减少。我国目前以核心家庭占主导地位，其次是主干家庭，尤其是孩子比较小的时候，祖父母可能会住在一起照顾孙辈。现代社会中，其他家庭形式也越来越多。

## 家庭系统

家，是一个相互联系、相互依存的系统，家庭成员交互作用时所产生的规则构成了比较稳定的家庭结构，成员间形成特定的交往模式。在这个系统中，"一个人与其他家庭成员被强有力的、持久而互惠的情感依恋和忠诚联系在一起"。

从结构上讲，一个家庭系统中往往包含了若干个亚系统，如夫妻亚系统、父母亚系统、亲子亚系统、同胞亚系统等。其中，夫妻亚系统是基础，会影响到整个家庭的功能结构。正如曾奇峰说的："夫妻关系是家庭的定海神针，在有公婆、夫妻和孩子的三世同堂家庭中，如果夫妻关系是家庭核心，拥有第一发言权，那么这个家庭就会稳如磐石。"

## 发展中的家庭

## 家庭生命周期

每个人的生命从出生到死亡要经历不同的阶段，每个阶段都有着不同的发展任务，只有我们根据变化做出适当的调整时，才能真正地成长。犹如人的生命一样，家庭亦有生命周期，它是指从结婚、子女出生、子女独立到终老凋谢的全过程，涵盖了婚姻、生育、教育和死亡等一系列生命课题。家庭周期的每个阶段都有属于本阶段关键的情感过程和发展任务，大多数家庭会沿着生命的轴线不断往前推进，并经历一个个不同性质的危机和转机。例如，迎接一个呱呱落地的婴儿的家庭，与容纳一个叛逆青少年的家庭所面临的挑战完全不同，要完成的任务也不相同。在合适的时间做合适的事情，无论是对于个人，还是对于家庭，都是必须遵守的规则。

## 不同周期的心理变迁

麦戈德里克(McGoldrick)将家庭生命周期细分为六个阶段，每个阶段都有其情感变迁的关键原则和任务。

**第一阶段**：单身年轻人与父母分离的阶段。此处的"分离"有几个含义：一是空间的分离，二是经济的独立，三是心理的分离。此时的青年人从家庭中分离，开始真正独立，他们使用成人的方式与父母交流，在工作和生活中发展自己的独立性，并且寻找同龄人之间的亲密关系。例如，刚参加工作的小白领，一人吃饱全家不饿的"单身汪"，甜蜜恋爱中的小青年大多属于这个阶段。此阶段的关键原则是接受自我在情感和经济上的责任。

**第二阶段**：结婚建立自己家庭的阶段。这个阶段不但要产生一个新的婚姻体系，还要重新组织与婚姻有关的大家庭关系和朋友关系。带着原生家庭痕迹的夫妻双方，需要在新家庭中重新塑造自我，适应新的角色，处理婆媳、翁婿、妯娌等关系，融入对方的大家庭中。此阶段的关键原则是对新系统的承诺。

**第三阶段**：有年幼儿童的家庭阶段。随着宝宝的到来，家庭关系重新进行调整，为新成员的加入腾出了空间。也许从前家里的玫瑰花之类的小情调变成了到处可见的奶粉、尿布和玩具，谈话内容也从夫妻关系延伸到孩子的点点滴滴。成为父母的夫妻二人，需要努力赚钱养家，共同承担繁重的家务，肩负养育孩子的责任。此时，还需要与升级为祖父母的父母处理好关系。此阶段的关键原则是接纳新的成员进入家庭。

**第四阶段**：孩子进入青春期的家庭阶段。这个阶段的青少年处于第二个分离个体化时期，急于寻求独立与发展自身个性。但是，他们又会不时回头确认父母是否仍在原处，希望继续得到父母的爱与认可。青春期的父母需要按捺体内的"洪荒之力"，容纳躁动不安的青少年，努力调整亲子关系。正如安娜·弗洛伊德(Anna Freud)说的，在青少年时期最理想的父母角色是"时进时退"。这个阶段，核心家庭的夫妻还要积极关注婚姻和事业的发展。此阶段的关键原则是增加家庭界限的灵活性，容许孩子的独立，接纳祖父母衰老的现实。

**第五阶段**：孩子离家阶段。此阶段子女因为求学、就业等原因陆续离开家庭，继续向前奔跑，而父母则重返二人世界。不久后，他们开始接受孩子的另一半进入家庭系统，还需要处理姻亲、父辈和孙辈的关系。此阶段的关键原则是接纳家庭系统大量的分离和加入。

**第六阶段**：晚年生活阶段。退休将改变夫妇的生活方式，他们要面对自己的身体不断衰老和人际关系发生变化的现实，大多人开始扮演新的角色——祖父母或外祖父母。面对死亡也是这个阶段面临的课题。此阶段的关键原则是接纳代际角色的变化。

沿着时间线的轨迹，每个家庭都处于不断变化中。变化不是问题，关键在于家庭是否具有弹性，容许新的人、新的关系、新的问题出现，同时满足每个阶段家庭成员的发展需要。例如，父母需要理解孩子"渐行渐远渐无声"的规律，接受孩子们越来越不需要自己的现实，学会慢慢放手，而不是持之以恒地"控制"他们直到成年。而逐渐成长的孩子要接受高大威猛的父亲失去了过往的权威，温柔美丽的母亲不复当年的神采，自己需要承担起反哺的责任。如果一个家庭不能智慧地处理冲突和平稳过渡，压力就会十分明显，一个或多个家庭成员可能状况不断。

## 藏在家庭中的秘密

### 或明或暗的家庭规则

在一个家庭中，每个人扮演着自己的角色，有着不同的分工和功能，这就是家庭规则，能让每一个人知道，在家庭中允许说什么、允许做什么以及不能说什么、不能做什么。每个家庭中都有自己的规则，包括"大人说话小孩不要插嘴""晚上十点前必须回家""吃饭不能把筷子插在饭碗里"等明确的家庭规则，也包括"不能公开谈论与性相关的问题"等无法宣之于口但大家都遵守的家庭规则。

#### 家庭规则的形成

一些家庭规则形成于再生家庭。夫妻两人搭伙过日子，从成家开始就面临着家务劳动、社会交往、性生活、抚养孩子等多重挑战。在关系形成之初，夫妻俩通过交流观点，不断澄清双方的权利与义务，逐步形成了家庭规则。例如，谁早回家谁做饭，谁休息谁带孩子。如果这些规则对夫妻俩不合适，显得过于僵化，那么随后生活中就可以进行调整。一些家庭规则会随着家庭生命周期的变化而变化。例如，在小学时晚上九点上床睡觉的规矩，到了中学时就会改变。"大人说话小孩听"的规矩也会随着孩子长大而慢慢改变，孩子将逐步参与谈话、发表意见，直到与家长平等对话。

一些家庭规则传承于上一代，体现了家庭的价值、态度和目标，拥有强有力的文化成分。例如，"书香门第""官宦之家"或是"世代忠良"都隐含着一个家族的规则，或是以读书为上品，或是崇尚入朝做官，或是强调忠诚清明。即使在再生家庭中形成的规则，也会受到原生家庭的影响。例如，从一个保守家庭走出来的女性，可能会要求自己的女儿"不可以穿暴露的衣服"或者"必须在晚上十点之前回家"。

不同地区的家庭规则体现了不同的文化背景。西方的价值观倾向个人主义，崇尚自由，讨厌束缚，因此，他们的家庭规则体现出的是个人取向。我们的家庭规则比较重视社会价值取向，避免冲突，讲究和谐。因此，经常可以看到老人们语重心长地一遍遍传播"家和万事兴""和而不同""和睦相处"等观念。

### 家庭规则的作用

或明或暗的家庭规则揭示了家庭的价值观，决定着家庭成员的行为模式，有助于建立与这些价值观相一致的家庭角色，促使家庭系统内部关系更为和谐。家庭规则可以澄清角色、确定界限，让家庭成员知道"这是我们家的方式"。这些感觉能够带到社会生活中，让我们明确社会角色和人际边界。家庭规则能够促进家庭更稳定，具有凝聚力，发展孩子对家庭的归属感。

运作不良的家庭里，规定多而且比较僵硬，常常无法符合情境的要求。例如，对自主性特别强的青少年有诸多限制，就像对待小朋友一样"不准做这个""不允许做那个"，必然会引起反抗。有的家庭规则比较混乱，让家庭成员无所适从。例如，父母心情好的时候，允许孩子玩水玩沙做实验，即使弄脏房子也没关系，一旦父母心情不好，这些活动都不被允许，要保持家中的绝对干净和安静，因而容易引发孩子的各种情绪。因此，家庭规则太严、太松或者太混乱都会导致问题。

僵化的家庭有太多的规则，比较刻板、固定、缺乏灵活性，家庭成员感觉畏首畏尾，甚至喘不过气来。混乱的家庭，要么规则太少、要么太混乱，让家庭成员不知所措，无所适从。健康的家庭里，家庭规则不多不少而且保持一致，规定符合人性，具有弹性，能应对不同的情境，在维持家庭秩序和安定的同时，本身也会随着家庭环境的变化和家庭生命周期的变化而调整，表现出灵活有序。例如，对于孩子花钱方面的限制，随着孩子的长大而变得宽松和自主。

## 让爱不跨界——守住家庭边界

人际有边界，家庭各亚系统之间也有边界，同样不能越界。家庭边界是把个体、亚系统和外部环境分开的无形界线，是一种隐形的障碍，约束着家庭成员的互动模式。

边界有助于保证系统中每个成员的自主性，也有助于把一个亚系统同另一个区别开来，是维系家庭中个体完整和团体完整的重要条件。

## 适当的边界

家庭治疗大师米纽秦（Minuch）认为，一个功能良好的家庭，应该有一个清楚的界限。边界清晰的家庭系统中，成员既有独立性与自主性，又能够对家庭有归属感。如同房子的结构，客厅和餐厅是家中成员相聚的地方，大家一起吃吃饭、看看电视或者聊聊天，其乐融融。到了晚上，各自回各自的卧室休息，互不打扰。客厅和餐厅容纳全体成员，提供家的归属感，卧室则相当于设置了一个边界，确保了个体的独立性。

米纽秦（Minuchin）在工作中发现，问题家庭主要表现为两种互动关系，要么过分卷入，要么过分疏离。个体间、亚系统间模糊不清的界限使得其他人可以任意入侵，导致过分"卷入"，如同掉进了蜂蜜罐又甜又黏难以摆脱。我们常常以"爱的名义"进行干涉，这样增加了家庭成员的依赖性，剥夺了个体独立发展的自由，容易产生冲突。过度僵化边界容易导致疏离的状况。在这种情况下，个人或者亚系统虽然能保持完整独立，但有茕茕孑立之感，缺乏相互的照顾，家庭成员情感难以交融。

过度模糊的界限似一道永远敞开着的门，过度僵化的界限像一道永远关着的门，而健康的边界如同一道可开可关的门。健康的边界既能够让家庭成员得到个体独立自主的感觉，也会在整个家庭系统里拥有归属感，即每个人既能感受到"我"的状态，也能感受到"我们"的状态，维持着良好的家庭功能的运作。

## 不同关系的边界

**夫妻关系的边界**。有人认为，婚姻就是两个人"水乳交融，合二为一"，夫妻关系应是越亲密越牢固。共同生活中也需要边界吗？答案是肯定的。夫妻本是来自不同家庭系统的独立个体，因为婚姻才结合在一起。既然是独立的个体，那夫妻关系中也自然也需要亲密"有间"。

保持夫妻边界需要智慧地处理"亲密"与"独立"的关系。亲密是夫妻间的常态，但是并不意味着没有边界，否则可能造成一方得寸进尺，另一方忍无可忍。例如，一个缺乏安全感的妻子，会不断侵入丈夫的空间来获得安全感，翻看手机、查看聊天记录甚至跟踪。这时，丈夫感觉个人边界不断被突破，因此产生反抗和冲突。期待"你中有我，我中有你，倾其所有，毫无保留"的关系，不愿划定边界是心智不成熟的表现。这种带有理想化的幻想，最终会被现实打败。再如，一方对另一方过度依赖，经常说出："我是你的，你要让我幸福。"其实是希望人生可以由对方负责，进而放弃了自我边界。

从婚姻关系建立之初，夫妻的心理边界会经常被触碰、侵入和打破，双方需要不断协商和调整。因此，夫妻边界会经历一个不断"破"与"立"的调整过程。

**亲子关系的边界。**一岁以前，亲子相处模式是简单二元关系，孩子与母亲共生，二者合为一体，没有边界。随着孩子逐渐长大，开始自我分化期，自我意识萌发，开始与父母分离，甚至与父母会发生冲突，此时也就意味着边界开始建立了。如果亲子边界模糊，父母很容易侵入孩子的空间。例如，过度关注孩子的言行举止，对孩子生活和学习各种牵挂，经常简单粗暴地干涉和监督等。

我国台湾心理学家王浩威将用"直升机父母"来形容某一类父母，他们随时可以空降来解决孩子的问题，帮助、掌控、照顾无所不在……模糊的边界导致孩子自我挑剔，抑郁和焦虑水平都很高，从长远来看，难以形成独立的人格。他们往往对父母产生对抗或者依赖，或者因为被严厉管教产生怨恨情绪，进而与父母产生对抗，或者没什么主见，甚至在生活自理方面也不强。如同徐凯文说的"空心人"：看起来很亮丽，可是没有什么内在的自信。

因此，在亲子关系中，父母要懂得适时退出，根据家庭生命周期，不断调整与孩子的心理距离和生活距离。例如，不包办孩子的一切、不过度保护孩子、尊重孩子的想法和选择、接纳孩子的不足、坦然面对孩子的失败，从而帮助孩子在自我感受和外在规则的基础上建立起自己的内外世界。

**原生家庭和再生家庭的边界。**我们有两个家：一个是从小长大的家，有爸爸妈妈和兄弟姐妹，称为原生家庭；一个是现在和配偶和孩子组成的家庭，称为再生家庭。对于每一个人来说，处理原生家庭和再生家庭的关系都是一门学问，尤其是在中国这样注重人伦的社会中。

家庭中的太多冲突来源于新旧两个家庭的边界不清。父母对于已婚子女经济现状、教育孩子等的干涉是边界不清的表现，对于再生家庭过度的关注和照顾同样如此。例如，与儿子、儿媳同住的母亲，像照顾幼年儿子一样，夜间进入小夫妻的卧室给他们盖被子，这就是侵入边界的做法。再如，一个与母亲分化程度低的男人，结婚后依然"唯母命是从"，陷入妻子母亲之间的"双面胶"境地，也是边界不清楚的表现。还有人把原生家庭中的兄弟姐妹关系，甚至亲戚关系都带入了再生家庭，要求对方悉数照顾好，这显然是与原生家庭边界混淆。

婚姻建立之初，我们的重要任务之一是学会与原生家庭分离，将夫妻关系设定为家庭系统中的首要关系，让双方与父母的关系退居其次。这种边界的设定要共同协商。例如，某一方老家的房屋翻新要一笔钱，这笔钱给不给、给多少，都应该是在征得对方同意的前提下商量着进行。建立边界，不是不管原生家庭的事情，而是要以考虑再生家庭的利益和对方感受为前提。

## 我与家的距离——理解自我分化

小瑞在离家很远的地方读大学，过年回家时发现父母经常吵架，有时候还会冷战十多天不说话。开学回到学校后，她开始挂念父母是否安好，多思多虑终于陷入焦虑之中。你能够评估她与家庭的距离吗？在你的心中，家有多近又有多远呢？

### 何谓自我分化？

从出生开始，我们就处于两种力量的牵扯中：一种是"个别化"的力量，是追求个人独立、在心理上与家人分离的力量；另一种是"亲密性"的力量，是在心理上和家人保持亲密链接的力量。在发展过程中，如果对亲密性需求太高，会使对家庭成员产生较强的情绪依恋或情绪融合（fusion）。如果说婴儿对母亲的情绪融合是正常的，那么母亲对于成年子女过高的亲密性需要则会导致很多问题。若是对个别化的需求太高，则恰恰相反，容易导致家庭成员之间的关系过于疏离，甚至情绪断绝。最极端的例子就是孩子长大后逃离家庭，再无联系。

鲍文（Bowen）提出的"自我分化"，正是用来描述个体与家庭的情感联结程度。自我分化即"个体脱离家庭，能够平衡家庭亲密和自我独立的能力，能够区分理智与情感的能力"。自我分化良好的人能够获得家庭的支持也不会过度卷入，同时能够保持一个清晰的自我感。边界越清楚的系统，个体的自我分化程度越高。

### 自我分化的两个层面

鲍文将自我分化分为两个方面，即内心层面和人际层面。

从内心层面来看，自我分化是指人能够平衡理智和情感的能力。自我分化程度较低的人不能平衡理智和情感，常常依据情绪冲动行事。在家庭中，这些人很难把自身与他人区分开来，容易把家庭或者家庭成员的情绪变为自己的体验。例如，一个少年观察到自己的母亲悲伤和落寞，他可能也跟着变得悲伤和落寞，而失去了自己的情绪体验。在家庭中，自我分化程度低的人倾向于与家庭保持一致，共同进退。例如，一个少女看到自己的父母怨恨祖父母，于是无条件支持父母，有了和他们一样的怨恨，而不去思考怨恨的来源是什么、是否有依据、是否有所偏颇。如果一个人与家庭高度融合，那么自我分化过程就会显得困难与复杂，就很难发展出有效的功能。

从人际层面来看，自我分化指在人际关系中，一个人既可以体验亲密感又可以维持个体独立性的能力。可以简单地形容为：和一群人在一起能享受快乐，一个人待着能享受自在。

自我分化程度较低的人，与人交往时特别容易依赖和顺从他人，很在乎别人的评价，容易放弃自己的观点。尤其面对压力时，常常要么回避他人，要么依赖他人，用两种极端方式来减轻心理压力。例如，一些年轻人即使离开了家庭，也总被父母牵着一根线似的，按照父母的要求去生活，找一个父母满意的工作，找一个父母喜欢的对象，似乎是为父母活着而不是为自己。自我分化程度较高的人则相反，一方面能维持与家庭良好的亲密关系，一方面也能保持自我的独立，既有自己的观点也能接受其他人的观点，具有平衡独立自主与情感联结的能力。他们对父母尊重和孝敬，但并不言听计从，有自己的主见，也不会担心因为不听话而破坏亲子关系。

与原生家庭的分离，并不是因为孩子冷漠无情，而是成长的必经之路。有人说，世间所有的爱都指向团聚，唯有父母的爱指向别离。曾奇峰也说过，父母给孩子最好的礼物就是让其远走高飞。因此，自我分化代表着个体的成熟，既有独立的自我，也有与原生家庭的亲密联系，达到平衡的理想状态。

## 老大老小有不同——出生次序效应

阿德勒( Adler)提出了著名的出生次序效应。他认为，即使父母合作良好，尽心尽力教养孩子，在同一个家庭中的兄弟姐妹也会有所不同。出生次序不同，导致孩子采取相应的方式来适应生活，他们的生活风格发展也受到影响。其实，"出生次序"本身不具有意义，"出生次序"是通过牵动父母的关爱眼神与家庭资源的分配，以及孩子本人对出生次序的看法而起作用的。

### 老大的特点

在一次有意思的体验活动中，所有成员按照排行分为老大组、老幺组和中间组，组织者要大家在手心上写出一个词来形容自己的排行。老大组的成员把手一伸，大多人写的是同样两个字——"责任"。家庭中第一个孩子降生时，父母会将所有的关注和期望都集中在这个孩子身上，他们受到父母百分百的重视，也承担了父母"初为人父母"的教养焦虑。老大往往会比较顽强、懂事，他们害怕让父母失望，因此相对保守、尊重权威，并渴望被权威认可。中国文化常说"长兄为父""长姐为母"，老大们会自觉承担起照顾弟弟妹妹的责任。在工作中，老大的性格体现为有责任感、做事踏实。在婚姻中，老大更容易承担家庭责任，对婚姻投入较多，同时控制欲也会比较强，习惯"发号施令"来证明自己的地位。如果夫妻双方都是家中的老大，会容易因为"到底谁是老大"的问题发生权力战争。

### 中间子女的特点

如上所述，中间组手一伸出来，大部分写着"忽视"二字。"我们这种夹在中间的夹心饼干，简直是家中的隐形人"，这是很多排行中间的人的心理写照。对于他们来讲，既不像老大一样备受父母的重视，也没有像老幺一样得到父母宠爱。他们出生时，既得利益者老大被迫分享一切，这样自然就形成了一种同胞竞争关系，大家都通过竞争来获得利益，获得父母和家庭其他成员的关注。由于面临上有哥哥姐姐、下有弟弟妹妹这般复杂的人际关系，中间的孩子可能发展出不同的个性倾向：第一种是具有叛逆性，希望通过自己的不同寻常得到父母更多关注；第二种是具有很强人际适应性，在处理人际关系时游刃有余；第三种则是默默无闻，安静居于一隅。在工作中，中间的孩子要么具有很强的竞争意识，即使离开家庭，也愿意寻找一个比较优越的竞争对手，想尽办法来超越他；要么一贯遵从在家庭中低调的做法，默默地、静静地待在某个角落。在婚姻关系中，他们会强调自己的存在感，害怕被伴侣忽视。

### 老幺的特点

一般来说，父母都有"留一个孩子在身边"的想法，因此，作为父母最小的孩子，老幺常常得到父母最多的宠爱，优越感也会比较强。由于老大承担了家庭的责任，父母对老幺一般没有承担家庭重任的期待，因此，他们往往生活压力小、生活环境宽松，性格通常比较灵活、不受拘束、唯我独尊。但最小的孩子经常受到保护，也容易被宠坏，表现出淘气或乖巧的特点，但又缺乏毅力，不愿意自立，缺乏凭着自己能力获取成功的勇气。在工作中遇到困难，他们习惯于求助别人。在婚姻关系中，他们可能会更以自我为中心，关注对方相对少一些。

### 独生子女的特点

独生子女身上往往同时具有老大和老幺的特点，比如他们非常有责任心，但忍耐力差、以自我为中心、依赖性强等。由于没有兄弟姐妹为伴，在与人合作和分享方面相对较弱，但可以学到与大人相处的方式，性格受父母的影响很大。因为没有兄弟姐妹从而缺少竞争性，可能相对缺乏社会适应能力。如果婚姻中双方都是独生子女，他们之间就需要在双方的较量中明确各自的地位了。作为独生子女，双方原生家庭对小家庭的过度干预也是要注意的问题。

出生次序不是一个人性格的唯一因素和决定性因素，以上只是具有普遍性的规律，具体到不同个体身上，情况会有不同，切勿一一对应。诸如性别、身体素质、社会地位、文化背景等因素，将和出生次序一起对个体的性格产生影响。

## 都是你的错？——从家庭角度看"问题"

### 线性因果与循环因果

生活中我们经常会下这样的论断："妻子喜欢发脾气，所以丈夫经常不回家"，或者"孩子学习不好，所以父母管束得严格"。这是一种典型的线性因果思维，意味着 A 引发了 B。可是在自然状态下，事物在互动过程中，很难说清谁是因、谁是果。线性因果适合去了解简单的机械状况，但如果用来处理家庭之类的复杂组织则不太合适。

是不是因为丈夫经常不回家，妻子才喜欢发脾气呢？妻子一发脾气，丈夫就更不想回家，如此这般又提升了妻子的脾气指数。是不是因为父母管教严格，导致孩子没有学习的自主性，因此学习成绩不佳呢？而孩子学业的状态又引发父母的焦虑，导致更为严格的管教，从而造成孩子更缺乏学习的自主性，如此恶性循环。从这个角度来说，事物互为因果才是常态，也就是 A 和 B 互为原因、互为结果，这叫做循环因果思维。从家庭角度来看，一位成员的改变会影响其他成员乃至整个家庭，受影响的家庭系统又会反过来作用于这位成员，并且以连续不断的环状回路或重复连锁反应产生相互影响。

### 谁是"问题"？

日常生活中，我们经常会不自觉圈定家庭的"问题达人"，通常被称为索引病人（identified patient），简称 IP。

例如，一个中学生待在家中不愿上学，成为了整个家庭中有问题的那个，父母可能忧心忡忡带着他进行心理咨询，向咨询师倒苦水，说出这个孩子的诸多不是，并且请咨询师解决"孩子的问题"。可是，家庭的互动模式认为，没有一个人或一件事是独立存在的，他们与其他家庭成员存在于同一系统中，每个人都影响和被影响着。经过了解，咨询师发现，这个家庭中正发生着一些变故，父母关系因为父亲出轨而急剧恶化，两人正处于离婚大战中，母亲经常和孩子诉苦。似乎是同时或者稍晚，一直表现不错的孩子出现了各种问题，从一开始偶尔的逃课、考试成绩下滑到最后干脆不去上课。此时，夫妻双方搁置争议，不再讨论离婚之事，把注意力都集中到了孩子身上。似乎孩子通过"自己出点问题"挽救了父母的婚姻。这样看来，孩子逃学的问题其实是具有功能的，而且效果还颇为不错——至少父母暂时停止了离婚大战。

依据家庭治疗理论的思想，每个孩子都期待父母相亲相爱，家庭和谐美满。一旦父母的婚姻关系出现问题，孩子就会不自觉地"情感卷入"，将主要责任归咎于自己，或者把自己弄得很糟糕。如果父母有一方与孩子结盟，就会形成"三角化关系"。为了维持家庭系统的平衡，孩子会以同盟者、退缩者、自我封闭者、替罪羊羔等角色出现，来转化家庭矛盾的焦点。上述案例中，这个家庭的矛盾焦点就从"父母即将离婚"转移为"孩子不上学"。虽然只是对一个案例的分析，但也可以揭示一点——所谓"有问题的人"只是整个家庭功能失调的代言人，并非真正生病的那个人，生病的是整个家庭。

# 第三节 从过去走向未来

夫妻来自不同的原生家庭，带着各自的痕迹组成新的家庭。早年的经验已经清晰印刻在头脑中，也许没有语言编码，甚至不能被意识，但其影响可能伴随一生，对于当下的婚姻关系和亲子关系有着重要的影响。我们如何看待过去，如何迈向未来，又如何调整当下关系呢？

## 从原生家庭而来的我们

有这样的场景：请客吃饭，妻子说点菜要分量合适，让客人们一扫而空，丈夫说应该多点一些菜，大家吃不完还剩下。妻子说我们家一直就是这个习惯，饭菜全吃光客人才满意。丈夫说我们家也一直是这个习惯，吃不完主人家才有面子。两人争得面红耳赤，互不相让。这种司空见惯的争执背后其实有一个隐性的因素——原生家庭。

### 从原生家庭审视自己

#### 生活习惯的影响

家庭生活中，不同的生活习惯造成的笑话和矛盾真是说也说不完。牙膏从中间挤起还是从下面挤起？上完厕所马桶要不要盖？回家时打个招呼还是默默地溜入房间？这些都可以成为争论的起源。生活习惯来源于过去所习得的经验，主要是在原生家庭中养成的。当一方提出改变的要求而另一方不愿意改变时，提出方会觉得委屈，被要求那方则感到被控制，冲突就这样产生了。其实，原生家庭中隐形的一些生活习惯和规则对人的影响是日积月累、潜移默化、如影随形的。除非有爱的力量和动力，有恰当的沟通模式，才会在慢慢磨合中改变。

#### 互动模式的影响

"龙生龙、凤生凤、老鼠儿子会打洞。"原生家庭中父母相处的模式、父母与子女相处的模式会对新家庭产生影响。

**继承与排斥。**在人际互动中,有时我们会不自觉地重复过去学到的行为,有时则会反其道而行之。因此,原生家庭的互动模式对现实家庭的影响主要表现出两种形式,一是继承,二是排斥。例如,丈夫的父母从小灌输男人是一家之主,男主外女主内之类的观念。丈夫结婚后不愿意做家务,认为家务事是妻子的分内事。而妻子出生在一个男女平等的家庭,她的父母总是有说有笑一起完成家中的各种家务。因此,结婚后妻子理所当然认为,我的先生应该和我一起做饭洗碗,有时候我忙起来他还应该主动照顾我。这对夫妻分别继承了原生家庭的互动模式,不同的期待造成争吵不断。反之,如果丈夫在原生家庭中不认同父亲做甩手掌柜的作风,心疼母亲承受了过多家务劳动,结婚后他会因为心疼妻子而主动完成家庭事务,这就属于对原生家庭互动模式的排斥。

**对婚恋观的影响。**父母之间的互动模式会影响到子女的婚恋观。如果一个家庭里夫妻吵架时总是付诸武力,那么对孩子的影响通常表现为三种形式:第一种,孩子也有暴力倾向。例如,在学校可能会对同学施以暴力,婚后与另一半发生冲突时也可能出现家暴,因为这是他从家里学来的,这叫再现。第二种,孩子有可能一直习惯受虐。甚至结婚以后也是一直受虐待,因为他教会了别人对他施暴或者虐待他,这叫重复。第三种,孩子会形成自卑,没有正向的人际关系。他可能会认为"我被打是因为我不好","我事事不如人因此要讨好别人"。婚后也会没有主见,以讨好对方来获得安全感,这叫内化。

### 情绪按钮

在现实生活中,有的人怕"不公平"、有人怕"被瞧不起"、有人怕"不被重视",也许已经不记得过去发生过什么,但是当某类特定事件发生时,往往引发强烈的情绪和过度受伤的反应,如同"情绪按钮"。情绪按钮具有个性化,每个人的都是不同的。是童年经历尤其是那些来自于原生家庭的经验,在成年后在亲密关系互动中浮现出来。

例如,从小被家庭要求"不准哭"的孩子,只能在表现出正面情绪、又乖又听话时,爸爸妈妈才会喜欢。这种被压制的负面情绪会积压形成一个"情绪按钮",如果自己的孩子肆无忌惮哭泣时,就会感到不舒服,或者发怒。再如,妻子特别难以忍受老公下班后坐在沙发上边看电视边吃东西,尤其是丈夫发出欢快笑声时更加勃然大怒,似乎丈夫的行为引发了她的"情绪按钮"。原来,小时候她的父亲经常失业,家里的经济全靠母亲辛苦维持。父亲不但不帮母亲做家务,还经常指手画脚、挑三拣四。不去找工作，反而整天窝在家里无所事事，躺在沙发上看电视和睡觉。因此，每当她看到丈夫坐在沙发上慵懒惬意的样子，就激起对父亲的不满和愤怒，仿佛童年痛苦的经历再次上演。

### 内在誓言的影响

每个人儿时或多或少都对自己有某些期许，在内心里暗暗发过某些誓言。例如，长大后我一定要成为什么样的人、一定不可以做什么，这种类似于成长经验中的座右铭，就是"内在誓言"。这些潜意识中产生的隐形的"内在誓言"常常在重要人际关系上发挥重要影响。例如，小时候看到父亲一喝酒就闹事、骂老婆、打孩子，那么女儿的内在誓言可能是"长大一定不能找个酒鬼做丈夫"。看到父母因为经济而争吵，那么孩子的内在誓言可能是"我一定要成为一个有钱人"。

如果夫妻两人的内在誓言正好相反，就可能会造成一些矛盾。例如，妻子的内在誓言是"夫妻相处要真诚相待"，丈夫则认为"善意的谎言可以被原谅"。有一天丈夫晚归，因为不想让妻子担心而撒了个谎，被妻子识别。妻子或许会不容分说地情绪大爆炸，而丈夫会认为妻子"小题大做"，从而导致冲突。

## 走出原生家庭

曾经有段时间社会上流行一种说法"父母是祸害"，甚至有人还为此专门著书。这种观点似乎认为原生家庭决定了我们的一辈子，父母是导致我们如今失败的罪魁祸首。这其实是一种耍赖式推卸责任的说法。人的特性之一是具有主观能动性，可以通过自我觉察、自我决定和自我改变来减少影响，走出原生家庭。正如一位心理学家说的："相比之下，你将要建立的家庭比你出身的那个更重要。"

### 自我觉察，探寻根源

身为父母，我们要培养自我觉知力，了解彼此原生家庭的互动模式、家庭生活习惯、家庭规则、价值观等，处理好与原生家庭的分化。哪怕每次只多那么点觉察，也能改变原生家庭的影响，重建新的家庭互动模式。

我们可以尝试着探寻那些过激的情绪反应。如果察觉到夫妻之间情绪的爆发点经常源自同一问题或者同一小事时，就应该要思考，为什么对方的言行会让我产生如此大的情绪反应？夫妻双方可以坐下来回忆一下，过去是否发生过类似的事情或者有过类似的情绪体验？背后有着怎样的心理情结或心理创伤？如果自己身上没发生过，那么上一辈或者上上一辈中是否出现过呢？也可以尝试着剖析，原生家庭的父母关系模式对自身的影响。如果发现自己一直在复制不良的关系模式，可以与伴侣共同探寻，寻找良性互动的可能性。通过当下的、成熟的、客观的、理性的角度去分析事件、探寻源头，理解并接纳对方。当然，如果发现问题超出了自己能够解决的范围，建议进行专业的心理咨询。

### 划清界限，解开情结

探寻了过激情绪反应后面的原因，我们需要做的是与过去划清界限。首先要将现在和过去进行区分，明白当下过激的情绪反应指向的是过往经历，而不是现在活生生站在你面前的这个人，或者这件事情。例如，当妻子明白自己看到丈夫优哉游哉的样子就气不打一处来的原因是因为父亲时，她就把过去所怨恨的父亲、所心疼的母亲和现在这个无辜的丈夫区分开来。一次一次的区分后，就学习用当下的、成人的、客观的立场检视过去所发生的事情，不再被原生家庭所捆绑。明白过去不是现在，彼人不是此人，有助于接纳过去和正视现在。

### 清理内心，塑造新方式

在清理过去、区分现在和过去后，我们要做的是寻找出一种良性的情感互动模式，一种能够满足彼此心理需求的模式，这种需求包括价值感、安全感、成就感、亲密感等。这个过程有点像双人舞，踩脚摔跤，进进退退，多方磨合才能逐渐和谐，最终形成再生家庭中的新的互动模式。例如，从男权主义家庭走出来的丈夫，继承了父亲"男人是一家之主"的理念，如果不被妻子认同的话，可以放低姿态，跟妻子"有事好商量"。当然妻子也可以适时多给丈夫一点"面子"，满足他的价值感。这就是一种新的应对模式。

### 不以原生家庭为借口

科胡特曾经说过："我印象中最具创造性的生命，是那些尽管在早期遭遇了深切的创伤，但能够找到朝向内在完整性的方法，从而获得新结构的个体。"

原生家庭给我们的成长烙下深深的痕迹，对于原生家庭和父母我们无法选择，也无法改变。如同一棵树无法决定自己生长的地点，不能改变泥土的性质，也不能左右天气的变化。但是，只要努力把根伸向远处吸收养分，把枝叶伸展空中接受风雨阳光，那么，当小树长成大树时，那些树干上过去的疤痕，树底下爬来爬去的小蚂蚁都不足为惧，甚至狂风大作，电闪雷鸣都只是一种体验。

人比树更为高级，有思想、有行动、有改变命运的主观能动性。过去已经过去，未来的生活是可以选择和主动创造的。通过不断的学习和自我觉察，慢慢松动原生家庭的影响，从微小改变做起，从解构自身问题、提高自我分化水平做起，在提升自我生活质量和主观幸福感的同时，进一步为后代的家庭系统良性循环打好基础。要记住，现在家庭就是我们孩子的原生家庭，如果过去不那么美好，那么重新创造一个家庭文化，是我们应该做的。

## 面对未来的家庭关系

立足当下，面对未来。我们需要为自己的孩子做点什么呢？学会调整亲子关系，为他们打造一个良好的环境，给他们一个美好的原生家庭。

### 母亲与孩子

母亲是孩子最重要的客体。正常的养育环境下，从怀孕开始到 3 岁左右，对孩子来说最重要的关系就是与妈妈的关系。

#### 妈妈的怀抱

哈罗（Harlow）曾经做过一个代母实验。他将刚出生的小猴和猴妈妈隔离并为它准备了两个"母猴"，一个是胸前有提供奶水装置的金属妈妈，另一个是柔软的绒布妈妈。实验发现，有奶并非都是娘，小猴只在饥饿时才去金属妈妈那里喝奶，大多数时候都待在绒布妈妈周围。遇到恐惧时，也是奔向绒布妈妈。这一经典的心理学实验证明，母亲绝对不是简单满足孩子的饥饿和干渴的需求，还应该包括对孩子的皮肤接触、爱抚和心理关怀。这些才是孩子心理健康的根本保障。因此他建议，婴儿从出生到六个月左右，婴儿和母亲要经常在一起，有利于孩子和母亲之间长期的、亲密的关系的建立。

随着孩子逐渐长大，父母还是要经常与孩子保持身体接触。牵着他的小手走一走，晚安时掖掖被子拍拍小脸。当孩子有情绪时，可以先抱一抱或拍一拍，而不要急于说大道理。用身体接触来表达对孩子情绪的认同，是对他们最好的安慰。

#### 充当容器的妈妈

容器理论是英国精神分析学家比昂（Bion）提出的。他认为，孩子有"不能承受的情感体验"时，需要将这些体验丢给妈妈，妈妈类似于一个容器，能够帮孩子消化一下这种不可承受的情感，然后变成可以承受的情感返还给孩子。在这里，容器不仅有包容的功能，而且还要起到解释性转化的作用。

例如，当孩子做了噩梦时，如果妈妈对他说："别怕，梦是假的。"这种安慰其实效果不大，因为妈妈没理解和转化孩子难以承受的情感体验。如果换一句话："宝宝刚才做了一个噩梦，你一定感到很害怕。"此时，妈妈作为一个容器，先是包容了孩子不安的情绪，然后理解并解读为"害怕"，再通过语言反馈孩子。因此，施琪嘉在《母婴关系创伤疗愈》的推荐序中写道："我们将母亲视为容器，孩子的无助、无奈、愤怒、嫉妒和种种幻想都能被这个容器承受和接纳。"

### 足够好的妈妈

Good enough mother 是英国儿童心理学家温尼科特（Winnicott）最早提出的，翻译为"足够好的母亲"或者"60 分妈妈"。什么是足够好呢？其实就是给孩子多了也不好，少了也不好，足够就刚刚好。例如，孩子要爬上高处跳下来。第一种妈妈是马上阻止，不许孩子去爬高，更加不允许跳下来。这是一百分妈妈，好到把孩子探索世界的机会全部剥夺了。第二种妈妈在一旁看着，让孩子爬上去、跳下来，不阻止也不保护。这是不够好的妈妈，给孩子关爱过少。足够好的妈妈会怎么做呢？她会在一旁保护，让孩子尽情地爬到高处，然后让孩子在大人保护之下跳下来。这样，孩子既不会身体受伤，又体会了自己探索的乐趣。

"足够好的妈妈"在不同阶段有不同的做法。孩子出生后的最初几个月，妈妈处于一种原始母性专注状态，给孩子全然的照顾。饿了，乳房马上就出现了；尿了，马上就换尿布；冷了，有温暖的怀抱可以取暖。让孩子充分体验到全能感，能帮助孩子建立安全感。随着孩子慢慢地长大，妈妈开始减少关注，"在被需要"时及时出现，在不被需要时懂得适时退出，这就足够好。当然，这需要妈妈有较高的敏感度，这种敏感度来自于对孩子的了解。例如，妈妈听到孩子在房间哭的时候，不再匆忙跑过去抱起孩子，她会先回应一声，再来到孩子的身边看看发生了什么事情。在等待妈妈的过程中，孩子虽然会有挫折感，但是他听到了妈妈的回应，内心的安全感并没有丧失。这种"恰到好处的挫折"能帮助孩子逐渐走向独立。随着孩子继续长大，逐步独立，妈妈也要继续收回对孩子的关注，不以爱的名义控制和束缚孩子，给孩子足够的空间去体验，去经历。

## 父亲与孩子

一般认为，相对于自然成为母亲的女人，男人成为父亲需要一定时间。然而，以色列学者费尔德曼（Feldman）研究发现，在孩子刚出生的几周和孩子出生 6 个月后，父母各自的催产素水平都一直在提高，而且父母的增长是同步的。研究者认为是抚养孩子的过程，一系列和孩子的互动促进了这种被称为"爱的荷尔蒙"的激素产生的。所以，成为父亲对于男人同样会有生理上、心理上和社会上的影响。

### 父亲的功能

孩子 3 岁后，父亲越来越多参与教育，能让孩子拥有了另外的一种不同的关系。父亲的角色是多维的，他不仅与母亲一起抚养孩子，还是孩子的引领者，承担着对孩子进行养育、沟通、支持、鼓励、回应的责任。父亲能够帮助孩子脱离妈妈，走向独立，也能教育孩子规则、勇敢、担当和理性思维，还能给予孩子另外一种心理支持。对于一些以妈妈为主、父亲参与过少的家庭，会形成母亲与孩子相对较近，父亲与孩子、父亲和母亲都相对较远的关系，如同一个不规则三角形。健康的家庭应该是父亲、母亲与孩子之间基本等距，父母关系甚至更紧密的等腰三角关系。

父亲角色缺位最大的后果是孩子难以独立。当丈夫不能有所分担时，妈妈自然就会将自己的焦虑转移到孩子身上，孩子往往成为了妈妈的重心、希望和父亲的替代品。孩子可能一直承担着让母亲满意的功能，不管是学习成绩、自理能力、待人接物、作息习惯，还是什么别的方面，孩子会不自觉去做那些让妈妈开心的事情。如果他无法放下妈妈，关系模式也只能停留在自我界限不清的与妈妈的二元的关系中，而无法继续发展成熟。但爸爸介入后，孩子就能明白，我的职责并不是要让妈妈保持快乐，这应该是爸爸的事。孩子获得了独立的动力和自我认同的能力，从与妈妈三角化的关系中脱离，迈出自己的步伐，逐渐成为一个真正的人。

### 父亲的影响力

**对孩子人格形成的影响。**不同于母亲的精心照料，在幼儿时期，父亲常常充当了孩子游戏的玩伴。很多人都有过小时候在父亲宽厚的肩膀上看世界、在父亲强壮的手臂里荡秋千、跟随父亲进行一些紧张刺激的探险游戏的快乐体验。这些具有力量的游戏鼓励着孩子进行探索，有助于培养孩子自信、勇敢、乐观、开朗、坚强的人格品质。男孩能从父亲身上学到男性品质，更加具有男子气概。对于女孩来说，与父亲互动的过程也能发展出果断、坚韧和乐观自信的人格特征。经常与父亲玩耍互动的孩子，有着更高的生命激情，更加执著坚持，也更加独立自信。

**对孩子认知能力的影响。**一般来说，孩子从父母双方学到的东西不完全一样。相比母亲而言，父亲更愿意鼓励孩子进行独立探索行为，带着他们一起动手做实验，帮助他们提升操作能力，激发孩子的探索欲、想象力、独立思考能力和创新意识等。父亲把孩子的视野引向了外在世界，运动场上的锻炼，草地上的观察，野外的冒险，都能激发孩子对世界的兴趣，也有助于解决问题能力的发展。

**对孩子性别认同的影响。**性别角色认同是幼儿期的重要发展任务。影响孩子性别认同的原因有两个：一个是生物学上的原因，这是先天形成的。另一个就是后天的，即孩子对性别的自我意识、父母的示范、社会的强化等因素。父亲在这个过程中起到了至关重要的作用。父亲为男孩提供了角色示范和行为强化模式，男孩在认同父亲的过程，对男性角色更为理解，如男性应该承担责任、坚持原则、勇敢有担当等。女孩与父亲相处过程中，也了解到了区别于自己性别的异性特点。在一些家庭中，如果母亲占据主导地位，父亲相对软弱，男孩的性别认同就会受到影响，他们可能会表现更多的女性化特征，也就是我们说的"娘娘腔"。女孩则会向强势的母亲认同，久而久之便变成了一个强势的女人。萨提亚认为，如果孩子和父亲的关系足够好，女儿会更富于女性美，儿子会更有男人味。

**对孩子成年后亲密关系的影响。**与父亲的依恋关系同样会影响孩子的依恋模式。父亲对孩子的回应程度高，孩子就容易发展出安全型依恋，在成年后更容易进入亲密关系。在家庭中，父亲对待母亲的方式以及他们的互动方式，是孩子眼中亲密关系的最初模板。克罗夫特（Croft）发现，如果父亲在家中与母亲分担家务，无论孩子性别是什么，都更有可能形成良好的女性观。对于女孩而言，她们长大后的自尊水平也更高，相信自己值得被爱。女孩还可以通过父亲学会与异性的相处方式，知道男人是什么样子，也能从父亲那里获得安全感，父亲为女孩提供了一种男性甚至未来伴侣的模板。所以，"给孩子最好的爱，就是爸爸爱妈妈"。

# 父母的自我成长

### 学会处理父母自己的情绪

虽然心理学家和教育学家都告诫父母教育孩子不要带情绪，父母不要在孩子面前吵架，但事实上这是不可能完成的任务。我们能够做到也许是让父母之间的吵架不牵涉孩子，父母的情绪尽量不影响孩子。

**觉察——孩子不应该承担父母的焦虑。**父母们可能都有这样的感受，当自己在工作生活上烦心时，更容易对孩子发脾气。孩子作业做错了、班上表现不够好、睡觉睡晚了，都会成为引爆父母情绪的导火索，一顿噼里啪啦的训斥难以避免。处理好父母情绪的第一步就是觉察到这点"是我的情绪不好，而不是孩子不好"。

**剥离——这是我的情绪，和你无关。**父母情绪不好时，可以争取家人的配合，通过一些方式宣泄，比如运动、K歌、找密友聊天，再回家面对孩子。也可以直接告诉孩子，自己的负面情绪和他们无关。孩子往往比较敏感，如果得不到解释，容易将爸爸妈妈的情绪归因为自己不听话不可爱，从而产生担心、自责和各种揣测。比较好的做法是直接告诉他们，婚姻和冲突相伴相随，吵架是一种沟通方式，父母之间的关系会自己处理，和孩子无关，孩子不用为此而负责。

**示弱——大人也有焦虑、脆弱的时候。**父母特别喜欢把自己当做超人，一个无微不至照顾孩子的超人，一个内心永远强大的超人。但其实，成人也会焦虑抑郁，也常伤心哭泣。父母向孩子表达自己的负面情绪，是一种示范，让孩子能够接受自己的负面情绪，不以为耻，还可以帮助孩子理解、觉察和观察他人情绪的变化。如果和孩子一起讨论处理负面情绪的方法，将有助于提高孩子的情商。

### 自我成长是终身任务

为人父母的过程亦是自我成长的过程。父母和孩子都一直走在自我觉察、自我决定和自我完善的路上。

即使为人父母，也不必为了孩子全然放弃自己的生活，一切围绕孩子转。将孩子视为中心，将自己心情的决定权交给孩子，与孩子同悲喜、共进退，这样做似乎很伟大，但其实弊大于利。孩子可能没有空间做自己的事情，没办法发展自己的情绪，不利于成长。有的孩子可能感到内疚，而承担不应该承担的心理负担。他会觉得，就因为我出生了，我的父母才过的这样不如意。他们可能无意识认同和模仿父母的情绪，表现出同样的焦虑、抑郁、容易激动和容易烦躁。也有孩子反抗父母的付出，表现为直接对抗。

因此，父母有自己的兴趣、空间和时间，过得自在、快乐、幸福，对于孩子而言是件幸事。作为父母，最理想的状态可能是，带着无知和好奇，与孩子一起漫长求索。

# 第八章
# 心理学之眼看社会

　　我们如何从不谙世事的"生物人"成功进化为阅尽人生风景的"社会人"？在社会中，我们扮演着何种角色，受到群体的何种影响，又起到了何种作用？如何利用心理学效应更有效？日常生活中看似普通的现象背后蕴含着怎样的心理学原理呢？让我们通过心理学之眼来看社会。

# 第一节　读你懂我

奥尔波特（Allport）说过："我们生活中的很多时间都花费在努力去理解别人，同时希望别人更好地理解我们。"社会知觉让我们对他人有了整体印象，社会化让我们从一个生物人变成社会人，并且能够扮演一定的社会角色。

## 社会知觉

### 解读社会知觉

社会知觉（social perception）最初由布鲁纳（Bruner）提出，是指"个体对社会性的人或事物形成的直接的、整体性的印象"。

社会知觉的内容涉及他人心理和行为的方方面面。首先，知觉他人的表情。例如，我们可以通过别人的面部表情和身体语言，来判断出这个人是友善的、热情的、疏离的还是有敌意的。其次，知觉他人的人格。例如，我们认真观察别人的外表和行为，然后透过蛛丝马迹分析出他的人格特征。再次，知觉人际关系。例如，弄清楚一群人中，谁和谁交好，谁和谁不对付，谁是自己的真朋友，谁是狐朋狗友。最后，知觉行为的原因，也就是理解别人所作所为背后的动因。例如，一个人张牙舞爪未必是真厉害，也许只是色厉内荏的纸老虎。一个人独来独往未必是清高，也许是不知道怎么与人交往而有所回避。

### 按图索骥——社会知觉的图式

有时候，我们心中对某些人和某些事物有一个整体印象，被称为"个人图式"。说到阿凡提，我们立马会想到聪明机智又善良，还把坏人玩得团团转的形象，这就是

"阿凡提图式"。阿凡提惩罚的那些财主，往往留给我们的印象是，有钱有势、吝啬自私没脑子的愚人，也就是"财主图式"。在社会交往中我们经常按图索骥，简单地把人归为某一类。

"自我图式"是指对自己进行分类和描述的方式。例如，觉得自己很有男子气时，就会以"真汉子图式"行事。入党积极分子要以一个党员的标准要求自己，就会按照"党员图式"做事做人。

"角色图式"是用来描述社会群体和社会角色的。例如，我们觉得教师像辛勤的园丁，燃烧自己照亮别人，这就是"红烛图式"。觉得法官是严谨的、不苟言笑的、逻辑推理强的，这就是"法官图式"。

"事件图式"是指人们对事件和事件顺序的理解，似乎一切会按照剧本走流程。例如，一般人心目中的"求婚图式"，必然是浪漫的地点、预谋已久的单膝下跪、闪耀的钻戒、感动的眼泪、深情的拥抱和周围人的欢呼。

按图索骥可以节约心理能量，很快自动化推论，把知觉到的事物和人进行分类。虽然简单易行，但也容易出现归类的偏颇。

## 社会知觉的影响因素

布鲁纳通过实验研究发现，社会知觉不仅取决于被知觉的客体本身，同时还会受到知觉者的情绪、态度、价值观、需要、目的等因素的影响。

### 经验

我们都用自己的经验来解释世界。不同人对相同对象会有不同的认知结果。例如，对于同一款衣服，设计师更多地着眼于它的造型、所含的时尚元素等，而工人可能更注重如何按照打版制造出来。面对同样一个爱上网玩游戏的学生，有的老师判断他是不思进取，缺乏人生目标。有的老师则认为他可能缺乏父母的关爱，只能在虚拟世界中寻求关注和存在感。这是来源于老师不同的生活经验和教学经验。

### 动机和兴趣

由于动机和兴趣不同，我们选择知觉的对象有所不同。人们往往自动忽略自己不感兴趣的事情，而将注意力集中于自己感兴趣的事情上。有一幅漫画，迎面走来一个穿着貂皮大衣妖娆的妙龄女子，夫妻两人同时瞟了一眼。丈夫眼中只有女子曼妙的身材和美丽的容貌，而妻子心里念念不忘的是那件天价貂皮大衣。可见，符合动机和兴趣的才能成为我们关注的中心。

### 情绪

斯瓦兹(Schwarz)和克劳(Clore)指出，在做出判断时，人的情感本身也是一种信息的来源。心情好时，天是蓝的，草是绿的，人也是可爱的。心情不好时，阳光如此刺眼，恨不得用黑布把它关在窗外，其他人也不要来惹我。因此，处于积极情绪状态下的人倾向于从积极的角度看待他人，如果情绪不好，则容易用消极目光去看他人。对此我们深有感触，心情好时，哼着小曲走在路上，一路上的人都比平时看着顺眼些。父母对孩子也是如此，小时候问父母要钱时，会选择他们心情好的时候，可能因为那时候我们明显显得可爱些。

## 社会知觉中的偏见

根据一定表象或虚假信息做出判断，从而出现判断失误或者判断与真实情况不符合的现象，叫做"偏见"。也就是说，我们对他人的知觉发生了偏差。偏见在我们生活中非常常见，包括性别偏见、地域偏见、职业偏见、种族偏见等，例如：白人不如黑人善于运动，黑人不如白人善于学习，"富二代"一定是纨绔子弟，等等。

### 偏见导致的后果

偏见导致的直接后果是歪曲对他人的社会知觉，进而影响他人的实际行为表现，类似于"自证预言"。如果一位教师持有"女生不擅长数学"的偏见，就容易在日常教学中贬低女生，女生的考试失误容易被放大，而某一次考得不错可能被归因于运气。在这样的预言下，班上的女生学好数学就更难了。

果壳网在《如何战胜他人的偏见?》一文中提到泰森(Tyson)的故事。他是一位著名的大众科学传播者，于1991年在哥伦比亚大学取得天体物理学博士学位，是第7位获得该学位的黑人。泰森说，即使他取得了不错的成绩，也难以消除外界对黑人的偏见，他一生都在与这种偏见进行抗争，消耗了大量精力，甚至称得上是一种"智力阉割"，这被称为"成见威胁"(stereotype threat)。已经有大量的研究证明，成见威胁会影响人的智力水平，对不同群体的个体来说，成见威胁的作用方式都是一样的：首先使人感到焦虑，然后感觉做事的动力减少，最后降低对自己的期望。

### 偏见因何而起?

一般认为，偏见是以有限或错误的来源为基础，并通过先入为主、刻板印象和过度简化形成的。一些偏见是儿时习得的，一些是遵从风俗习惯造成的，例如认为女孩不如男孩的偏见。团体冲突理论认为，为了争得稀有资源，团体之间会产生偏见，偏见实际上是群体冲突的表现。替罪羊理论认为，痛苦与挫折常常引起敌意、仇视，找替罪羊的举动会滋生许多偏见。例如，二战时期，德国犹太人成为了纳粹的替罪羊，因为希特勒把犹太人宣传成"与其他德国人完全不同的人"，导致其他德国人和犹太人分裂，并将其视为敌人。社会学习理论认为，偏见是已有经验导致的。例如，若网上购物收到过假货，就认为网上卖的全是假货。在偏见形成的因素中，父母的教育和榜样作用，新闻媒体宣传的效果较为关键。

### 如何消除偏见？

克服"偏见习惯"并不是件容易的事情，自己必须有所觉察，感到确实对某人或某事产生了偏见，然后采取一些措施来进行调整。对于儿童和青少年来说，随着他们与社会的接触增多、见识增加，思维更为辩证，可以逐步减少或消除偏见。接受教育越多，人们的偏见将越少，因此，接受教育是减少偏见的有效方法。心理学家阿米拉（Amir）提出接触假设，认为在某些条件下，对立团体之间的直接接触能够减少他们之间存在的偏见。例如，举办国际性的学术会议或奥运会等国际赛事，让不同国家不同民族的人广泛接触，有利于克服相互之间的偏见。

"被偏见"时如何处理呢？斯坦福大学的科恩（Cohen）找到了有效应对成见威胁的手段，很简单：人们想想那些对自己重要的事情，例如受欢迎程度、音乐才华等及它们重要的原因。这个过程通常只需要 15 分钟，但却十分有效，能明显提升自信，有助于抵抗成见威胁的影响。看来，当我们被人误解、被错误地看扁时，想想自己的各种好，是一个满血复活的好方法。

社会知觉理论解释了我们如何对他人形成印象。那么，我们自己是如何从一个生物人变成社会人的呢？这就是关于社会化的话题了。

## 社会化

1 岁多的小孩逛超市，看到自己喜欢的东西时常常会紧抱着不松手，不知道要付款才可以拿走。而稍微大的孩子就会牵着父母的手主动去收银台付款。这也许是父母教育的，或是幼儿园学习的，也可能是在超市中看到而模仿的，总之，他们逐步学会了社会交往的基本原则。这就是社会化的过程。

## 何谓社会化？

社会化（socialization）是指："个体在社会影响下，通过社会知识的学习和社会经验的获得，形成社会所认可的心理行为模式，成为合格社会成员的过程。"最终结果就是促使自然人变为社会人，逐渐适应社会生活。

1920 年，在印度加尔各答发现了一对由母狼抚养的女孩。她们在被送入孤儿院后，依然用四肢行走，昼伏夜出，吃东西放在地上用牙齿撕咬，不会说话，不穿衣服，也不喜欢与人接近。小的女孩在十一个月后死亡。大的那个七八岁女孩的智力水平只相当于六个月的婴儿，长期训练两年后才能直立，十三岁才能独立行走，直到十七岁死去时，她仍然没有学会说完整的话，其心理水平相当于两岁的儿童。

此外，心理学家对哈罗猴的研究，对于在极度隔绝环境中长大的孩童的研究都表明，一个人出生时要成活下来并成长为人类中的一员，就必须与他人有正常的互动，这种互动和学习的过程就是社会化。

## 社会化的内容

### 基本技能社会化

基本技能包括生活自理技能和谋生技能。

生活自理技能是社会化的最基本内容。和许多动物不同，人从呱呱坠地开始并不具备独立生存的能力，需要在成人的保护下逐步成长，直至基本生活自理。这期间，父母教其穿衣吃饭，让其形成一些简单的概念。最终，这些孩子在特定文化模式下发展成为一个社会人。

谋生技能是一个人独立参与社会生活的又一项能力。我们从幼儿园开始学习知识，在小学和中学阶段，接受义务教育，其目的就是掌握一定的谋生技能。例如，能够认识字，能够进行简单的数学计算，懂得基本的法律。步入职场后，我们依然要进行学习，接受入职后的继续教育，或者自己选择充电学习。谋生技能通常是"活到老，学到老"。

### 行为规范社会化

任何社会都有一套社会规范，是"社会向全体成员提出的行为准则，或者要求人们的行为遵从一定的规则和方式"，表现在法律、道德、风俗等方面。研究者对美国儿童和印度儿童的行为差异进行了跨文化比较研究。发现印度儿童易于接受顺从行为，他们认为听话是好孩子的标准；美国儿童则对顺从行为表现出明显的反感，在他们看来，没有独立性的顺从行为是不可思议的。这充分反映了不同社会所提出的规范和准则存在差异。

我们从小学习要遵纪守法，不可以做法律不允许的事情，"有法可依、有法必依、执法必严，违法必究"十六字方针深入人心。这些都是社会化的重要内容。社会舆论是促使公民的行为规范社会化的重要手段，例如，媒体宣传一些平凡人的感人事迹，挖掘其背后的故事，来提升民众的社会道德感。再如，电视节目对某些不良的社会现象进行深度报道，引发全社会大讨论，也是为了促使人们遵守相关的社会规范和社会道德。在这样的氛围，人们逐渐形成一种信念系统，用以约束自己行为，调整个人、团体和社会三者的关系。

### 社会角色社会化

美国社会学家米德（Mead）认为："角色是一种行为模式，具体说是一种符号，是一个人的社会地位及其权利义务要求的行为模式。"社会角色社会化，意味着我们要对社会角色有一定认知，能够确定社会角色的期望值，并且培养角色变化的适应能力。

## 社会化的类型

狭义的社会化主要指儿童和青少年接受社会文化并被社会认可的过程。广义的社会化则是指个人学习社会文化、扮演社会角色并形成人格的一生。社会化具体可以分为四种不同的类型。

### 早期社会化

早期社会化指发生在生命早期的基本社会化。这一阶段主要是帮助儿童掌握语言、学习本领，将社会规范与价值标准内化的过程。对于小孩子而言，除了家长老师的正面教育之外，他们还常常通过游戏来实现社会化。例如，一群孩子玩过家家的游戏，他们穿上妈妈的围裙、套上爸爸的鞋子，或是拿着一些象征性物品，然后开始做游戏。有时摘些树叶放在碗里面搅拌，表示妈妈在厨房做饭。这时，一个小伙伴递上一张纸巾让她将头上的汗擦擦，她便接过来，在没有汗渍的额头上蹭蹭，还可能会说："好热呀，谢谢亲爱的。"相信这个场景保存在很多人的记忆中，这就是对未来社会活动的模拟。康诺利（Connolly）的研究表明，参加过社会性游戏的学前儿童与没有参加过的儿童相比，有更加成熟的社会技能，也更加受到同伴的欢迎。

### 发展社会化

从个体的生理和社会的发展来看，到青年期或青年期以后，社会化发展就较为成熟。但为了适应日新月异的社会文化环境，我们依然根据自身需要进行社会知识、技能、价值观及行为习惯的学习。发展社会化就是在这个基础上进行。例如，参加工作前，大多数人要接受入职培训，了解企业文化，学习企业规则。成家后，要学习夫妻相处的规则，调整自己的行为。生了孩子后，还要一边翻看育儿书一边学着做父母。也就是说，进入新的生命周期后，我们需要承担新的义务，扮演新的角色，因此必须学习新的知识和规则，在不断发展过程中，将新学的东西与原来所学融为一体。

### 反向社会化

反向社会化是指年轻一代将文化知识传递给年长一代。在传统的文化传承过程中，都是"亲代教化子代"，文化由上一代人传给下一代。然而，随着信息化、数字化的生活方式飞速融入日常生活，长辈原有的生活经验开始跟不上时代的变化，需要重新学习来适应社会发展。这时，原本处于被教化地位的晚辈便开始"反客为主"，充当起了教化的角色，这个过程被称为"文化反哺"。例如，我们教父母使用智能手机、上网看新闻玩游戏、用微信发红包，向他们解释各种新名词，都是一种反向社会化。

### 再社会化

再社会化是指个体舍弃过去所接受到一套社会规范和价值标准，重新学习社会所要求的社会规范与行为方式的过程。例如，一些出国定居的人们，如同电视剧《北京人在纽约》中描述的那样，需要重新学习不同文化背景下的社会规范，努力融入新的社会。再社会化还会在人们脱离以前的社会生活时出现。例如，多年前的下岗潮，逼迫着习惯了"公家单位"的中年人适应复杂的"外面的世界"。再如，被解救的被拐卖儿童、长期服役后转业的军人，以及服刑较长时间后刑满释放的人，他们都会面临再社会化的问题。

社会化是一个人从生物人成长为社会人的必经之路，了解社会化的过程也是了解我们成长史的过程。只有不断地提高社会化水平，才能获得更好的发展。

## 社会角色

"尧舜生，汤武净，桓文丑末，古今来几多角色。
日月灯，云霞采，风雷鼓板，宇宙间一大戏台。"

圆明园内的这副楹联描述的就是"角色"。

## 角色与社会角色

"角色"原指演员在戏剧舞台上所扮演的某一特定人物，后来人们发现，现实社会和戏剧舞台之间有着内在联系，舞台上演的戏剧是现实社会的缩影。于是，米德（Mead）和林顿（Linton）把"角色"这个概念正式引入社会心理学研究。在心理学中，"社会角色"是指在社会系统中与一定社会位置相关联的、符合社会要求的一整套权利、义务的规范与行为模式，可以这样理解，社会角色是人们对具有特定身份的人的行为期望。

社会角色不是孤立存在，而是与其他角色联系在一起，被称为"角色集"。我们来看看一个例子。林某某，男，年龄 36 岁，已婚、已育，职业为医生，是主任医师和研究生导师。你能计算一下他承担了多少的社会角色吗？我们稍微整理一下：于父母而言，他是儿子；对妻子而言，他是丈夫；于子女而言，他是父亲；于同事而言，他是主任、领导，也是下属、后辈；于学生而言，他是老师；于病人而言，他是医生。

## 社会角色的分类

### 先赋角色与自致角色

从角色的来源来看，有些角色是先天带来的，即先赋角色（ascriptive role），是个人与生俱来或在成长过程中自然获得的角色，通常建立在遗传、血缘等基础之上，如性别、种族、家庭出身等。例如，我们每个人出生时，就决定了是某某家的后代，是谁的儿子或女儿，是汉族或者少数民族。有些社会角色是后天获得的，称为自致角色（achieving role），是通过自己的努力而获得的角色。比如职业：我是一名老师，他是一名工程师，她是公司老总，这些角色背后蕴含着我们的自主选择——从读书时选择专业，到就业时选择到行业，也许还到后面几经更换单位。

### 自觉角色与不自觉角色

自觉角色与不自觉角色反映的是人们承担社会角色时的心理状态。自觉角色，指"人们在承担某种角色时，明确意识到了自己正担负着一定的权利、义务，努力用自己的行动去感染周围观众"。自觉角色是每个人在社会生活中都经常体验到的。如"新官上任三把火"，此时的三把火彰显的就是"新官"这个社会角色。同样，刚入伍的新兵踌躇满志，刚入校的大学生积极向上，刚结婚的小夫妻把日子过得有滋有味，都是因为明确意识到自己的社会角色。此外，如果有人在场或对角色提出明确期望时，也容易出现自觉角色。例如当被记者采访的时候，工程师就更为严谨，法官就更为严肃，幼儿园老师就更有亲和力，都是为了符合人们心目中的社会角色。

不自觉角色是指"人们在承担某一角色时，并没有意识到自己正在充当这一角色，而只是按习惯性行为去做"。一般说来，当前述的形成自觉角色的那些原因不存在时，人们就容易形成不自觉的角色。例如，当领导干部当久了，就容易忽视自己的特殊身份，容易犯小错或者坏大事。因此，不断地提醒他们的工作职责，有助于增强角色的自觉性。

### 规定性角色和开放性角色

规定性角色和开放性角色是依据角色规范是否明确来确定的。例如，一些职业，如法官、警察、医生、教师等，他们的角色权利和义务通常较为明确，也被一些规范所约束。如果做出不符合角色的行为，有可能受到制裁或惩罚。例如，警察衣冠不整、医生收受病人的红包、老师对学生体罚，都会接受相应的惩罚。开放性角色则没有那么明确的角色权利和义务，可以根据自己的理解和社会的期待来规范角色行为。例如，什么叫做"好妈妈"，不同人有不同的理解。有人认为严格是好妈妈，有人认为慈爱是好妈妈，还有人认为营造宽松民主的环境才是好妈妈。虽然社会也对妈妈这一角色有一定约束，例如不可以虐待孩子，但这种约束不是强制的，主要受习俗、道德等社会规范的影响。

随着年龄的增长和情境的变换，我们往往要承担很多角色，行为方式也会随着角色不同而不同，以适应社会对角色的期望和要求。

## 社会角色的背后

人生如戏，台上台下哪个是真实的你？是台下默默无闻苦练技艺的你，还是台上骄傲肆意光芒万丈的你？在生活中，面对不同的人，我们有着不同的面孔，扮演着不同的角色。

### 利用角色赋予的力量

先来看看著名的津巴多模拟监狱实验。研究者在斯坦福大学的心理学系办公大楼地下室里建立了一个"监狱"，雇用了 24 名学生来参加实验。他们随机被分配来扮演看守或者罪犯，并制定了一些基本规则。实验者躲在幕后观察发现，"罪犯"没用多长时间就承认了"看守"的权威地位。"看守"真的觉得"罪犯"低人一等，并且扮演看守的参与者全部做出了虐待罪犯的事情。实验相当成功地证明了，学习一种新角色是多么迅速！类似的还有汉弗莱（Humphrey）进行的模拟商业办公室实验。他通过抽签决定一部分人扮演经理，另一部分扮演雇员，并模拟真正的情境。随着实验深入，"雇员"普遍认为"经理"更有智慧、更自信和更乐于助人，而自己有自尊降低的感觉。

可见，社会角色会赋予个体一种本身不具备的力量。很多时候，到底是我们本人具备的，还是角色本身带来的特点，这是需要思考的问题。如何利用角色赋予的力量，更是需要思考的问题。

### 角色扮演：世界是个大舞台，我们都是演员

常言道"人生如戏，全靠演技"，虽然听来是句玩笑话，但实际上，角色确实是可以"获得"和"扮演"的。所谓"获得"角色，就如同演员演戏，首先要获得这个角色的扮演权，才能进行演绎。例如，一个男生喜欢一个女生，所以展开了追求。此时，只有当女孩接受男生的追求时，他才获得"男朋友"的角色，可以扮演与之相一致的行为，比如牵手、接吻等。如果女生不接受，男生就只能继续扮演"朋友"或"同学"的角色，不可以这么亲密。当然，这里所说的"扮演"并没有"假装、欺瞒"的贬义，而是指人们在不同的场合、以不同的社会角色示人时，会表现出符合该角色的行为举止。

### 角色冲突：人在江湖，身不由己

在现代社会中，我们往往同时承担着多个社会角色，每个社会角色都有着不同的社会期待。所要扮演的角色越多，不同的社会角色之间越有可能产生矛盾，从而产生"角色冲突"（Role Conflict），即"当一个人扮演一个角色或同时扮演几个不同的角色时，由于不能胜任，造成不能适应而发生的矛盾和冲突"。一般可以将其分为两类，即角色间冲突和角色内冲突。

角色间冲突，是指人们在承担不一样的角色时，角色之间产生的冲突。通常由各角色间利益冲突所导致，使个体难以胜任并在时间与精力上出现紧张感，亦称"角色紧张"。例如，"忠孝难两全"就是典型。要缓解角色间冲突，可以放弃一些社会角色，解除过重的负担，也可以使自己的角色尽量单一化，在一种场合只扮演一种角色。

角色内冲突，顾名思义，是由于角色承担者对该角色的理解与社会对该角色的期待不一致导致的矛盾冲突。比如，现代教育理念倡导德智体美劳全面发展，然而很多家长认为在应试压力的大背景下，作为教师应该以提高学生的成绩为重，

要达到这个目标必定要多做习题，但这样可能会占用音乐、美术、体育等课程时间。在各方的期待之下，教师应当如何去教育学生呢？这样便导致了教师的角色内冲突。

承担一定的社会角色、符合社会对角色的期望、减少角色冲突，是我们作为一个社会人所希望达到的。

# 第二节　社会影响

社会就像一个大磁场，身处群体中的我们会有何不同呢？改变我们的群体力量到底是什么？他人在场或不在场对我们有什么影响？就让我们一起来看看吧！

## 身处群体中

在闹哄哄的教室中，大家都尽情地嬉闹。突然之间，有些人安静下来了，接着全班像被感染似的都安静下来了。当大家发现这个莫名其妙的行为时，哄堂大笑之后又接着叽叽喳喳起来。相信这样的情况我们都经历过。确实，处于群体中的我们会有那么些不一样！

群体是指"各成员相互依赖、在心理上彼此意识到对方；各成员在行为上相互作用，彼此影响；各成员都具有'我们属于这一群体'的心理感受等特征的人与人之间的人群集合体"。社会是人的社会，人是社会的人。每个人都生活在群体中，通过群体与社会发生关系。

读书时，我们属于某所学校，某个班级，也可能属于某个社团。工作后，我们属于某个单位，某个部门，也可能属于某个驴友团。退休后，我们属于某个社区，也可能属于某个广场舞队，或者某个老年人摄影协会。总之，在不同的时间和场合，我们归属于不同的群体。群体的类型、大小、结构不同，会对其中的成员有所影响。同时，作为群体成员，个人的身份和角色也会反作用于群体，对群体产生或大或小的影响。

### 群体的形成

社会心理学家谢立夫（Sherif）进行了一项群体形成的经典研究。他邀请了来自不同阶级、地区和学校的互不相识的 12 岁男孩们参加夏令营。在实验第一阶段中，他们被分为两个组，分别参与一些做饭、修游泳池、玩垒球的活动，最后每个小组都形成了群体，还自发地为小组起名字。在实验第二阶段，安排两个群体相遇并开展一系列竞赛，如橄榄球、垒球和其他项目。竞争的结果促使两个小组出现了明显的"我们""我们的情感""他们"的意识，并对对方组产生敌意。此时，请他们在两个群体中择友，结果超过90%的参与者选择本组成员做朋友。在实验第三阶段，探索如何减轻或消除群体间的冲突。安排两个群体一起协同完成特定活动，这些活动将影响他们的生存，例如，一起修建野营基地的贮水池，将卡车拖出泥潭等。合作导致两个群体的敌对情绪明显减缓。此时，选择对方成员作为朋友的比例达到了33%。这个实验呈现了群体的形成过程和群体形成的基本条件，即交往、共同活动和目标一致。

### 共同目标

大学校园中有着大大小小的各种比赛，很多同学会相邀组队，并制订参赛计划，明确分工，集体努力共同完成参赛任务。因为有着共同的目标，群体就这样组建完成。米德尔布鲁克(Middlebrook)提出："在人们意识到不能单独完成一项工作，或者是通过多个人的共同努力，可以更顺利地完成一项工作时，就倾向于组成群体。"可见，为了同一个目标而走到一起，这是群体形成的基础。

### 隶属需要

隶属需要是指"个人认同于他人或群体的行为方式，并以相同方式行为，以获得安全感的需要"。前文提到过沙赫特的激发恐惧情绪实验，它充分说明，在恐惧、焦虑的情况下，人们倾向于合群和结伴。确实，每个人都将自己归属于一个自己认同的群体，这就是隶属需要。

### 压力情境

大量实验研究都显示，高压力的情境会直接促进人们形成群体或加入群体，沙赫特的实验证明了这点，其他研究也发现，灾祸受害者会自动与邻居或朋友组成群体去寻找救援。在日常生活中，人们遇到灾难或困难时，会倾向于去寻找一个团队来获得心理支持，例如，家暴妇女小组、癌症患者小组等，都是出于这样的心理原因。

## 群体压力

群体压力是"群体对于生活在此群体中的成员特有的约束力"。这种压力并非是必须遵守的权威命令，但是还是会左右个体的行动。

### 群体压力的过程

群体对个体的压力有一个发展过程，黎维特(Leavitt)认为有四个阶段。

第一是辩论阶段。在讨论某一主题时，一开始每个成员都可以发表自己的意见，也会听取别人的不同意见。经过一段辩论，会分为多数派和少数派。虽然允许大家继续辩论，但少数派会感受到群体的压力。例如，班上讨论这个假期去哪里玩，大家吵得不亦乐乎，有的说在当地，有的说去远方，有的希望往乡下走，有的希望往城中心去。辩论一段时间后就会形成大方向，可能大多数人同意去某著名景点，但是依然有人希望在当地开展活动。

第二是规劝阶段。一般情况下，多数派不会改变自己的主张，而是规劝少数人同意大家的意见，即"少数服从多数"。此时少数人感受到的群体压力会越来越大，有一部分人就会放弃自己的观点。比如，希望在当地开展活动的同学也同意去某著名景点。

第三是攻击阶段。当一部分人放弃自己观点归顺于多数派以后，有的人可能仍然不肯妥协，坚持己见。此时大家就会对他进行批评，说他不合群、以自我为中心或是固执等。例如，几乎全部的同学同意去某著名景点时，依然有那么一两个人希望留在当地，甚至威胁自己不去参加活动，自然会受到大家的攻击。

第四是心理隔离阶段。如果此时少数派仍然不改初衷，大家可能会开始断绝与他的交往。最终，要么他因为感受到压力而脱离这个群体，要么服从群体的决定。例如，希望留在当地的这一两个人，要么就跟着大部队去了著名景点，要么就干脆不参加了。我们也可以预期，在之后的活动中他们可能也不会再参加了，从而慢慢脱离了这个群体。

### 群体压力的意义

人们对于群体压力的看法各异。有的认为需要存在群体压力，才会对群体成员有约束，有的则认为群体压力抹杀了成员的个性。事实上，社会对于人的制约很大一部分是通过群体来完成的。国有国法，家有家规，班级有班级规则，企业有企业规范，即使是一个自发形成的团队也有群规。因此从某种意义上说，为了维护群体的一致行动，维护群体的存在和延续，适当的群体压力是必要的。从另一个角度来说，群体压力下产生的一致性，正是我们个体行为的参照，当个体获得群体多数人一致支持时，内心才有安全感。

## 群体凝聚力

还记得读书时经常参加比赛吗？一个黑板报评比、一场跳绳比赛、一次文艺汇演，或者校运会，总之，无论大小，只要是以班级为单位，我们都会拼命为集体荣誉感去努力。通过这样大大小小的比赛，班级也就更加团结，这正是集体凝聚力的体现。群体凝聚力是指使人们集合在一个群体里的感情，是成员对某些人比另外一些人更加亲近的情感，是促使成员留在群体内的动力和原因。

一般来说，凝聚力强的群体，成员归属感和自豪感都比较强，他们愿意主动承担群体责任，而不是相互推诿。群体之间的沟通互动较多，而且多使用正面的、积极的语言，群体成员的幸福感比较高。但是，群体凝聚力高并不只有正面影响。在某种特殊情况下，凝聚力高会降低工作效率，有时也会对个体的独特性造成打压。同时，某些犯罪团体的凝聚力过高也不利于社会的安定。

## 改变你的力量

### 从众

富勒(Fuller)曾经说过："做多数人做的事，人们就会赞赏你。"从众，确实是我们生活中最常见的现象，是指"个人的观念与行为，由于群体的引导或压力而向多数人相一致的方向变化的现象"。一人流鼻血不得不抬头止血，不一会儿，周围的其他人也跟着他望天，却不问原因，这就是经典的从众现象。从哄抢板蓝根到哄抢食盐的群体事件，也是从众惹的祸，"中国式过马路"更是从众的典范！

从众可以分为顺从和接纳。依靠外在的力量而表现出的从众行为叫做"顺从"，是为了得到奖励或避免惩罚，使自己的行为与外界群体保持一致，而不表露出我们内心的真实想法。例如，领导讲完话后有人带头鼓掌，此时大多数人会随着一起鼓掌，而不管内心是不是真正认可领导刚才的讲话。另外一种真诚的、内在的从众行为称为"接纳"，是指我们真的相信群体要求我们所做的事情。例如，职场上那些不断充电、广泛学习新知识的人，是在内心真正接纳了"活到老学到老"企业文化理念，而不是被领导或其他人逼迫着去学的。

#### 从众的经典实验

心理学家阿希(Asch)进行了经典的从众实验。这是一个判断线段长度的实验。每呈现一套卡片时，被试依次判断 A，B，C 三条线段中哪一条与标准线段 X 一样长。这其实是个很简单的判断，一般人在没有干扰的情况下，判断正确率非常高。那么，身处群体环境中，情况会发生什么变化呢？

阿希将参加实验的被试分为 7 人一组，其中只有序号为 6 的人是不知情的真被试，其他人均是实验助手扮演的假被试。实验的前 2 次判断中，大家都一致做出了正确的选择。从第 3 次开始，假被试故意做出错误的选择，在看到前 5 人都做出明显错误判断时，序号为 6 的真被试是选择独立还是从众呢？结果表明，单独判断时正确率可以高达 99% 的个体，跟随大家一起做出错误判断的总比例占全部反应的 37%，75% 的被试至少有一次屈从了群体压力而做了从众的判断。这个实验说明：在认知判断的情境下，个人的选择将受团体压力的影响，使其自身的独立性与自主性降低。

### 人为什么会从众？

第一是寻求行为参照。按照费斯廷格（Festinger）的社会比较理论说法，在很多情境中，因为缺乏知识或情况不熟悉等原因，在情境不确定时，其他人的行为最有参照价值。通过从众，指向多数人的行为，自然是较为可靠的参照系统。随大流不犯大错，买东西时去人多的商场，吃饭时选车停得多的饭店，在网上购物时寻找留言评价最好的产品，这都是我们正常的行为。当然也有精明的商人使用"托儿"来排队抢购，也是利用了大家的从众心理。

第二是避免对偏离的恐惧。常言道"木秀于林，风必摧之"。如果一个人表现得过于突出，偏离群体的一般情况，就会面临群体的强大压力乃至制裁。在日常生活中，大部分人都有这种偏离恐惧感。人无论归属于哪个群体，都会期望在群体中获得认可，因此也会产生从众心理。校园中不难发现这类有意思的现象，参加资格证考试、考研究生、考公务员常常以寝室为单位，甚至不乏全寝室都以高分考取名校研究生的报道，宿舍成员集体行动已然是大学校园蔚然流行的风景，更有人直言："他们都在拼命学，我如果不努力、不上进，岂不是很丢人？"这时，寝室同学的选择是行为的参照依据，而不这样做可能面临被群体抛弃。女人们经常会有一起"买买买"的活动，上到集体代购衣服、箱包、鞋子，下到团购水果、月饼、蛋糕，涵盖了生活的各个方面。但是仔细想想，并不是每一次消费都切中自己的需求，一不小心就"跟风"了一把。

### 影响从众的因素

第一是群体规模。心理学研究表明，在一定范围内从众性是随着群体人数的增加而上升。但并非群体规模越大，从众压力就越大。普遍的结论是，类似于阿希实验的最高从众为 40%，达到最高从众率后，即使群体规模再大，也不再导致从众率增加。

第二是群体一致性。一般来说，群体自身的一致性越高，就越容易构成群体压力，也容易导致群体的从众情况。例如，一个统一行动的犯罪团伙，如果其中一个人不愿参与他们的违法犯罪行为时，就会面临极大的群体压力甚至惩罚，因此也不得不为之了。而对群体一致性的任何破坏，将会导致从众率显著下降。例如，大家在做一个决定时，A 不同意大家的意见，因此感受到巨大的压力，但是如果此时群体中的 B 也反对这个意见，那么很可能会降低群体相符的程度，A 的压力明显减少，也敢于继续说出自己的意见。

第三是个体特点。一般来说，个体的自我评价越高，从众性越低。他们可能会说："虽然很多人和我不同，但是我坚信自己的判断是对的。"各大校园中都会有一些智力超高、能力超强的"大神"，他们往往自我评价也比较高，表现出的从众情况会比较少。从众也与个性相关，越是果断的人，越倾向于不从众。相反，容易从众的人表现出自信心比较低，个性也比较软弱。

第四是文化背景。西方文化鼓励个性化，因此不赞赏屈从同伴压力，北美和欧洲都认为从众是具有消极意义的。在日本则鼓励一致性，与其他人保持一致是自我控制的、成熟的象征。在中国经常提倡的口号是"少数服从多数""法不责众"，相反的告诫则是"枪打出头鸟""出头的椽子先烂"。

# 服从

服从是指"按照他人的命令行动的行为"，它可分为绝对服从和相对服从。

绝对服从是必须要遵守、没有回旋余地的遵从，包括上级下达的命令、国家和政府制定的各项政策以及法条等。奥尔波特（Allport）曾做过一个关于服从的调查研究，发现绝大部分汽车驾驶员是服从交通规则的，见红灯立即停车的占 75.5%，见红灯减速的占 22%，见红灯稍缓停车的占 2%，见红灯仍旧冲过去的只有 0.5%。这个调查研究中体现的服从，是有组织规范影响下的服从，这种服从普遍存在。

相对服从是指不需要绝对遵从要求，可因时间、地点、对象的变换而做出不同反应。最常见的是对权威发自内心的服从，权威可能是领导、老师、前辈等，人们可能出于敬仰和信服，自愿服从他们的要求。但是也有另外一种情况，当一个人的内心真实想法与权威要求相距甚远时，为了避免矛盾和冲突，而不得不采取权宜之计，这是违心的服从。

### 服从的经典实验

在二战期间，几百万人被命令屠杀。虽然这种惨绝人寰的命令是由极少数人下达，但大多数军人都选择无条件服从命令，这种行为也成为传播恐怖屠杀的媒介。

为此，米尔格伦(Milgram)设计了一个著名实验来测试对于权威的服从，他想知道，当被一个权威人物命令去伤害他人时，一个人究竟会残酷到什么地步。

实验室招募了一些志愿者来参加一项关于"体罚对于学习行为的作用"的实验。实验中由他们扮演"老师"，来教导隔壁房间其他参与者扮演的"学生"，老师和学生分处不同房间，相互不能看到，但是能隔着墙壁通过声音沟通。实验给老师配备一个电击器，如果学生答错题目，就电击一次来惩罚，电击的电压从45伏特逐步提高。

实验开始了，实际上学生并没有被电击到，因为他们是实验助手假冒的。但是他们会发出预先录制好的惊叫声，随着电压提高，惊叫变成惨叫，直到电压高到一定程度会突然保持沉默，停止作答。此时，"老师们"会做何反应呢？实验结果表明，即使内心觉得不舒服，甚至有所质疑，他们中还是有65%的"老师"使用了最大的450伏特的惩罚，没有一名老师在到达电压300伏特之前坚持停止惩罚。

后来在全世界范围所做的类似实验也得到了类似结果。虽然这类实验受到了伦理方面的批评，但还是考察了在遭遇权威者下达违背良心的命令时人们的服从性。

### 什么影响服从

第一是合法权力。当对方被社会角色赋予合法权力时，另一方便认为自己应该服从。例如，交警要司机停车接受检查，司机就要听从安排靠边停车。老师要学生交作业，学生回家就要做作业。

第二是责任转移。服从权威和责任转移是比较稳固的心理机制。如果没有别人在场，人们更容易将行为责任归因于自己，因此也需要承担更大的责任。但是，如果有人提出要求，自己只需要服从行事，责任就进行了转移。二战时期执行大屠杀命令的士兵，明显不会认为责任在己。

第三是命令发出者的特点。如果发出命令的人拥有权力，在地位、能力、知识、经验等具有权威性时，人们会选择服从命令。例如，"军人的天职就是服从"。如果命令发出者不在场，无人监督，那么服从性也会有所变化。班主任转身离开后的教室如同沸腾的市场，但在他踏入教室的一刹那立即安静下来，这样司空见惯的场面就是生动的写照。

第四是命令执行者的特点。在是否服从命令的考量中，独立判断能力和道德水平比较高的人，会对自己将要实施的行为持谨慎态度。如果行为结果是人畜无害，他们会积极服从。一旦预期行为将产生消极后果或者伤害其他人时，他们就会拒绝服从。

# 依从

依从是指"接受他人请求而行动，使别人请求得到满足的行为"。与服从不同，依从的理由是内在的。也就是说，依从者从内心认同他人的请求才会按照去做。心理学中有一些很实用的社会影响技术，可以诱导人们产生依从行为。

### 登门槛效应

先看一个经典实验。实验人员来到多伦多城郊，发放预防癌症的宣传纪念章，恳请人们佩戴在胸前，大部分人都佩戴了。第二天，实验人员为癌症学会发起了募捐，发现佩戴纪念章的人群中，有90%进行了捐款。同样的捐款在另一个小镇举行，但是因为没有佩戴纪念章的流程，捐款的人只有46%。这个实验验证了"登门槛效应"。

登门槛效应是指一旦接受了他人的一个微不足道的要求，为了保持认知上的协调，或想给他人以前后一致的印象，就有可能接受更大的要求，也被称为"得寸进尺效应"。起效的前提是：最初的要求要让人们能认识到自己行为的意义，第二个要求要让人们感到有选择的自由。在上面这个实验中，最初佩戴纪念章是具有意义的，第二天捐不捐款也是自愿的。

### 留面子效应

留面子效应与登门槛效应相反，是指"人们拒绝了一个很大的要求之后，对较小的要求接受性出现增加的现象"。例如，当孩子向妈妈提出要500元零花钱被拒绝后，提出要10元钱，妈妈答应的可能性几乎百分之百。曹启泰在《我爱钱》中谈到他的借钱哲学，"如果需要5块钱，那你就要向人家开口借20块，对方最后同意借你10元，你第二天就要还他5元，表示你的诚意，另外的5元你可以不用着急还了"。

留面子效应与互惠规范有关，当人们看到对方已经在让步时，就会感到来自互惠的压力，觉得自己应该对他人的让步做出回报。因此，答应第二个要求的可能性就增加很多。留面子效应要满足几个条件：最初的要求必须很高，高到不会使对方因此对自己做出消极的判断；时间间隔不能太长；第二个较小的请求必须由同样的人提出。

### 过度理由效应

一个调皮的男孩跑到邻居家，在白色的墙上画个圈，对着踢球练习脚法。邻居爷爷也不生气，反而说："你开心地踢吧，每踢中一脚就送你一颗糖。"孩子很高兴，卖力地踢着。第一天、第二天爷爷都兑现承诺，到了第三天，爷爷说："你继续踢吧，但我没有糖果给你了。"男孩很生气："没糖还要我踢，不踢了！"

这种方法被我们戏称为"欲擒故纵法"，在心理学上称为过度理由效应，即"用附加的外在理由取代人们行为原有的内在理由而成为行为的支撑力量，从而行为由内部控制转向外部控制的现象"。这个例子中，爷爷利用过度理由效应，成功地阻止了调皮小孩的踢球行为。但是，在日常教育中，有的家长却用过度理由效应扼杀了孩子的兴趣。他们用肯德基、手机、或者其他物质来鼓励孩子认真读书，可是却忘记了，孩子本来就有内在求知的欲望和动力，一旦外部奖励取代了内在兴趣，就将为自己读书变成了为肯德基、手机和其他物质读书。一旦这些物质撤销了，读书的动力也随之减弱了。因此，将物质奖励作为鼓励时，一定要小心使用。

## 暗示

暗示是最常见的一种心理现象，是指"人或环境以间接、含蓄的方式向他人发出某种信息，以此来对他人的心理和行为产生影响"。个体无意识地接受了这种信息，便会不自觉地按照一定的方式行动。

暗示广泛地存在于我们的生活中。看多了某个品牌的广告，下次购买时脱口而出的就是这个牌子。每天在镜子前露出八颗牙，对着自己说我很棒，结果真的感觉越来越不错。带着新买的发饰觉得颜值提升，于是自信满满，主动微笑示人，大家都觉得你今天精神状态特别好。回家一看，其实发饰躺在桌上忘记戴了，而这种自信满满也是自我暗示的结果。

### 暗示的影响因素

第一是暗示者的特征。暗示主要是因为人们相信、尊敬甚至迷信暗示者而产生的。例如，当我们去看病，遇到一位仙风道骨的老中医时，可能病就好了一半。同样一句话，老师说的效果和家长说的效果可以完全不同。个人成就以及在群体中的地位会对暗示效果有所影响。

第二是受暗示者的特征。例如，受暗示者的年龄、性别、心理状态都会影响暗示的效果。一般来说，年龄越小越容易接受暗示，女性比男性易受暗示。独立性差、缺乏自信心和知识水平低的个体容易受暗示。此外，如果被暗示者的自我评价比较低，或者处境艰难和缺乏社会支持，或是犯了选择困难症时，也比较容易受暗示。例如，医生和蔼可亲地问感冒症状："你咳嗽吗？"小朋友可能马上就开始咳嗽。又如，买衣服时，导购员在旁边多说几句穿着这件衣服如何有气质、有品位、衬肤色，顾客可能会立刻买下衣服。这些都是暗示的功劳。

**如何利用暗示**

心理暗示像把双刃剑，本身无所谓好坏。我们可以试图发挥其在教育中的积极作用。试想一下，如果父母总是这样向别人描述自己的孩子，"我家孩子就是坐不住，又不爱看书"，这样反复的批评和一遍遍的强调只会让孩子验证这些论断，既不看书又坐不住。而发自内心的"赏识教育"会起到积极的暗示作用。对于父母来说，学会发现孩子的独特之处，用自豪的、不加掩饰的、赞赏的语气说出来，具有非常大的力量。比如，"我家孩子真不简单啊，吃这么苦的药居然一声不吭"，"哎呀！注意力真集中，一口气看完一本书"，听到这些，相信孩子越发能吃苦药和认真看书。对于老师而言，看似不经意的积极评价，也会给学生带来非常大的动力，如前文所提到的"罗森塔尔效应"。

## 他人是天堂还是地狱？

有时候，一群人一起干活儿特别快，工作效率特别高，还不觉得累。有时候，他人在场却妨碍了我们的发挥。有时候有其他人在场时，我们就可以少干一点活儿。这些现象都和他人的出现相关。

## 社会助长

在日常生活中，相信许多人都有过这样的体会，独自一人吃饭没滋味，几个人一起用餐就感觉香甜可口，食欲大增。几个人一起骑车会比单独骑车速度更快，且不觉疲惫。一群人一起看世界杯，呐喊声更大，更加欢呼雀跃。在运动场上更是如此，当马拉松运动员从场外跑入场内时已是筋疲力尽，此时观众站起欢呼给了他们极大的鼓舞，于是乎，逐渐沉重的双腿突然发力冲向终点。

社会助长是指"个人对别人的意识，包括别人在场或与别人一起活动所带来的行为效率的提高"。正如马克思所说的："12 个人在 144 个小时的总劳动时间内共同劳动，比 12 个孤立的劳动者各自做 12 个小时，或一个劳动者每日做 12 个小时，连续做 12 日，会产生一个更大的总生产量。"

关于社会助长作用的机制，有学者认为是群体的背景增加了人们的内驱力，因此唤起了竞争意识和被评价意识。人们会有意无意地感受到社会比较所引发的竞争压力，从而使内在行动动力增强。例如，一个人爬山时可以慢悠悠欣赏一路风景，一旦一群人爬山，若相互之间有了比较，自然会集中注意力加快脚步了。

扎荣克（Zajonc）提出了优势反应强化理论，认为"唤醒能够促进优势反应"。当人们重复简单而熟练的工作时，一般反应正确率比较高。如果有其他人在场，别人的工作表现会转换为一种外界刺激，在无意中产生竞争意识，强化我们的工作动机，提高工作效率。同时，很多人在一起从事某项活动，也减少了单调和疲劳之感，提高了工作效率。这种现象就是心理学中的"优势反应强化现象"，主要针对那些已经掌握得相当熟练、可以不假思索就表现出来的习惯动作。若动作掌握得不够熟练，他人在场则容易导致工作效率下降。

## 社会干扰

运动场上需要加油鼓劲，但也有一些比赛要保持安静，例如斯诺克。如果观众过于投入，不断鼓掌加油或大声说话，将会对场上运动员产生极大影响，这就是社会干扰。

社会干扰是指"别人在场或与别人一起活动，造成行为效率的下降"。优势反应强化理论同样对此进行了解释：一个人在完成复杂、困难、生疏的任务时，不正确的反应占优势，他人在场会增加不正确的反应，妨碍任务完成，所以有阻抑作用。实验结果显示，有人在场时，测试者学习简易的词比单独学习要好些，而学习有难度的词时，独自学习的效果比集体学习要好。这不难看出，有他人在场时，熟练的工作会得到促进，而不熟练的工作则会受到干扰。

## 社会惰化

人多未必力量大，社会惰化是指"群体完成一件事情时，个人所付出的努力比单独完成时偏少的现象"，也被戏称为一个和尚挑水喝，两个和尚抬水喝，三个和尚没水喝。

古有三个和尚的故事，今有"吃大锅饭"的说法，心理学实验也证明了这个现象。达谢尔（Dashiell）用实验方法来测量拔河比赛中每个人的用力水平，发现随着共同完成一件事情的人数增加，每个人所做的个人努力程度也会下降。一个人独自参加实验时，平均拉力可达63公斤，而集体参加时降到59公斤，人数越多时下降越快，最后甚至下降到31公斤。

出现社会惰化的原因，主要是因为人多的情况下，个人的评价焦虑减低，而且责任意识也在下降。一个人被要求单独完成任务时，成功或失败的责任非常明确，因此，他会积极地做出反应。如果要求一个群体共同完成任务，群体中每个人的责任感就会相对较弱，面对困难或遇到需要担当责任时往往选择逃避退缩。例如，"旁观者效应"（Bystander Effect）指的是，在紧急情况下，由于他人在场而使得个人的利他行为受到抑制，而没有施以援手的现象。旁观者人数越多，抑制程度越高。

# 第三节　聚焦社会现象

生活中的方方面面，从网络社交到网络暴力，从刷朋友圈到抢红包，从助人为乐到见死不救，不仅仅是社会、道德和法律的问题，其中还蕴含着不少心理学的原理。

## 网络社交大家谈

网络社交让我们如此不可抗拒，一些网络社交平台，如微信、QQ，Instagram、Snapchat 已经占据了我们每天必不可少的一段时间。现代人越发离不开网络社交，通过其来获取信息、关注朋友圈动态、晒晒自己的生活。

### 可修饰的社交

多项国内研究表明，使用网络社交平台的目的主要是人际交往。以大学生为例，大学生使用微信、微博、QQ 的主要目的中，社交目的居最高比例（62.3％），约 78％ 的调查对象经常使用微信的朋友圈功能。网络社交平台的人际传播优势是沟通便利、人性化、私密、轻松和有效，同时也存在着延时、含义多重、情感泛化等特点。社交网络可以充分展现自我、表达个性和寻找集体归属感。更重要的是，这是一种可以合理延时的互动模式，具有可修饰性。无论是被 PS 过的头像，还是字斟句酌的文字，抑或是隔了很久才回复的信息，都给参与者充分的空间，缓解了面对面交往的焦虑。可修饰性，是一些回避现实交往的人偏爱网络社交的原因之一。

### 唾手可得的人际认同

相对于面对面时难以说出口的那句"你真棒"，在网络上获得认同简直唾手可得。例如，"好开心，今天收到了亲爱的做的曲奇饼"，"这儿的风景真美，享受悠长假期"的晒图配文可以收获点赞无数以及不少留言。

社会依恋的大脑阿片学说指出，当内啡肽与大脑中的阿片受体结合时，社会交往就会诱发积极情绪，由此形成良性循环。加利福尼亚洛杉矶大学的科学家们对正在使用社交媒体的青少年的大脑进行扫描，他们发现，当青少年看到自己的照片获得了很多"赞"时，与社会活动和视觉相关的几个大脑区域被点亮了。其中，一个被称为"伏核"的区域特别活跃，它是一个当人们发生高兴的事情才会活跃的脑区，是一个关联于奖赏的区域，例如吃了巧克力或赢了钱。这项研究表明，在社交媒体中获得点赞的体验，和吃了巧克力或赢了钱一样，非常具有奖赏意义。

需要觉察的是，网络上过于渴望别人的认同，可能正是因为现实中缺乏被认同的体验。在现实生活中积极参与线下活动，建立稳定的社会圈子，也许是获得认同和增强自我价值感更稳妥的方式。

## 社交媒体倦怠

有的人热衷于社交媒体，也有的人厌倦。有人曾抱怨说："社交网络能帮人打造一个并不存在的完美世界，让你沉迷其中但又很虚假，我受够了。"确实，随着社交网络高度成熟，在社交网络上呈现出的"社会角色的我"和"主体的我"之间、"真实的我"和"他人眼中的我"之间都产生一种割裂。这种建构出的超级立体的"我"有时候甚至让自己都不认识，导致倦怠的产生。

社交媒体倦怠（social media fatigue）研究发现，社交媒体使用信心、隐私关注、社交媒体使用自我效能感和社交媒体的帮助性是社交媒体倦怠的重要影响变量。自我效能感和感受社交媒体的帮助性越高，社交媒体倦怠也越高。可以这样来解释，那些社交媒体自我效能以及感受到社交媒体帮助较高的人，在社交媒体有一定声誉，他们会比较注重印象管理，因而在社交媒体发表动态只会越来越谨慎，后果就是发表频率显著下降。

# 网络暴力面面观

网络暴力被定义为："针对未经证实或已经证实的网络事件，在网上发表具有攻击性、煽动性和侮辱性的失实言论，造成当事人名誉损害；在网上公开当事人现实生活中的个人隐私，侵犯其隐私权；因为网络事件对当事人及其亲友的正常生活进行言论和行动侵扰，致使其人身权利受到损害的行为。"

## 假面舞会

与现实生活中面对面的互动交流模式相比，网络交流模式最大的特点就是匿名性，犹如一场在线的假面舞会，每个人用匿名的"假面"聚集在论坛、社区、贴吧、微博等场所。网络具有社会解压阀的作用，一旦有人带头说出平常不敢说的话或做出平常不敢做的事，带头展开攻击，参加舞会的人们就会被气氛所感染，淋漓尽致地发挥，利用谩骂、侮辱等攻击性语言来宣泄自己的情绪。例如，中国网络暴力对象中有很多是出镜率超高的明星，在遭遇到网民的各种攻击、谩骂和诋毁时，多个明星选择关闭微博退出网络。

## 从众心理

在网络这片海洋中，个体是孤立的。如同在现实社会一样，网络中的个体需要与某一群体联系起来，才能找到归属感。如果有人带头开展攻击，而又有几个人跟随的话，就容易形成网络从众心理，别人怎么说，我就跟着怎么说，如"同仇敌忾，一致对外"。在各类网络暴力事件中，参与者并非都是十恶不赦之辈，很多就是我们身旁的甲乙丙丁，如果问起原因，很多人会回答："跟风而已。"

## 自我同一性过剩

在现实生活中，由于各种约束而无法完全将自己的观念强加于人，此时，网络便承载了表达观念的功能，网友们经常一言不合就开始道德绑架，或者干脆直接发动一场暴力事件，可以用"自我同一性过剩"对此进行解读。自我同一性过剩是指"一个人在特定团体中扮演特定角色时具有排他性，坚信自己的方式是唯一的方式，将自己的信念强加于人而不考虑其他人感受的现象"。这种现象在心智不太成熟的人群中尤为普遍，比如过于理想主义、思维非黑即白、思考绝对倾向的人，而这部分人经常出没在网络上。

## 重塑自我

网络空间打破了现实世界中对社会角色定位的限制。"你永远不知道网络对面和你说话的是一个人还是一条狗。"这种匿名性让每个人都可以塑造全新的网络身份，这个身份的任何信息，如年龄、学历、职业、爱好等都可以根据自己的意愿创造，甚至连性别也可随意选择。这种重塑行为带有重新做人的感觉。一些在现实生活中胆小懦弱的人，通过网络暴力实现了高大威猛、敢打敢杀的理想自我。不同于现实世界中的社会角色，网络暴力的成本很低，受到社会公序良俗的制约较少，使得人们能够大胆地表露本我，随意宣泄情绪，而难以建立起责任感。

针对网络暴力，我国政府已经制定了相关的法律，这种约束是相当必要的。

## 今天，收红包了没？

网络红包异军突起，大家重温了一把小时候收压岁钱的快乐，体会到了"抢"的快乐。那么，红包背后隐含着怎样的心理意义呢？

### 从传统文化而来

多年以前，每逢春节长辈们都要将事先准备好的压岁包分给晚辈，一般在晚辈拜年时当众给出。因为"岁"与"祟"谐音，"压岁"取镇压邪祟之意，寓意是得到压岁钱红包的晚辈就可以平平安安度过一岁。对长辈红包的盼望与得到红包后的欣喜，是不少人关于传统春节的集体记忆。在互联网时代下，不少传统事物在不断发展，网络中的抢红包和发红包成为了传统文化的创新与延续。

### 心理账户设置不同

大部分人看到地上有一块钱，不见得愿意弯腰去捡，但在网络虚拟世界里抢红包，即使只抢到几毛几分钱也乐此不疲。这是为什么呢？行为科学与经济学教授理塞勒（Thaler）提出了"心理账户"的概念。他认为，人们会为不同事件开设不同的心理账户，将收支放到不同账户里，专款专用。不同账户之间，哪怕金额一样，但是带来的心理效应却不同。因此，地上的一块钱和网络红包中抢到一块钱，虽然金额相同，但因为处在不同的心理账户中，所带来的心理感受差异很大。

### 收获社交满足感

与其说红包是一种经济行为，不如说是一种社交行为。红包一发，圈子就热闹起来，"潜水"的人"冒泡"出来感谢一下，发红包的人谦虚一下，再轮流坐庄继续发，借助于网络的即时性和低成本，在红包的一发一抢之间，促进了群体中的趣谈和快乐，满足了人们渴望交流的内心愿望和社交群体中的存在感。这种社交满足感和群体归属感，比红包本身更像一种礼物。

### 享受娱乐本质

网络红包好玩还可能是"人对于不确定性的热衷"。只要预期会有好事发生，人的大脑就会开始分泌多巴胺，未必非要等到好事真的发生。如果预期的好事真发生了，多巴胺分泌就会更加旺盛。由于"能否抢到"和"抢到金额大小"的不确定性，人们对红包产生了不定概率强化，进一步促进了"抢抢抢"的行为。与"不确定性"相对的是"确定性"。我们在现实世界的日常生活中，铸造了世界的常态、稳定与可预期性，满足了本体性安全的需要。但正是这种本体性安全，才为抢红包等不确定行动提供了土壤。平淡生活日复一日，诸如彩票和红包这样小小的刺激总能带来意外惊喜。从根本上来说，抢红包这种不确定惊喜的本质是安全的、可承受的（体现为数额的不大）。大家可以充分享受红包的娱乐本质。

# 有难不帮的背后

都说众人拾柴火焰高，然而现实中有难不帮、见死不救的事件时有发生。老人摔倒在地无人搀扶，女童被撞没人报警，大家总痛斥围观众人"冷漠无情"，觉得"如果人人都献出一份爱，世界将变成美好的人间"。其实，同样的事在美国也引发过一场大讨论。1964年，一位30岁的女子深夜下班回家时在其所住的街道遇害。后来《纽约时报》等媒体报道发现，杀人犯在长达半个小时的时间里，在街上追逐并攻击了她3次。与此同时，她的38个邻居透过自己家窗户亲眼目睹了谋杀案的发生，但整个过程没有一个人报警，直到她死后才有一名目击者给警察局打电话。面对公众一边倒的责难，心理学家探讨了这类事件背后的心理机制。

## 责任分散效应

所谓责任分散效应，是指"当多人在场时，责任无形之中由众人共同分担，形成责任分散的局面"。事件发生时如果只有一个旁观者在场，他会感到自己负有100%的救济责任，此时若见死不救，就会产生负罪感和内疚感，这需要付出很高的心理代价，因此他一般会立刻采取相应的行动。但是，当有100个旁观者时，每个人所负的责任就减少到1%，每个人承担的心理救济责任大大减少。旁观者甚至可能连他自己的那一份责任也意识不到，从而产生一种"我不去救，自然有别人去救"的心理，从而造成集体冷漠的局面。

心理学家达利（Darley）做了一个实验，观察在旁观者人数不同的情况下，旁观者对突发性事件的反应。结果发现，对于突发性事件，旁观者人数越多，任何一个旁观者提供帮助的可能性反而越少，反应的时间也更长。这说明，在不同的场合下人们的援助行为确实存在不同，不能用冷酷无情或道德日益沦丧一言以蔽之。

## 从众心理

如同前文所说的，一个人不仅会以自己的看法来评估情境，而且在行为举止方面也倾向于模仿其他人，在面临选择的特殊情况下更为突出。如果大家都不去援救，个体在面对紧急情况下，即使意识到有责任上前帮助，也往往会遵从大家一致的表现，成为"沉默的大多数"。

## 破窗效应

某一幢建筑物的几扇玻璃窗被人打破，没有得到及时维修。不久，这幢建筑的其他窗户也被莫名其妙地打破了。如果这些破窗户仍旧得不到及时维修，那么还会继续产生其他破坏行为，这就是"破窗效应"。

我们来看看津巴多（Zimbardo）的著名实验。他找来两辆一模一样的汽车，把其中一辆停在了社会底层聚居的纽约布朗克斯区，另一辆停在加州帕洛阿尔托的中产阶级社区。停在布朗克斯区的那辆车不仅敞开了顶棚，而且摘掉了车牌，结果当天就被偷走了。而在帕洛阿尔托的这辆，停放了一个星期也无人理睬。后来，津巴多干脆用锤子把这辆车的玻璃敲了个大洞。结果，仅仅过数个小时，它就被偷走了。这些破损其实是一种环境线索，给人造成一种无序的感觉，结果在这种氛围中，犯罪就滋生了。不难看出，环境可以对人产生强烈的暗示性和诱导性。

仔细想想，我们不难发现"破窗效应"广泛存在于生活之中。比如，在一个四处都很干净的花园里，一时没有找到垃圾桶，可是手里却揣着果皮纸屑，你是否心中忌惮而不轻易将之随手扔掉？然而，如果同样的事情发生在杂草丛生、满目垃圾的小院子里，那就很难严格自律了。

## 解决之道——善的表达

有难不帮和见死不救除了道德原因之外，还存在着一定的心理原因，但并不表示这样做是对的！相反，我们应该通过多种途径来杜绝这种情况的发生。

在法律层面对见死不救立法，在道德层面进行舆论引导都是必需的。除此之外，社会应该高度警觉那些看起来是偶然的、个别的、轻微的"过错"，将罪恶的苗头扼杀在摇篮中不让其蔓延。任何不良现象都可以对一个人产生强烈的暗示性和诱导性。这种信息会导致不良现象的无限扩展。也就说，"恶"会在人群中传染。同时，要保护看似不那么起眼的"善意"，并让其不断传播。如果在危难之时出手的人多了，或者在每个危难之时都有人出手，来引导沉默的大多数，"善"同样可以传染和扩散。我们可以想象一下，如果看见一个人摔倒，所有人都上去扶，让碰瓷之人一时不知道该讹谁，那该是一种怎样的场景？

## 仪式与仪式感

狐狸说："你每天最好在相同的时间来。比如说，你下午四点钟来，那么从三点钟起，我就开始感到幸福。时间越临近，我就越感到幸福。到了四点钟的时候，我就会坐立不安；我就会发现幸福的代价。但是，如果你随便什么时候来，我就不知道在什么时候该准备好我的心情……应当有一定的仪式。"

"仪式是什么？"小王子问道。

"这也是经常被遗忘的事情。"狐狸说，"它就是使某一天与其他日子不同，使某一时刻与其他时刻不同。"

——《小王子》

"仪式"和"仪式感"我们并不陌生，从国庆阅兵到大学毕业典礼，从吹生日蜡烛前的许愿到结婚时的拜天地和拜双亲，似乎都传递着郑重、正规、合法之意。仪式是"特定主体在特定时空举行，承载着一定的信仰和价值观的程式化活动"。仪式感是"因主体的心理契合着仪式的象征意义而产生的情感体验"。

仪式古已有之，比如冠、婚、朝、聘、丧、祭、宾主、乡饮酒、军旅谓之九礼，是载入书册的重大仪式。武林侠士切磋或生死决斗之前，双方向前拱手一躬身，言"赐教了"也是宣告比试开始的一种仪式。在《天龙八部》里有过这么一段对僧人喝水前念咒超度仪式的描写："他等那三人喝罢，这才走近清水缸，用瓦碗舀了一碗水，双手捧住，双目低垂，恭恭敬敬地说道：'佛观一钵水，八万四千虫，若不持此咒，如食众生肉。'念咒道：'唵缚悉波罗摩尼莎诃。'念罢，端起碗来，就口喝水。"

针对"仪式"一词形成了正反两个阵营。赞同方说，正是由于传统仪式长久得不到重视，导致现在很多人没有信仰，没有思想上的坚守，例如，在经济高速发展的同时，连见到长辈错身让路的传统礼节也不懂。反对方说，仪式不过是繁文缛节包装而成，婚礼再隆重也不能代表爱情，礼物再贵重也未见得是真心，以结果为导向，简单行事才最重要。那么，心理学如何看待仪式和仪式感呢？

## 暗示效应

有一位运动教练曾说，很多运动员在赛前调整状态时几乎都会做这样一些事情，比如，深呼吸、扩展放松运动、说鼓励自己的话语等。完成这样一套固定动作后，肌肉也会拥有记忆，能够迅速把身体和精神调整到最佳状态。在这个小小的仪式中，通过自我暗示，帮助自己稳住心神，使注意力集中，对周围环境变化更敏锐。仪式感其实是强烈的自我暗示，是精神上的礼仪。应用到时间管理上，这种自我暗示就是一条明确的分界线，将人的生活状态与工作状态进行划分。一旦完成了充满仪式感的动作，内心便会出现提示，自动将反应能力、思考能力、专注能力提升到一个绝对的工作状态。

## 承诺与责任

结婚时烦琐的仪式，经常让当事人累得够呛。但是，在众人见证下的庄重承诺，能够让新人感受到婚姻的神圣，强化彼此的责任感。此时，婚礼的意义早已超越了仪式本身，既是对过去单身生活的告别，更是对未来两人相互扶持、携手新生活的承诺。古代男子到了一定年龄要行冠礼，现在人们到了18岁要举行成人礼也是同样的原因。在大学，每年都会举办隆重的毕业典礼，学校领导亲自为毕业生佩戴绶带和送行，并深情寄语，期待着大学生勇于承担社会责任。仪式的根本作用是强化对于"社会人"身份的认知，这对增强人类社会的凝聚力，促进人类社会的稳固和发展有着重要作用。

## 链接与完成

仪式通过不同形式存在于生活之中，因为它既不强调精神也不加持物质，而是将二者相连，将外物与心中所理解的世界结合起来。殡葬仪式借由仪式上特殊的器具、行为与程序，将个人情感寄托于此，释放哀伤的情绪，并使在场的人相互获得支撑与力量，完成了托福感和完满感。遭遇失恋，很多人也会进行一个哀悼仪式，删掉对方的联系方式、烧掉书信照片，通过这样小小的仪式与过去挥别，而不会积压在内心形成"未完成情结"。

只要细心观察，就能发现大大小小散布于生活各处的仪式，节日礼物、爱心早餐、圣诞装潢、倒数跨年、过年新衣等。就算是再平常不过的小事，只要用心去做，也能对抗生活中诸多消极因素。用心生活，回味无穷，美妙非常。只是仪式也要适度，用得多过滥过繁杂，就容易沦为形式主义。

# 参考文献

［1］郝伟.精神病学(第五版)［M］.北京：人民卫生出版社，2008.

［2］Dean H. Hamer et al., A Linkage Between DNA Markers on the X Chromosome and Male Sexual Orientation, 261 SCIENCE 321 (1993).

［3］许毅.男性同性恋的相关问题研究［D］.浙江大学博士论文，2008.

［4］张培斐.同性恋身份认同研究［D］.西南大学硕士论文，2014.

［5］刘靖.同性恋者身份认同研究综述［J］.中国农业大学学报(社会科学版)，2011.03，28(01)：131 - 139.

［6］于茂河，王栩冬.男性同性恋成因的研究进展［J］.中国性科学，2015，24(6)：119 - 122.

［7］汪新建，温江红.同性恋成因的理论探讨［J］.医学与哲学，2002，23(4)：1 - 4

［8］刘金花.儿童发展心理学［M］.上海：华东师范大学出版社，1996.

［9］林崇德.发展心理学［M］.北京：人民教育出版社，2009.

［10］黛安娜·帕帕拉，萨莉·奥尔兹，露丝·费尔德曼.发展心理学(上、下)［M］.申继亮等译.北京：人民邮电出版社，2013.

［11］彭聃龄.普通心理学［M］.北京：北京师范大学出版社，2004.

［12］邵瑞珍.教育心理学［M］.上海：上海教育出版社，1997.

［13］张春兴.现代心理学［M］.上海：上海人民出版社，1999.

［14］王振东.儿童心理发展理论［M］.上海：华东师范大学出版社，2010.

［15］Mahler M S, Pine F, Bergman A. The psychological birth of the human infan8. Mahler M S［M］. NewYork：Basic Books, 1975.

［16］夏兢.埃里克森的自我同一性理论与大学生心理需求研究［M］.北京：北京工商大学出版社，2010.

［17］谈有花.大学生自我同一性的研究［M］.江苏：河海大学出版社，2005.

［18］叶浩生.西方心理学的历史与体系［M］.北京：人民教育出版社，1998.

［19］江光荣.心理咨询的理论与实务［M］.北京：高等教育出版社，2005.

［20］徐光兴.临床心理学——心理健康与援助的学问［M］.上海：上海教育出版社，2003.

［21］查尔斯·布伦纳.精神分析入门［M］.杨华渝等.北京：北京出版社，2000.

［22］崔诚亮.荣格的原型思想研究［M］.湘潭：湘潭大学，200604.

［23］亚伯拉罕·马斯洛.动机与人格［M］.马良诚译.北京：中国人民大学出版社，2007.

［24］黄希庭.人格心理学［M］.浙江：浙江教育出版社，2002.

［25］David R. Shaffer.发展心理学［M］.邹泓等译.北京：中国轻工业出版社，2005.

［26］郭永玉.人格心理学导论［M］.武汉：武汉大学出版社，2007.

［27］尼尔森·古德，亚伯·阿可夫.心理学与成长［M］.田文慧译.世界图书出版公司，2009.

［28］阿尔弗雷德·阿德勒.自卑与超越［M］.马晓娜译.吉林：吉林出版集团责任有限公司，2015.

［29］卡尔·道森，萨沙·艾伦比.接纳自己的不完美［M］.严冬冬译.北京：北京联合出版公司，2015.

［30］阿尔伯特·艾利斯.理性情绪行为疗法［M］.郭健，叶建国，郭本禹译.重庆：重庆大学出版社，2015.

［31］佩恩（Martin Payne）.叙事疗法［M］.北京：中国轻工业出版社，2012.

［32］迈克尔·怀特.叙事疗法实践地图［M］.重庆：重庆大学出版社，2011.

［33］大卫·登伯勒.集体叙事实践：以叙事的方式回应创伤［M］.北京：机械工业出版社，2015.

［34］乔·卡巴-金.正念：此刻是一枝花［M］.王俊兰译.北京：机械工业出版社，2015.

［35］Shamash Alidina.正念冥想：遇见更好的自己［M］.赵经纬，刘宁，李如彦译.北京：人民邮电出版社，2014.

［36］马丁·赛里格曼.积极心理学之父塞利格曼的幸福五部曲［M］.辽宁：万卷出版社，2010.

［37］罗素.人生智慧丛书：幸福之路［M］.北京：华夏出版社，2013.

［38］任俊.积极心理学［M］.上海：上海教育出版社，2006.

［39］Alan Carr.积极心理学［M］.北京：中国轻工业出版社，2008.

［40］朱灿佳.收入与幸福关系研究的一个理论综述［M］.湖北：华中科技大学出版社，2008.

［41］胡凯.大学生心理健康教育教程［M］.湖南：湖南人民出版社.2012.

［42］彭贤，李海清.人际关系心理学［M］.北京：清华大学出版社，2013.

［43］崔丽娟，王小晔，赵鑫.皮格马利翁象牙雕塑［M］.上海：上海科学技术出版社.2011.

［44］时蓉华.社会心理学词典［M］.成都：四川人民出版社，1988.

［45］约翰·戈特曼，琼·德克莱尔.人的七张面孔［M］.李兰兰译.浙江：浙江人民出版社，2014.

［46］卢倩倩.超管用的人际关系心理学［M］.江西：江西人民出版社，2014.

［47］雅正.跟任何人都能聊得来［M］.北京：北京妇女儿童出版社，2015.

［48］章志光.社会心理学［M］.北京：人民教育出版社，2008

［49］莎伦，布雷姆.爱情心理学［M］.郭辉等译.北京：人民电邮出版社，2010.

［50］Robert J. Steinberg.爱情心理学［M］.李朝旭译.世界图书出版公司，2010.

[51] 张春兴. 现代心理学：现代人研究自身问题的科学[M]. 上海：上海人民出版社，2000.

[52] 萨提亚. 新家庭如何塑造人[M]. 易春丽等. 世界图书出版公司，2006.

[53] Cloud Henry, Townsend John. 过犹不及[M]. 蔡岱安. 四川：四川大学出版社，2011.

[54] 中国大百科全书·社会卷[M]. 中国大百科全书出版社，1991：102.

[55] 孙本文. 社会学原理[M]. 北京：商务印书馆，1948.

[56] 郑杭生. 社会学概论新修(第四版)[M]. 北京：中国人民大学出版社.

[57] 汪怀君. 人伦传统与家庭伦理[M]. 山东：山东大学出版社，2007.

[58] 徐汉明，盛晓春. 家庭治疗——理论基础与实践[M]. 北京：人民卫生出版社，2010.

[59] Irene Goldenberg Herbert Goldenberg. Family Therapy：An Overview[M]. 李正云等译. 陕西：陕西师范大学出版社，2005.

[60] 戴维·迈尔斯. 社会心理学[M]. 北京：中国邮电出版社，2006.

[61] 金盛华. 社会心理学[M]. 北京：高等教育出版社，2010.

[62] 欧阳叔平. 完全图解社会学[M]. 海南：南海出版公司，2008.

[63] 陈玲著. 心理学的诡计[M]. 北京：新世界出版社，2008.

[64] 古斯塔夫·勒庞. 乌合之众——大众心理研究[M]. 北京：编译出版社，2015.

[65] 罗伯特·奥古斯都·马斯特斯. 情绪亲密[M]. 世界图书出版公司，2015.

[66] 贾晓明，郭潇萌. 大学生分离个体化与其亲密关系适应的关系研究[J]. 北京理工大学学报(社会科学版)，2015，17(01)：156-160.

[67] 刘小群，王立军. 班图拉的自我效能理论对幼儿教育的启示[J]. 沙洋师范高等专科学校学报，2008，(06)：90-92.

[68] 任真，桑标. 毕生发展心理学的新进展[J]. 心理科学，2003，26(4)：634-637

[69] 缪佩君，连榕. 社区心理服务在应对中年危机中的积极作用[J]. 福建医科大学学报(社会科学版)，2011，12(02)：44-46.

[70] 王永梅. 老年心理资本研究述评[J]. 老龄科学研究，2015，3(01)：59-68

[71] 戴桂斌. 荣格集体无意识述评[J]. 湖北广播电视大学学报，1999，(03)：24-27.

[72] 刘立国. 荣格的情结理论探析[J]. 心理学探新，2008，28(02)：10-13.

[73] 张婷. 论《麦田里的守望者》中霍尔顿的自卑情结[J]. 安徽文学，2009(01)：195-196.

[74] 曾文洁. 公务员犯罪心理分析："强迫性重复"的潜意识[J]. 湖南社院学报，2010，11(03)：79-80.

[75] 吴薇莉，简渝嘉. 成人依恋研究[J]. 四川大学学报(哲学社会科学版)，2004，(03)：131-134.

[76] 陈劲骁等. 投射性认同的三次转向：内涵演变与概念比较[J]. 心理科学进展，2015，23(04)：614-620.

[77] 童俊.精神分析学中的自恋及其自恋性障碍[J].医学与社会,2001,14(06):49-51.

[78] 张敏,雷开春.防御机制研究概述[J].心理科学,2006,29(06):1403-1405.

[79] 王旭.防御机制与内隐自尊的关系[J].清华大学硕士论文,2010.

[80] 东进生.谈影片《阿Q正传》中的梦[J].电影评介,1982,(05).

[81] 刘晓敏.我国心理咨询和心理治疗从业者的流行学调查与分析[D].中南大学博士论文,2013.

[82] 覃筱燕,周爽,杨曦光,潘瑞远.浅谈抑郁症的神经行为学改变与发病机制研究进展[J].中央民族大学学报(自然科学版),2014,23(04):48-54.

[83] 韩彦超,宗艳红,张彦恒,等.抑郁症的躯体症状[J].中国健康心理学杂志,2008,16(05):575-577.

[84] 张清.浅析焦虑症的产生与治疗方法[J].社会心理科学,2013,28(05):3-5.

[85] 徐俊冕.焦虑症及其治疗药物[J].世界临床药物,2003,(01).

[86] 程灶火.心理治疗的发展趋势[J].中国临床心理学杂志,2000,8(03)

[87] 荣华,陈中永.自我差异研究述评[J].心理科学,2008,31(02):411-414.

[88] 刘明娟.自我差异、完美主义、拖延与情绪关系研究[J].首都师范大学学报,2013.

[89] 王晓芹,丁芳.理性情绪行为疗法及其在日常生活中的应用[J].江苏教育学院学报(社会科学版),2009,25(01):39-41.

[90] 陈语,赵鑫,黄俊红,等.正念冥想对情绪的调节作用:理论与神经机制[J].心理科学进展,2011,19(10):1502-1510.

[91] 余青云,张海钟.基于正念禅修的心理疗法述评[J].医学与哲学(人文社会医学版),2010,31(03):49-51.

[92] 张灵,郑雪,严标宾.大学生人际关系困扰与主观幸福感的关系研究[J].心理发展与教育,2007,(02):116-121.

[93] 戴吉.悦纳进取的理论构建与实证研究[J].中南大学报,2013.

[94] 戴吉,张玉桃,邓云龙.悦纳进取的理论构建及量表编制[J].中国临床心理学杂志,2013,21(01):9-16.

[95] 邓云龙,赵旻,王骞.悦纳访谈——健康适应不良行为的纠治艺术[J].医学与哲学(B),2014,53(01B):73-75.

[96] 邓云龙,戴吉.心理健康标准的中国文化解读尝试[J].中国临床心理学杂志,2010,18(01):124-126.

[97] 瞿佳昌,邹成锡.论投射效应对人际关系的影响[J].新西部期刊,2011,(33):181.

[98] 刘聪慧,王永梅,俞国良,等.共情的相关理论评述及动态模型探新[J].心理科学进展,2009,17(5):964-970.

[99] 余放争.同性恋国内研究概述[J].医学信息,2005,18(12):1758 – 1761.

[100] 梁晓琴,唐胜建.易性癖诊治前后的几点思考[J].医学与哲学,2007,08,28(08):45 – 46.

[101] 杨扬,岳文静,朱振.同性恋的心理社会成因[J].学理论,2012,(15):63 – 64.

[102] 芮莲莲,卫佳.浅谈《谁在我家:海灵格家庭系统排列》[J].科教文汇,2008,12(下旬刊).

[103] 杨莉.夫妻关系优于亲子关系[J].中华家教,2014,03.

[104] 李鸣,缪小幼.温尼科特的客体关系理论观[J].精神医学杂志,2009,22(3):221 – 223.

[105] 张宝山,俞国良.污名现象及其心理效应[J].心理科学进展,2007,15(06):993 – 1001.

[106] 章立早.几种常见的人际知觉偏见[J].中国青年研究,2004(12):143 – 145.

[107] 金家飞,徐姗,王艳霞.角色压力、工作家庭冲突和心理抑郁的中美比较——社会支持的调节作用[J].心理学报,2014,46(08):1144 – 1160.

[108] 崔红,王登峰.性别角色类型与心理社会适应的关系研究[J].中国临床心理学杂志,2005,13(04):411 – 413.

[109] 蒋重清,姚潇囷,刘亚轩.三维透视城市老年人社会角色对其主观幸福感的影响[J].中国健康心理学杂志,2009,17(12):1512 – 1514.

[110] 韦澍一.关于当代女性角色紧张的社会心理分析[J].社会科学展现.1994,(03):114 – 118.

[111] 高中华,赵晨.工作家庭两不误为何这么难?基于工作家庭边界理论的探讨[J].2014,46(04):552 – 568.

[112] 刘秋颖,苏彦捷.个体工作压力源中的角色冲突与其人格的关系[J].西南师范大学学报(人文社会科学版),2005,31(05):17 – 22.

[113] 辛素飞,明朗,辛自强.群际信任的增进:社会认同与群际接触的方法[J].心理科学进展,2013,21(02):290 – 299.

[114] 王益富,申可君.网络社会角色心理现象与分析[J].淮阴师范学院学报(哲学社会科学版),2009,31(03):395 – 398.

[115] 蒋建国.网络社交媒体的角色展演、交往报酬与社会规范[J].南京社会科学,2015,(08):113 – 120.

[116] 张庆辉.同性恋的历史理论与现状一以"飘"为特征[D].四川大学硕士论文,2005

[117] 谢英香.90后大学生网络社交中信任关系的研究——一项教育社会学分析[D].华东师范大学,2013.

[118] 谢英香,冯锐.在线社交网络中人际信任的影响因素研究[J].中国电化教育,2014,(05):11 – 25.

[119] 李挺,李海瑞.网络暴力行为背后的个体心理动因[J].发展,2010,(04):100.

[120] 霍晓丹.网络暴力现象中的青年心理分析[J].学校党建与思想教育,2009,(22):17 – 19.

[121] 李爱梅,凌文轮.心理账户:理论与应用启示[J].心理科学进展,2007,15(05):727 – 734

［122］丁艳华.母婴依恋关系的影响因素及其对幼儿期认知和行为发展作用的研究［D］.复旦大学博士论文，2012.

［123］孙璐.大学生隐性自恋及其与恋爱满意度的关系研究［D］.西南大学硕士论文，2010.

［124］刘晓敏.我国心理咨询和心理治疗从业者的流行学调查与分析［D］.中南大学博士论文，2013.

［125］张庆辉.同性恋的历史理论与现状［D］.四川大学硕士论文.2005

［126］王静.角色压力与情绪劳动：社会支持的中介作用——以高校教师为例［D］.河南大学，2009.

［127］张明.大学生角色冲突与学习倦怠的关系研究［D］.北京工业大学，2012.

［128］王雷.基于系统动力学的群体情绪传播机制与影响因素研究［D］.首都师范大学，2013.

［129］刘华.社会认同和内群体偏私的关系模型的实证研究［D］.陕西师范大学，2008.

［130］陈希.网络对当代大学生自我认知的影响及对策研究［D］.成都理工大学，2012.

［131］叶嘉颖.社交网络文化探析［D］.华南理工大学，2010.

［132］乔木.现代网络社交工具对大学生人际关系的影响及对策研究［D］.成都理工大学，2012.

参考文献

# 后　记

　　2006 年，我在湖南商学院开设了一门选修课——生活中的心理学。随后十年，这门课成为学生推荐次数最多、最难选上的课程之一。这既是心理学本身的魅力，也是我们团队努力的结果。难忘大家集体搜集资料的日子，也记得每次课后细细打磨的场景。为了纪念和总结这十年，我们编辑出版这本书。

　　本书从发展心理学、社会心理学、临床心理学、精神分析理论、家庭治疗理论等多个角度切入，解读了生活的方方面面，内在逻辑是从了解自我、理解他人再到解读社会现象。书中引用的心理学理论和研究成果均来自权威期刊和著作，确保了科学性和前沿性。文字上力求深入浅出、活泼幽默，适合轻松阅读。本书既可以作为大学生心理课程的教材，也可以作为大众了解心理学的科普读本。

　　参加本书撰写的均为湖南商学院大学生心理健康教育团队成员，具体分工为：第一章 戴吉，第二章 戴吉，第三章 戴嘉佳，第四章 贺子菡、戴吉，第五章 谭嵘、戴嘉佳，第六章 戴嘉佳、曾倩、李辉，第七章 曾倩，第八章 戴吉、贺子菡。全书由戴吉统稿和审定，并对各章进行润色和修改。在此，还要感谢王艳明对正念疗法部分的修改，感谢张茜、陈优对本书提出专业意见，感谢学校领导的关心支持，感谢学生们和同事们提供的好点子，感谢家人默默的支持。

　　不管我们如何努力，本书依然存在很多不足，敬请各位专家和读者指正。

戴　吉

2017 年 1 月

图书在版编目（CIP）数据

生活中的心理学：阅生活　悦自我／戴吉编著.—长沙：
中南大学出版社，2017.2（2020.3 重印）
ISBN 978 - 7 - 5487 - 2540 - 4

Ⅰ.①生… Ⅱ.①戴… Ⅲ.①心理学—通俗读物 Ⅳ.①B84 - 49

中国版本图书馆 CIP 数据核字（2016）第 268155 号

生活中的心理学：阅生活　悦自我
SHENGHUOZHONG DE XINLIXUE：YUE SHENGHUO YUE ZIWO

戴　吉　编著

| | |
|---|---|
| □责任编辑 | 刘　莉 |
| □责任印制 | 易红卫 |
| □出版发行 | 中南大学出版社 |
| | 社址：长沙市麓山南路　　　　邮编：410083 |
| | 发行科电话：0731 - 88876770　　传真：0731 - 88710482 |
| □印　　装 | 长沙市宏发印刷有限公司 |

| | |
|---|---|
| □开　　本 | 787 mm×1092 mm　1/16　□印张 16.75　□字数 312 千字 |
| □互联网＋图书 | 二维码内容　音频 13 时 22 分 6 秒 |
| □版　　次 | 2017 年 2 月第 1 版　　□印次　2020 年 3 月第 3 次印刷 |
| □书　　号 | ISBN 978 - 7 - 5487 - 2540 - 4 |
| □定　　价 | 38.80 元 |